한국 교회

대학부
이야기

세움북스는 기독교 가치관으로 교회와 성도를 건강하게 세우는 바른 책을 만들어 갑니다.

한국 교회 대학부 이야기

초판 1쇄 인쇄 2022년 3월 25일
초판 1쇄 발행 2022년 3월 30일

편 집 | 안명준
지은이 | 방선기 · 송인규 · 이승구 · 김동춘 · 김재흥 · 박지웅
          탁지일 · 소기천 · 안명준 · 윤승록 · 유정자 · 윤태호
펴낸이 | 강인구

펴낸곳 | 세움북스
등 록 | 제2014-000144호
주 소 | 서울특별시 서대문구 연희로 160 3층 연희회관 302호
전 화 | 02-3144-3500
팩 스 | 02-6008-5712
이메일 | cdgn@daum.net

교 정 | 류성민
디자인 | 참디자인

ISBN 979-11-91715-36-1 (03230)

방선기·송인규·이승구·김동춘·김재흥·박지웅
탁지일·소기천·안명준·윤승록·유정자·윤태호

편집 | 안명준

한국 교회
대학부
이야기

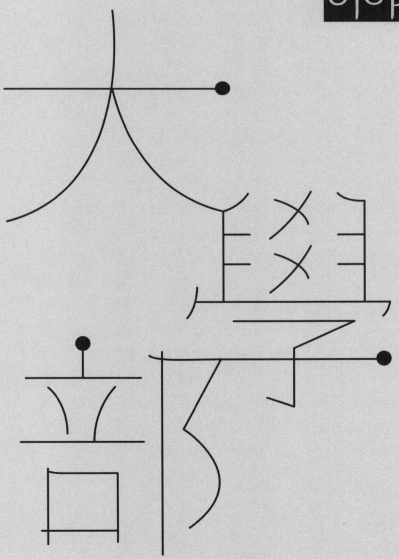

세움북스

목차

발간사

• **안명준** (평택대학교 명예 교수) •

오늘날의 한국 교회는 많은 어려움을 겪고 있다. 특별히 교회 부서 중 대학 청년부는 크나큰 위기에 있다. 이런 상황 속에서 1970년대 대학부를 경험했던 주역들이 지금 현실에서 지나간 당시 대학 청년들의 역동적인 활동들을 살펴보고 오늘의 난국에 처한 대학 청년 사역을 도울 수 있는 실제적이며 성경적인 대안들이 무엇인지를 제시해 보는 것이 이 책의 탄생 동기다.

이 책에서 언급된 교회들은 70년대 당시 한국 교회 대학 청년부의 활동이 가장 왕성한 모습을 보여 주었던 교회들이다. 또한 이런 대학부의 부흥에 큰 도움을 준 선교 단체들로 CCC, IVF, UBF, SFC, 그리고 후에 춘천 지역에서 윤태호 목사에 의해 시작된 JDM을 포함하고 있다.

이 책의 의도는 과거의 영광스러운 대학 청년부의 모습으로 돌아가자는 것이 아니다. 물론 과거에 하나님의 은혜로 한국 교회 대학 청년부에는 풍성한 열매가 있었다. 그러나 이 책은 과거 대학 청년부의 모습을 그대로 답습하지 않고 하나님나라를 위하여 미래 지향적인 내용으로 집필되었다. 또한 오늘날 현실의 취업과 직장 등 현실적 문제로 고민하는 대학 청년들에게 도움이 되기 위하여 한국 교회의 청년 사역이 무엇인지를 고민하고 저자들 나름대로 대안을 제시하고 있다. 오늘날 대학 청년부의 젊은이들이 고난과 절망 속에서도 하나님을 발견하고 기도하며 말씀을 따라가는 성경적 크리스천이 되도록 알려 주는 것이다. 이런 현실적 문제의 해결을 위하여 교회와 청년사역자들은 문화와 직업에 대한 바른 원리와 성경적 세계관을 강조할 필요가 있다. 지금 한국 교회는 청년 크리스천들이 성경적 원리에 따라서 세상 일터로 나갈 수 있도록 하는 준비가 참으로 필요한 시기이다.

이 글이 만들어지기까지 귀한 원고를 주신 분들이 많다. 직장 사역에서 오랜 기간 헌신하시며 성도교회 대학부의 리더로서 많은 후배들에게 큰 영향력을 주셨던 방선기 박사님께 감사를 드린다. 금번에도 독자들에게 미래 청년 사역 갱신을 위해서 'Unlearn'과 'Relearn'를 제안하였다. 또한 IVF의 사역을 통하여 한국 교회의 대학생들의 지적인 삶에 큰 영향을 주신 송인규 박사님께서 이 책의 편집에 여러 관점들을 제안해 주신 점에 진심으로 감사를 드린다. 또한 CCC에서 선교 국장을 하셨고 아시아 리더십파운데이션 대표이신 윤승록 목사님을 비롯한 참여하신 집필자 모두에게 감사를 드린다.

나를 크게 사랑해 주셨던 분들께서 이 책을 추천해 주셨다. 한국 세계선교협의회 사무총장을 역임하셨던 한정국 선교사님은 성도교회의 선배님으로서 바쁘신 가운데 추천서를 보내 주셨기에 감사를 드린다. 『일터행전』으로 잘 알려진 성도교회 방선오 장로님께서 바쁘신 가운데 귀한 추천의 글을 주셔서 감사를 드린다. 또한 한국 교회와 한국의 신학자들을 위한 최고의 후원자이며 정통 신앙의 파수꾼이신 새로남교회의 오정호 목사님과 부족한 사람의 수많은 부탁을 언제나 사명과 기쁨으로 처리해 주시는 배선경 집사님, 제자 훈련의 전문가이시며 겸손과 친절의 아이콘이신 배창돈 목사님, 한국의 신학자들에게 든든한 후원자이시며 내수동교회 출신이신 부전교회 박성규 목사님, 한국의 여러 신학회에서 주도적인 역할을 하시며 여러 책들의 편집 위원이신 숭실사이버대학교 이사장이신 노영상 박사님, 내수동교회 출신으로 중국 선교를 위하여 전 일생을 헌신하시는 동아시아신학원의 이요한 원장님과 함께 수고하시는 사모님, 내수동교회 출신이며 한국 복음주의 신학회 수석 부회장이시며 언제나 따뜻한 미소와 웃음의 신학자이신 임원택 교수님, 내가 출석하는 수원 사명의교회 담임으로 사역하시는 김승준 목사님과 성도들을 위하여 사랑의 천사 역을 맡으신 사모님, 그리고 학생들을 친 자녀들처럼 가르치시며 의미있는 일에 돕기를 기뻐하시는 이우금 박사님께 진심으로 감사를 드린다. 내수동교회의 박지웅 목사님께서 『내수동교회 60년』책과 중요한 사진들을 보내 주셨기에 감사를 드린다. 부디 내수동교회 청년부가 한국 교회의 대학 청년부 부흥의 유전자를 후대들에게 전파해 주시길 바란다. 숭신교회 대학부 출신으로 사랑과 선교 사역에 모범을 보여 주시는 박도양 원장님께 진심으로 감사를 드린다.

평택대학교와 피어선신학전문대학원을 위하여 수년 동안 후원해 주시고, 지역 사회와 영어 예배로 미군에게 한국 문화와 복음 사역에 힘쓰시며, 한국 교회 신학 교수들의 사역을 위하여 기쁨으로 후원해 주신 송탄중앙침례교회 배국순 목사님께 감사를 드린다. 끝으로 지난번『교회통찰』과 더불어서 금번에『한국 교회 대학부 이야기』를 출판해 주신해 주신 강인구 대표님께 감사를 드린다.

축사

• **노영상** (숭실사이버대학교 이사장) •

세움북스에서 『한국 교회 대학부 이야기』가 출간하게 된 것을 축하드립니다. 이 책은 안명준 교수님의 열정을 통해 만들어진 책으로서 이상규 교수, 이승구 교수와 함께 편집하며 즐거운 시간을 가졌습니다. 이 책을 출간하며 이전 저의 청년 시절 교회생활을 회상해 보게 됩니다. 용산소방서 뒤에 위치한 삼각교회에서 청년부 회장을 하면서, 서노회 청년부 체육 대회와 서울 시내 청년부 성경 퀴즈 대회에서 여러 번 우승도 하고, 여름에 무창포, 영보수녀원 등에 친구들과 함께 수양회로 갔던 기억이 새롭게 떠오릅니다.

우리 시대 청년들의 교회 생활은 풍성했습니다. 당시 동네의 멋진 청년들은 대개 교회를 다녔던 것으로 생각됩니다. 같이 생활하였던 선후배 중 몇 명은 하늘나라로 가셨고 다 헤어져 지금은 만나기 어렵게 됐지만, 아직도 장로로서, 집사로서 교회를 지키고 있는 후배들이 많아 가끔은 전화하여 만나기도 합니다.

우리는 교회 청년들의 모임을 과소평가할 때가 많습니다. 그들은 곧 대학을 졸업하여 직장 생활을 하며 교회 운영에 주역이 될 사람들인데도 말입니다. 교회 학교의 교사로서, 성가대원으로서, 교회의 각종 행사의 보조로서 당시의 청년들은 정말 많은 일을 했습니다. 이런 헌신된 청년들이 있었으므로 오늘의 한국 교회가 있었다고 생각됩니다.

오늘날 우리 한국 교회는 청소년 부서들의 약화를 경험하고 있습니다. 대학 청년부가 없는 교회들도 점점 많아지고 있는 추세입니다. 젊은이들이 떠나가고 있는 이 시대에 이전 활발하였던 청년부들의 활동을 다시 음미하게 된 것에는 많은 의의가 있습니다. 성도교회, 영락교회, 내수동교회, 새문안교회를 위시

한 교회 청년부들과 IVF, SFC 등의 캠퍼스 사역을 했던 선교 단체들의 이야기를 이 책을 통해 들으며, 우리는 다시 청년부의 역할이 얼마나 소중한가를 배우게 될 것입니다.

청년부가 활발히 움직이는 교회가 건강하고 미래가 있는 교회입니다. 청년들의 교회와 사회에서의 활동을 격려하며 그들의 자율성을 강화하는 교회를 만들기 위해 온 성도들의 노력이 필요한 때입니다. 부디 이 책이 이전 왕성하였던 한국 교회 청년 사역의 웨이브를 다시 몰고 오게 되기를 기대하며 축하 글에 갈음합니다.

한국 교회 대학 청년부 화이팅!

추천사

　하나님께서 쓰셨던 한 시대의 청년 신앙 운동을 학자의 눈으로 바라보게 한 것이 이 책의 큰 흐름이다. 70년대에 민족 복음화 운동과 80년대 세계 복음화 참여 물결을 헤쳐 나가야 했던 당시의 젊은 그리스도인들은 하나님의 카이로스에 대한 응답으로서 마태복음 28장 19~20절에 구체적으로 순종하였다.

　당시 다양한 사례를 통해 교회(모달리티로서)와 선교 단체(소달리티로서)의 청년 부흥 운동의 현장을 여러 집필자들의 수고를 통해 빛을 보게 된 책이다. 이 땅에 그리스도의 계절이 오게 할 뿐만 아니라 80년대 전무후무할지도 모를 세계 선교 참여의 물결을 일으킨 당대의 젊은이들을 예수 제자로 키우셨던 하나님의 손길을 느낄 수 있는 책이다. 역사는 흐르고 계속된다. 어제가 있기에 오늘이 있고 또한 내일을 기대한다. 21세기 초엽을 살고 있는 현 시대의 젊은이들에게 이 책의 사례들이 참고가 되고 도전이 되면 좋겠다. 모든 것이 다 잘된 것은 아니어도 한 시대를 책임 맡은 그 세대들이 어떻게 하나님의 인도함 속에 내일을 준비해 왔는가 이 책을 통해 들여다 볼 수 있을 것이다. 따라서 이 책은 바로 내일의 청년 신앙 운동의 길라잡이 역할과 마중물이 될 수 있는 책이라는 점에서 "주여! 어디로 가시나이까?"로 길을 묻는 현대 그리스도인들에게 좋은 실마리를 제공해 줄 수 있을 것으로 사료되어 서슴없이 추천하는 바이다.

▌**한정국** (전 한국 세계선교협의회 사무총장 | 현 전세계 한인 선교기구연대 코디)

　이번에 한국 교회의 청년 사역을 조망할 수 있는 귀한 책이 출간되어 기쁘기

그지없다. 모태 신자로서 70년대 후반 모 교회 대학부의 부흥을 직접 경험하고, 캠퍼스에서 학생 선교 단체들의 헌신과 수고를 친히 목도한 추천자로서 본서의 한 페이지, 한 페이지는 단순히 그들의 이야기가 아니라 나의 이야기, 우리의 이야기로 다가와 감회가 새로웠다.

그 중에서도 성도교회 대학부의 부흥을 다룬 방선기 목사님의 글 가운데 '3M 비전'(Campus Mininitry, Business Ministry, World Mission)이라는 단어를 발견하였을 때, 그 감격은 이루 말할 수 없었다. 왜냐하면, 78년 대학부 여름 수련회에서 선포된 이 비전이 나를 변화시켰고, 우리 대학부 공동체를 변화시켰기 때문이다.

당시 수련회 강사는 옥한흠 목사님 후임으로 성도교회 대학부를 지도하시다가 필자의 모교회인 대구 동부교회의 대학부 전도사로 오신 국동출 전도사님이셨다. 국 전도사님이 동부교회 대학부를 지도하신 기간은 78년 6월 말 여름 수련회부터 같은 해 12월 말 크리스마스때까지 고작 6개월밖에 되지 않았으나 그가 전한 '3M 비전'은 동부교회 대학부 공동체를 일신했고, 나아가서 대구 지역 대학부 부흥의 기폭제 역할을 했다.

이것은 '성령의 역사'라는 것 외에 달리 설명할 길이 없는 일대 사건이었지만 그렇다고 몇몇 단체만 경험하는 특별한 사건도 아니었다. 본서에서 확인할 수 있듯이 20세기 마지막 30년간 한국 교회 청년 사역의 현장에서는 이러한 성령의 역사가 끊임없이 이어졌던 것이다.

바라기는 한국 교회의 청년 사역이 그때처럼 다시 한 번 피어올라 한국 교회의 미래를 밝힐 수 있기를 기도한다.

▮ **이요한** (동아시아신학원 원장)

"청년이 살아야 교회가 산다!" 추천자는 대한예수교장로회(예장 합동)에 소속된 목사이다. 지난 2020년 10월 6일을 잊지 못한다.

코로나19 사태 중에도 합심 협력하여 모인 총회 교회자립개발원 이사장 이

취임식에서 경험한 축복이 온몸을 휘감았기 때문이다. 교회자립개발원은 미래에 자립할 수 있는 소망을 품어 여러 어려운 동역자 교회를 돕는 기관이다. 지난 6년 동안 교회자립개발원의 이사장으로서 앞장서서 섬긴 오정현 목사(사랑의교회)와 실무부 이사장으로서 열정을 쏟아 붓고 있는 박성규 목사(부전교회), 서울권역 이사장으로 섬기고 있는 화종부 목사(남서울교회)와 중부권역 이사장으로 섬기고 있는 추천자였다. 지금부터 40년 전 내수동교회라고 하는 한 지역 교회의 대학부에서 만난 젊은이들이 여전히 한국 교회 일각을 지키고 섬긴다는 일이 얼마나 축복된 일인가? 추천자는 행사가 진행되는 내내 마음속에 하나님의 인도하심과 베풀어 주신 은혜에 대한 감동이 파문졌다. 앞에 언급한 이들 모두는 내수동교회 대학부의 멤버였으며 동시에 지도자로 쓰임받은 이들이다. 한 교회 대학부의 과거와 현재를 대변해 주는 것이었다. 어디 목회자들의 세계에만 이러한 만남의 축복을 한정적으로 사용할 수 있겠는가? 청년의 때에 주님 만나 은혜를 받은 이들이 여기저기서 소리 소문 없이 지역 교회와 선교 단체를 섬기는 손길들이 얼마나 수많은 감동적인 이야기를 펼쳐 내고 있을까!

청년 사역은 미래에 대한 소망의 발현이다. 믿음의 발걸음을 내딛는 것이다. 복음성가(고형원/우리 오늘 눈물로)의 가사대로 "우리 오늘 눈물로 한 알의 씨앗을 심는다 꿈 꿀 수 없어 무너진 가슴에 저들의 푸른 꿈 다시 돋아나도록 우리 함께 땀 흘려 소망의 길을 만든다." 그렇다. 청년 사역은 소망의 인내 가운데서 눈물과 열정을 파종하여 하나님의 사람을 세우는 거룩한 사역임에 분명하다.

여기 한국 교회를 가슴으로 품어 내며 교회 안의 젊은이들을 주님의 시선으로 바라보는 안명준 교수님께서 기획 편집한 또 하나의 노작을 한국 교회에 선물하였다. 현장성이 펄펄 살아 있는 청년 사역을 경험한 교회들과 선교 단체들의 살아 숨 쉬는 이야기들을 접하는 이들마다 물밀 듯이 밀려드는 감동을 경험할 수 있으리라 확신한다. 그리고 이 책자에 실려진 스토리가 다음 세대에도 역동적으로 펼쳐지기를 기도드린다. 청년이 살아야 나라가 산다!

❚ **오정호** (새로남교회 담임목사 | 칼넷[CAL-NET] 이사장)

세상을 변화시킨 믿음의 사람들을 보면 청년의 시기를 빼고 그들의 사역과 열매를 논할 수 없다. 요셉과 다윗, 다니엘과 그의 세 친구 등 모두 청년의 시기가 전 생애에 영향을 끼쳤다. 따라서 이 땅에 복음을 전파하는 데 가장 중요한 사역이 청년 사역이라고 할 수 있다.

오늘날 세상의 문화가 하나님과의 관계를 가로막고 있다. 그리고 이 세상을 급속도로 타락시키면서 청년들을 유혹하고 있다. 바른 성경관을 왜곡시켜 점점 하나님과 멀어지게 하고 세속화시키고 있다. 이런 시기에 교회의 학생 사역과 선교 단체 사역과 그 열매에 대한 평가는 청년들에게 앞으로 나아갈 방향을 깨닫게 하고 지난날의 사역을 더 발전시키는 데 큰 역할을 할 수 있을 것이다.

청년의 바른 신앙은 자신뿐 아니라 교회와 민족을 살린다. 이 책은 청년 사역의 미래를 위한 길을 잘 제시하고 있다는 점에서 앞으로의 청년 사역의 열매를 기대하게 해 준다.

안명준 교수님께서 사명감을 가지고 시작한 이 책이 하나님 나라 확장과 세상을 변화시키는 데 큰 도움이 될 것을 기대하며, 이 땅의 청년들에게 영적 각성과 부흥이 있기를 소원해 본다.

▌ **배창돈** (평택 대광교회 담임목사, 은보포럼 대표)

40여 년 전 성도교회 대학부에서 신앙 훈련 받은 것은 하나님의 축복이다. 큐티도 배우고, 암송도 하고, 소그룹 성경 공부, 일대일 제자 훈련, 전도 훈련을 하면서 설익은 모태 신앙이 영글기 시작했고, 그때부터 선배들에게서 받은 은혜를 후배들에게 전수하는 일에 힘써 왔다. 교회뿐 아니라 직장 신우회에서도 청년들을 양육하고 제자 훈련 하면서 나름 청년 사역의 전문가라고 자부했었다.

그런데 나름 노하우라고 생각했던 청년 사역 경험과 지식이 어느 순간 삐걱거리며 잘 안 먹혀 들어감을 느끼게 되었다. 어느새 나는 '라떼는 말이야'를 외치며 과거를 읊어먹는 꼰대가 되어가고 있었고, 청년들에게는 '가까이 하기에 너무 먼 당신'이 되어 버렸다.

최근 들어 여러 곳에서 일터 사역 강의와 간증을 하며 청년들을 만날 기회가 늘어 가고 있다. 그럼에도 마음 속에는 항상 두려움이 존재한다. 롤러코스터와 같은 사회 속에서 숨 쉴 겨를 없이 생존해 나가는 청년들, 내가 배우고 훈련받았던 방식과 틀이 먹혀 들어가지 않는 청년들을 어떻게 이해하고, 어떻게 다가가야 할지에 대해 심각하게 고민하게 되었다. 그러던 중 만난 책『한국 교회 대학부 이야기』는 메마른 땅에 내린 단비와 같은 선물이다.

우리나라 교회 부흥의 시기에 불일 듯 일어났던 청년 사역을 선교 단체와 교회의 입장에서 다양한 사례들을 통해 입체적으로 돌아볼 수 있고, 청년 사역 역사를 지탱해 온 복음 전파와 사회 참여라는 양 날개 차원에서도 새롭게 바라볼 수 있어 도움이 되었다. '온고지신'(옛것을 익히고 미루어 새 것을 앎)이라고 했는데, 지금까지의 역사를 돌아보니 우리가 지금 어디쯤 와 있는지 알게 되고, 어디로 나아가야 할지 방향을 잡을 수 있도록 편집되었다. 특별히 청년 사역 전문가들이 제시하는 제언과 지침들이 앞으로 다음 세대를 책임지고 섬겨야 할 청년 지도자들에게 유익한 가르침이 되리라 믿는다.

이 책은 사사기에 나오는 '다음 세대'들이 하나님을 모르고 자기 소견에 옳은 대로 행하는 '다른 세대'로 변질되었던 비참한 전철을 다시 밟지 않도록 하기 위해 우리 모두에게 큰 책임감과 사명감을 던져 주는 도전의 책이기도 하다. 너무도 빠르게 변화해 가는 세상, 끝 모르는 암흑의 코로나 터널 속에서 어디로 가야 할지 모르고 어떻게 사역해야 할지 몰라 고민하며 현기증마저 느끼는 청년 사역자들에게 이 책이 에벤에셀 하나님의 역사를 디딤돌로 하여 새로운 방향을 찾아 가는 데 나침반 역할을 해 주리라 믿어 의심치 않는다.

특히 편저자인 안명준 교수가 성도교회 대학부 선배로 훨씬 친근하고 가깝게 느껴지는 책이라 단숨에 읽어 내려 갔다. 청년 사역에 관심과 비전을 가진 모든 동역자들에게 꼭 한번 읽어 보기를 강력히 추천 드린다.

▌**방선오** (성도교회 장로, 『일터행전』 저자)

내수동교회 대학부는 수많은 대학생들의 회심과 헌신의 요람이었다. 그 증거는 다음과 같다. 첫째, 거기에는 십자가와 부활의 복음이 선명했다. 대학부에 처음 온 사람은 '다리 예화'를 통해 복음을 듣고 예수님을 구주로 영접했다. 이미 영접한 사람은 확신을 가졌다. 새가족반에서 구원의 확신을 다시 다루었고, 여름 수련회는 생명 수련회라는 별명이 있었는데, 복음 제시를 잘 하는 목사님을 모시고 믿지 않는 친구들을 초청해서 예수님을 구주로 믿을 기회를 제공했다. 수련회 소그룹 성경 공부도 전도용 성경 공부로 다시 복음을 확인케 했다. 가을에는 '생교기'(생명, 교제, 기쁨)라는 전도 집회를 열어 친구들을 초청해서 찬양과 간증, 복음을 들려주고 예수님을 영접하게 해 주었다.

둘째, 거기에는 살아 있는 예배가 있었다. 성령님의 감동이 넘치는 찬양, 짧지만 강력한 오정현 목사님, 그 뒤를 이어 오정호 목사님의 메시지가 있었다. 광고까지도 인포메이션의 제공을 넘어 모티베이션(motivation)을 제공하는 신선함이 있었다. 처음 대학부 예배에 들어간 나에게 예배는 하나님의 임재가 무엇인지 느끼게 해 주었다.

셋째, 거기에는 균형 잡힌 영성이 있었다. 복음과 지성의 균형이 있었다. 송인규 목사님(당시 IVF 총무, 합동신학대학원 교수 역임)의 기독교 세계관에 입각한 명강의는 삶의 모든 분야에 대한 성경적 세계관을 형성케 했다.

넷째, 거기에는 형제자매의 뜨거운 사랑이 있었다. 지정 헌금 제도가 있어서 어려운 형제자매를 돕기 위해 무명으로 헌금하면 전도사님이 그 형제자매에게 은밀하게 전함으로써 격려를 하는 아름다운 제도였다. 구두 뒷굽이 너무 닳은 형제를 위한 지정 헌금, 등록금을 마련하지 못한 형제자매를 위한 지정 헌금 등으로 따뜻함을 느꼈다.

다섯째, 거기에는 사람을 키워 주는 문화가 있었다. 선배들이 끔찍하게 후배들을 챙겨 주고, 멘토링해 주었다. 특히 선배들 중엔 롤 모델이 있었다. 기도, 소그룹 인도, 전도, 등등의 분야를 배우고 싶으면 그분을 만나면 되었다. 외아들인 내게는 그 형들이 피를 나눈 형보다 더한 사랑으로 지금까지 나를 키워 주었다.

여섯째, 거기에는 탁월한 사역을 하려는 열정이 있었다. 주보 하나를 만들어도 탁월함이 있었다. 다른 대학부의 주보와는 차별화되어 있었다. 주보 1면은 신문의 사설 같은 묵직한 시사적인 신앙의 주제 글이, 2면에는 신앙의 주제에 대한 연재 글이, 3면부터는 간증 등이 들어가 있어서 내수동교회 대학부 주보는 전국 교회의 대학부가 받고 싶어하던 주보였다.

일곱째, 거기에는 담임 목사님과 교회 어른들의 전적인 신뢰와 후원이 있었다. 박희천 목사님은 젊은이들이 많은 시도를 할 수 있도록 무한한 신뢰를 해 주었고, 장로님들은 기도와 물질로 후원해 주었다. 교회 어른들의 이런 신뢰와 후원이 없었다면 대학부의 발전은 어려웠을 것이다. 그러나 이 모든 것들은 하나님의 은혜 때문에 가능했다. 모두가 하나님의 은혜였고, 그 은혜를 받은 모두가 하나로 연합하여 이루어 낸 아름다운 결실이었다. 거기서 오늘 한국 교회의 수많은 목회자와 평신도 지도자들이 배출되었다. 이 은혜를 주신 하나님께 모든 영광을 올려드린다.

▌ **박성규** (부전교회 담임목사)

청년기는 인간 발달 단계 측면으로 볼 때 누구에게나 분리와 결속의 시기이다. 기존에 이해하고 있는 방식에서 유래된 영향들을 과감하게 분리해 버리고 새로운 결속을 위해 도전을 감행해 나가는 시기이다. 개인의 독특한 정체성을 발견하고 자아 개념을 재발견해 나가려고 시도한다. 통일되고 일관성 있는 자아 개념 및 정체성을 가지기 위해서 자신이 경험하는 다양한 사회적 반응들을 종합하고 통합하는 것이다. 그 과정 중에 그들은 간섭보다는 삶의 비전을 적절하게 담아 낼 수 있는 긍정적인 가능성과 희망을 제공받길 원한다는 것이다. 삶에서 자신에게 영향을 끼친 사람들과 중요한 위치에 있는 사람들에 의해서 자아 정체성은 결정된다. 이런 면에서 교회는 청년들의 '제2의 탄생'을 돕는 산실이 되어야 한다.

안명준 교수님께서 사명감으로 집필한 『한국 교회 대학부 이야기』는 한국 교회에게 청년들의 소중함을 각성시키며, 하나님과의 관계성 안에서 청년들의 '제

2의 탄생'을 돕는 귀한 책이다.

■ **이우금** (한국 목회상담협회 감독, 상담학 박사)

  청년은 교회의 허리다. 허리가 약하면 힘을 제대로 쓸 수 없다. 오늘날 한국 교회의 성도 구성이 역삼각형으로 변해 가고 있다. 유초등부나 중고등부가 없는 교회들이 점점 늘어나 많은 이들이 '다음 세대'를 걱정하지만, 장년과 노년층이 주를 이룬 현재 교회 구성원들과 다음 세대를 이어 줄 '이을 세대', 즉 청년층의 빈약함은 우리가 함께 풀어야 할 더 시급한 과제다.

  이런 우리에게 『한국 교회 대학부 이야기』는 옛것을 살펴보아 새 길을 찾아내는 온고지신(溫故知新)의 교재가 될 수 있다. 1970년대와 80년대 교회에 도전과 자극을 주어 한국 교회 성장에 크게 기여한 대표적인 대학생 선교 단체들의 사역 내용과 그런 선교 단체들의 사역의 장점을 일찍이 교회 청년부로 접목하여 청년 사역의 활로를 찾았던 교회들의 사례가 가감 없이 실려 있기 때문이다. 교회들이 유초등부나 중고등부 사역에 비해 청년·대학부 사역에 힘을 쏟지 못하고 있던 시절이었기에 대학생 선교 단체들의 활약이 교회 지도자들을 긴장하게 했던 것도 사실이다. 그래서 초기에 교회와 대학생 선교 단체의 관계 정립이 난항을 겪기도 했다. 그런 와중에도 대학생 선교 단체들은 새로운 성경 공부와 전도 방법 그리고 '경건의 시간'(Quiet Time)의 도입으로 한국 교회의 체질을 크게 바꾸어 놓았다.

  교회 역사를 보면 위기 상황에서 경건을 추구하는 이들의 노력이 새로운 돌파구를 찾아내곤 했다. 청년부 사역이 활발했던 교회들의 사례를 보면, 선교 단체 출신의 목회자가 청년 사역을 주도하거나, 그렇지 않을 경우에는 적어도 담임 목사가 용기를 내어 선교 단체 사역의 장점을 적극 수용해 교회에 접목했다는 사실을 발견할 수 있다.

  인구의 절대 감소, 기독교에 대한 무관심, 심지어 적대감으로 인해 교회와 대학생 선교 단체 모두 심각한 위기에 있다. 지금은 교회와 교회 보조 기관인 선교 단체가 함께 이 위기에 대처해야 할 때다. 대학생 선교 단체는 교회 보조 기관으로 교회의 필요를 채우기 위해 힘쓰고, 교회는 개별 교회가 감당하기 어려운 캠퍼스 전도 사역을 주도하는 선교 단체 돕기에 힘써야 한다. 교회와 선교 단체가 서로 도와 복음 사역에 힘쓴다면 개신교회의 청년 사역에 새로운 활로가 열릴 것이다.

『한국 교회 대학부 이야기』가 한국 교회 청년 사역 부흥에 물꼬를 터 주리라 기대하며 청년부 담당 목회자들이나 선교 단체 간사님들은 물론이고, 지역 교회 담임 목사님들에게 적극 추천한다. 아울러 청년사역의 부흥이 오늘날 한국 교회의 침체를 벗어나게 하는 기폭제가 되리라 믿으며, 청년 사역의 부흥을 위해 함께 기도하는 성도들에게도 적극 일독을 권한다.

▌ **임원택** (백석대학교 역사신학 교수)

'역사란 과거와 현재의 끊임없는 대화'라는 역사학자 에드워드 카(Edward H. Carr)의 말처럼 과거는 우리에게 중요한 것을 깨닫게 하고 미래를 준비하게 한다.

이 책은 청년 공동체에서 같은 부흥을 경험했기에, 늘 영광스러운 공동체의 꿈을 꾸는 나의 심장을 뛰게 했다. 장소는 다르지만 같은 시대에 서로 영향을 주고받으며 경험한 역사는 많은 청년들의 인생을 바꾸어 놓은 위대한 이야기가 되었다. 지금 우리는 침체기를 지나고 있다. 그러나 지난날 우리가 누린 그 부흥이 앞으로도 말씀을 사모하고 기도하는 청년들 속에서 나타날 것이다. 단지 시대에 따라 바뀐 옷을 입겠지만, 그것을 알아보기 위해서도 과거의 기억은 우리에게 소중하다.

그래서 같은 마음으로 부흥을 구하는 분들께 이 책을 권하고 싶다. 새로운 옷을 입고 우리 앞에 나타날 변함없는 부흥을 기대한다.

"여호와여 주는 주의 일을 이 수년 내에 부흥하게 하옵소서!"(합 3:2)

▌ **김승준** (사명의교회 담임목사)

청년 사역의 과거와 미래 청년 사역, '말씀·소명·헌신'으로 세워 주라!

방선기

청년 사역에 대한 개인적 회고

나는 기독교 가정에서 태어나 교회에서 착실하게 신앙생활을 했다. 그래서 신앙의 모범생으로 인정받으며 자랐다. 그러다가 1970년에 대학에 들어와 캠퍼스에서 사역하는 선교 단체(네비게이토선교회)를 만나 어릴 때부터 가지고 있던 신앙에 획기적 변화를 경험했다. 그들은 예수를 잘 믿는다고 생각하는 나에게 구원의 확신이 있느냐고 도전했고, 또 목사님의 설교를 열심히 들었던 나에게 매일 성경을 묵상하고 성경 구절을 암송하도록 훈련시켰다. 학교 친구들에게 교회에 나오라는 말도 제대로 하지 못하던 나에게 길거리에 나가서 전도하도록 훈련을 시켰다.

그 당시 나에게 생소했던 제자 훈련이라는 훈련 과정을 통해서 교회 생활이 전부였던 내 신앙 스타일이 변하기 시작했다. 그리고 시간이 지나면서는 내 인생관까지 바뀌어 버렸다. 믿지 않는 사람들에게 복음을 전하고, 믿게 된 사람들을 그리스도의 제자로 양육하는 것이 내 삶에서 가장 중요한 일이 되었다. 그러다 보니 그 당시 나에게 학교란 공부하는 곳이라기보다는 복음 사역의 현장이었다. 그 일이 내 인생의 목표가 되는 바람에 졸업 후 직장 생활을 하다가 결국 전임 사역에 헌신하게 되었다.

돌이켜 보면, 1970년대 당시 나를 비롯한 많은 크리스천 대학생들이 이런 신앙의 도전을 받고서 예수님께 나아왔고, 또 이런 훈련을 통해서 그리스도의 제자로 성장했다. 이들이 한국의 캠퍼스 사역의 기초를 다졌으며 훗날 한국 교회의 부흥과 성장에 중요한 역할을 담당했다고 볼 수 있다. 나는 바로 그런 영광스러운 역사의 현장에서 신앙 훈련을 받는 축복을 누렸던 셈이다.

청년 사역의 과거를 회고하며

내가 제자 훈련을 받기 시작한 때와 거의 비슷한 시기에, 내가 자라온 성도교회의 대학부가 시작되었다(1970년 9월). 내가 대학에 들어오기 전에 교회 안에 대학부가 존재하기는 했지만 유명무실했다. 그런데 마침 유년부 지도자였던 옥한흠 목사(당시는 전도사)가 대학부를 맡아 새롭게 시작했다. 그 당시 옥 목사는 선교 단체의 경험이 없었기 때문에 전통적인 스타일로 대학부를 이끌었다. 그러면서도 옥 목사는, 대학생들이 선교 단체에서는 전도도 하고 신앙 훈련도 잘하는 데, 지역 교회 에서는 그렇지 못한 것에 대해 고민이 많았다고 한다. 그러던 중 내가 선교 단체에서 배운 대로 후배들과 함께 성경 공부와 제자 훈련하는 것을 본 옥 목사가, 전격적으로 선교 단체의 프로그램을 대학부에 적용했다. 그 당시 이런 결단은 이례적이었고 파격적이었다. 그 당시 대다수의 목회자들은 선교 단체에 대해 비판적이었고 교회 대학생 청년들이 선교 단체에 가는

| 옥한흠 목사와 방선기 목사

것을 허용하지 않았었다. 그런 시절에 옥 목사는 선교 단체의 프로그램을 전적으로 수용할 뿐 아니라 지역 교회 대학부에 실제로 적용했다. 그의 결단을 통해서 학생 선교 단체에서 시작된 제자 훈련이 지역 교회 대학부에 전달된 것이다.

그래서 성도교회 대학부의 성경 공부 교재가 선교 단체의 교재로 바뀌고, 제자 훈련 프로그램이 대학부 교육의 기본으로 자리잡았다. 그래서 나는 선교 단체에서 받던 신앙 훈련을 그대로 교회에서 받게 되었다. 선교 단체에서 항상 강조하던 큐티나 성경 암송, 그리고 전도 훈련과 일대일 양육이 대학부 안에서 비슷한 방식으로 이루어졌다. 훈련 내용은 크게 다를 것이 없었다.

그러나 제자 훈련이 이루어지는 현장이 지역 교회 대학부였기 때문

에 선교 단체와는 다소 다른 점들이 있었다. 그리고 선교 단체에 소속된 학생들은, 주일에는 각자가 섬기는 교회에 출석하면서 선교 단체 활동을 했기 때문에 둘 사이의 갈등이 있었다. 예배는 교회에서 드리지만, 신앙 훈련은 선교 단체에서 받게 되면서 생기는 문제였다. 나도 초기에는 선교 단체와 대학부 활동을 병행했기 때문에 비슷한 어려움을 겪었다. 그런데 선교 단체에서 둘 중에 하나를 선택하라고 요구했다.

이때 나는 교회를 택했다. 그 이후로는 그런 종류의 갈등이나 어려움이 없었다. 성도교회 대학부는 옥한흠 목사의 탁월한 리더십 아래 진행되었던 제자 훈련을 통해 질적으로는 물론이고 양적으로도 비약적인 발전을 했다. 그 속에서 나는 기존 교회 안에서도 선교 단체에 속한 사람들이 누렸던 영적인 축복을 누릴 수 있었다.

그 당시에 기존 교회에 속한 대부분의 대학생 청년들은, 성가대나 주일 학교 등 교회 내의 여러 부서에서 봉사를 감당하면서 그들 자신을 위한 양육과 훈련은 제대로 받지 못했다. 성도교회도 크게 다르지 않았다. 그래서 성도교회의 대학부는 청년 시절에 제대로 양육을 받아야 제대로 사역을 할 수 있다는 생각으로 교회 내의 봉사 활동에 소극적인 모습을 보여 교회의 기존 조직과 마찰을 빚기도 했다. 다행히 대학부 지도자의 확신과 담임 목사(고 김성환 목사)가 지지해 준 덕분에 성도교회 대학부에서 제자 훈련이라는 형태의 청년 교육이 무탈하게 진행될 수 있었다. 그런 변화로 인해, 지역 교회 안에 속해 있다는 한계에도 불구하고 우리 대학부는 그 당시에 활동했던 선교 단체들 이상으로 성장하고 부흥할 수 있었다.

선교 단체의 제자 훈련이 지역 교회의 대학부 안에서도 가능하다는

| 앞줄: 옥한흠, 방선기, 한정국 / 뒷줄: 박성수, 김광일, 한인권, 최충선 박성남, 이상석, 홍순명

확신을 가진 옥 목사는 성도교회 대학부 사역을 소개하는 세미나를 개최했다(1972년 무렵). 그 세미나에 꽤 많은 교회가 참석했는데, 대부분의 교회에서는 대학부 지도자들이 왔다. 그때 내수동교회의 담임 목사인 박희천 목사는 직접 대학부 지도자들과 함께 세미나에 참석했을 뿐 아니라, 앞자리에 앉아 가장 열정적으로 강의를 들었던 것으로 기억한다. 내수동교회가 후에 제자 훈련을 잘하는 유명한 대학부로 거듭나게 된 것도 후배 사역자에게도 친히 배우고 그것을 교회에 적용한 담임 목사의 노력 덕분이 아닌가 생각한다.

이렇게 성도교회 대학부 사역을 소개하는 세미나는 선교 단체의 제자 훈련을 지역 교회 대학부에 이식하는 계기가 되었다. 아마도 이 세미나가 후에 제자 훈련 사역을 위한 세미나의 효시(嚆矢)라고 할 수도 있을 것이다. 이때부터 한국 교회 대학부 내의 제자 훈련 사역이 시작되었다고 말할 수 있다.

여기서 선교 단체와 지역 교회 대학부 사역의 차이를 생각해 본다. 선교 단체 사역은 그 목적과 내용이 매우 유익했지만, 지역 교회를 무시하는 실수를 범했다. 그 당시 지역 교회의 열악한 상태를 생각하면, 선교 단체에서 그렇게 생각한 것이 무리는 아니지만 이는 결코 바람직한 태도는 아니었다. 선교 단체를 통해 훈련을 받았기 때문에 그들과 계속 관계를 맺었으면서도 성도교회 대학부의 소속되어 대학부 사역에도 성실하게 임했던 나에게, 어느 시점 선교 단체는 둘 중의 하나를 선택하라는 요구를 했고, 이때 나는 교회를 선택하면서 선교 단체와는 멀어지게 되었는데, 그 경험을 통해서 나는 청년 사역을 위해 선교 단체가 필요하지만, 지역 교회의 대학부·청년부가 그 사역을 담당하는 것이 더 바람직하겠다고 생각했다.

성도교회 청년 1부 〈3M VISION〉

Campus **M**inistry
Business **M**inistry
World **M**ission

그때 옥한흠 목사는 선교 단체의 프로그램을 사용하면서도 다른 선교 단체에서는 가르치지 않았던 영역에 눈을 뜨게 했다. 옥 목사는 우리에게 '3M 비전'을 제시했다. Campus Ministry/Business Ministry/World Mission이다. 그 당시 3M을 배지로 만들어서 달고 다니기도 했다. 즉 학창 시절에는 캠퍼스 사역을, 졸업한 후에는 일터 사역을, 그리고 이 두 가지 사역을 바탕으로 세계 선교를 하라는 것이다. 그 당시 학생 선교 단체들은 캠퍼스 사역과 세계 선교에 관해서는 강조했지만 대부분의 청년들이 졸업 후에 가게 될 일터에 대해서는 관심이 없었다. 그런데 옥 목사는 다른 단체나 교회와는 달리 직장에서의 사역을 비전으로 제시했다. 이 비전은 성도교회 대학부 출신들이 지금도 다양한 영역에서 사역을 하는 것으로써 이루어지고 있다. 물론 성도교회 출신 중에 다수의 목회자들이 나왔고, 선교사들도 적지 않다(박성남 목사, 한정국 선교사 등). 그렇지만 다른 단체나 교회에 비해 세속의 일터에서 헌신된 삶을 살면서 사역을 감당하는 사람들이 훨씬 많이 나왔다(김병재 변호사, 한인권 의사, 박성수 회장 등). 지금까지 내가 일터 사역에 헌신하게 된 것도 거슬러 올라가 보면 성도교회 대학부에서 옥한흠 목사의 지도를 받은 덕분이 아닐까 생각한다.

그러나 선교 단체와 비교해 볼 때 지역 교회 대학부가 지니고 있는 약점은 있다. 선교 단체는 기본적으로 사역의 대상이 대학생 청년층이고 그 사역을 위해서 시작되었기 때문에, 지속적으로 청년 사역에 집중할 수가 있다. 그러나 지역 교회 대학부는 지역 교회에 소속된 부서 조직이기 때문에, 청년 사역의 지속성을 갖기가 어렵다. 무엇보다도 담임 목사가 청년 사역에 관심이 얼마나 있느냐에 따라서, 혹 담임 목사가 관심이 있더라도 대학부나 청년부를 담당하는 지도자들이 사역을 감당할 여건이나 역량이 얼마나 있느냐에 따라서 대학부 사역은 부침할 수밖에 없다.

지도자가 얼마나 일관성 있게 사역을 지속해 가느냐도 중요한 문제다. 경험상 지도자가 바뀌면서 대학부 사역이 변화할 수밖에 없었다.

성도교회의 대학부의 역사를 보면 이런 면에서 아쉬움이 남는다. 내 경우에도, 90년대에 모교회인 성도교회 대학부 지도를 맡게 되었을 때, 이미 초기 대학부의 모습이 거의 사라진 것을 보고 당황스러웠다. 그때는 캠퍼스가 운동권에 잠식을 당했고 대학부에 주축인 학생들도 운동권 의식에 영향을 받아서 많이 달라져 있었다. 그렇더라도 그 당시 변화된 청년 문화를 이해하면서 대학부를 지도했다면 새로운 계기를 마련할 수도 있었을 텐데, 개인적인 역량의 한계로 그것을 이루지 못했다. 돌이켜 보면, 담임 목사가 관심을 가지고 지지해 주어 대학부 담당 지도자가 소신껏 활동했던 교회들은 상대적으로 대학부의 좋은 전통을 잘 이어갔던 것 같다.

반면에 학생 선교 단체는 지역 교회 대학부와 다른 문제가 있어 보인다. 선교 단체는 대학 캠퍼스를 비롯해 청년 사역에 집중하기 때문에 일관성 있게 사역을 지속할 수 있다는 점이 지역 교회 대학부에 비해 유리한 점이기는 하나, 그렇기에 시대의 변화에 빨리 적응하지 못하는 아쉬운 면이 있다. 이전에 사역하며 부흥의 경험을 가진 사람들이 리더십을 갖게 되면서 권위적으로 사역을 지도하게 된다. 그러다 보면 사역 현장의 변화에 민감하게 대응하지 못한다. 현장에서 사역하는 사람들이 그런 필요를 느껴도 권위와 경험으로 무장한 지도자들을 설득하기 어렵기 때문이다. 이것이 지역 교회의 대학부와 비교했을 때 선교 단체가 가지는 약점이 아닐까 생각된다.

캠퍼스 사역과 관련하여 대학생 선교 단체와 지역 교회의 장단점에 대해서 정리하면서 양쪽의 장단점을 보완하는 사역을 위해 캠퍼스 내에 대학 교회가 있으면 좋겠다는 생각을 해 본다.

| 1973년 성도교회 대학부 하기 수양회

청년 사역의 현실을 바라보면서

30여 년의 청년 운동은 한국 교회에 엄청난 영향을 미쳤다. 60~70년대부터 시작된 전도와 선교에 대한 열정은 한국 교회의 놀라운 성장과 한국 선교의 확장으로 열매 맺었다. 어찌 보면 그동안 한국 교회가 누렸던 성장과 확장의 모습은 그 시대의 청년 운동의 결과라고 해도 크게 틀리지 않을 것이다.

그런데 언제부터인가 한국 교회의 성장이 둔화하기 시작하면서 동시에 한국 교회를 향한 비판의 소리가 높아지기 시작했다. 이 두 가지 부정적인 현상이 나타나는 것을 보면서 이것이 청년 운동이 예전과 같은 열정과 활력을 잃어가는 것과 무관하지 않다는 생각을 하게 된다. 한국 교회의 청년 운동이라는 영적인 축복을 누린 세대의 한 사람으로서 오늘의 현실을 보면서 부채감과 책임감을 느낀다. 그래서 한국 교회가 과거의 영광을 다시 회복하기 위해서는 현재의 청년 운동을 점검해 보고 이 시대에 맞게 변화시켜 새로운 대안을 제시할 필요를 느낀다.

우선 오늘날 청년 사역의 현장은 매우 비관적이다. 캠퍼스의 상황이 이전과는 너무 다르다. 이전처럼 캠퍼스에서 복음을 전할 수가 없다. 우리가 사역하던 시절에 네 사람에게 전도하면 그 중에 한 명 정도가 영접한다는 이야기가 있었다. 그런데 요즘에는(이것도 벌써 오래 전 이야기다!) 열 명에게 말을 걸면 한 사람 정도가 반응을 한다고 한다. 이런 변화가 캠퍼스의 현실을 잘 말해 준다. 캠퍼스 전도는 거의 사경을 헤매는 상태가 되었다. 그러니까 선교 단체들은 교회를 향해 청년들을 보내 주면 훈련을 시켜 보내 주겠다는 제안을 한다는 웃지 못할 일이 벌어진다. 선교 단체의 사역이 약해지면서 사역을 위해 선교 단체가 존재하는 것이 아니라 선교 단체가 존재하기 위해 사역이 필요한 상황이 된 것이다. 과거에 청년 사역의 모판이었다고 해도 과언이 아니었던 캠퍼스가 오히려 청년 사역의 황무지로 변해 가고 있는 것 같다. 나 자신이 현장에서의 경험 없이 그저 들은 이야기로만 오늘날의 캠퍼스 현실에 대해서 말하는 것이 외람되다는 생각은 들지만, 이런 생각에 대해서 꽤 많은 사람이 공감하리라고 생각한다.

사실 지역 교회의 형편도 크게 다르지 않다. 교회를 찾는 젊은이들이 점점 줄어들고 교회 안에 있던 젊은이들이 슬슬 빠져나간다. 언젠가 상대적으로 작은 교회 청년부에서 이런 이야기를 들었다. 요즈음 교회 생활에 만족하지 못하는 청년들이 일차적으로 작은 교회를 떠나서 대형 교회를 간다고 한다. 그런데 대형 교회에서도 적응하지 못한 청년들은 결국 세상으로 나가 버린다는 것이다. 이런 말 역시 모든 지역 교회의 형편을 대변하지는 못하겠지만 대부분의 목회자들이나 성도들, 그리고 청년들 자신이 공감하리라고 생각한다.

청년 사역이 침체된 원인을 분석해 보면 크게 세 가지라고 한다. 첫째는, 대학생들이 취업에 신경 쓰느라고 신앙에 관심을 가지기 힘들다는 것. 둘째는, 인터넷이나 SNS 때문에 청년들의 관심이 분산되었다는 것. 셋째는, 교회 지도자들이 여러 방면에서 물의를 일으키는 바람에 청년들이 교회에 대해서 거부감을 갖게 되었다는 것이다.

청년 사역의 현장이 왜 이렇게 변했는지에 대해서는 여러 분야에서 분석과 연구가 필요하다. 그러나 중요한 것은 과거 청년 운동의 결과가 지금까지 한국 교회를 이루었다면, 지금 청년들의 현실은 바로 내일의 한국 교회의 모습이 될 수 있다는 점이다. 그렇다면 내일의 한국 교회를 위해서 해야 할 가장 중요한 일은 청년 운동의 회복이다.

이런 현실을 보면서 예레미야가 했던 탄식 어린 기도를 하게 된다. "우리의 날을 다시 새롭게 하셔서 옛날과 같게 하여 주십시오"(애 5:21하, 〈새번역〉). 과거 청년 사역의 부흥기를 경험한 사람으로서 청년 사역이 옛날과 같이 되었으면 하는 바람을 가진다. 그런데 옛날과 같이 되기 위해서 예전에 했던 대로 해서는 안 된다. 옛날에 그렇게 영적으로 흥왕할 수 있었던 것은 그 당시에 하던 대로 하지 않고, 그 시대의 청년들에게 맞게 그들의 필요를 채워 주었기 때문이었다. 이제 다시 한번 그런 갱신이 필요하다. 현재 영적인 부흥을 위해서는 갱신이 필요하다. Revival by Renewal이다.

미래의 청년 사역을 위한 제언

사역의 Renewal을 위해서는 과거에 대한 Unlearn이 필요하다. 이것은 경영학에서 말하는 이야기이다. 과거에 유용했던 전략이나 방법이 현재에는 맞지 않을 수가 있다. 그런데도 과거의 좋은 경험 때문에 그것을 그대로 사용하려고 하게 된다. 갱신을 위해서는 과거에 해온 모든 것들을 다시 한번 돌아보면서 변함없는 원리는 그대로 유지하되, 시대에 맞지 않는 것들은 과감하게 포기해야 한다.

그리고 Relearn이 필요하다. 현 시대 상황에 맞는, 현재 젊은이들에게 필요한 새로운 방향으로의 새로운 교육이 필요하다. 이때 조심할 것은 초기에 가졌던 기본 정신을 잃지 않는 것이다.

그리스도인의 사명이 전도와 선교인 것은 아무리 강조해도 지나치지 않다. 따라서 청년 시절에 이 사명을 갖도록 하는 것은 중요하다. 지난 세대에 청년들에게 전도의 사명과 선교의 비전을 보여주었기 때문에 한국 교회가 부흥할 수 있었고 선교하는 교회로 성장할 수 있었다. 그러므로 이 일은 지속해 나가야 한다. 그러나 신앙이 일상의 삶에 충분히 열매 맺지 못한 채 종교적인 열정만 가지고서 전도나 선교 사역에 임하게 될 때 부작용이 일어날 수 있다는 것을 알아야 한다. 지금 청년 사역의 회복을 위해서 Unlearn하고 Relearn해야 할 것들을 각 영역에서 살펴보려고 한다.

말씀의 회복이 필요하다

역사를 통해 알 수 있고 또 확신할 수 있는 것은 영적인 회복의 시작은 말씀의 회복에서 일어난다는 것이다. 일단 나의 청년 시절을 돌아보기만 해도 그 사실을 확인할 수 있다. 그 당시는 한국 교회의 청년 운동이 가장 왕성했던 시대였던 것 같다. 그 시대에 청년 시절을 보낸 나는 정말 감사하게도 성경 말씀을 새롭게 발견했다. 모태 신앙이라 어릴 때부터 성경을 읽었고 설교도 들었고 주일 학교를 통해서 성경을 배우기도 했지만 내가 성경을 묵상하고 공부하는 것은 잘 몰랐다. 그런데 제자 훈련을 통해서 성경을 묵상하고 공부하는 법을 배우면서 성경이 내게 새로운 책으로 다가왔다. 내가 말씀을 묵상하고 공부하면서 성경이 내게 주시는 하나님의 말씀인 것을 알게 되었다. 그래서 성경을 묵상하고 공부하고 또 그것을 가르치는 일이 가장 보람 있는 일이 되었다.

이전에 많은 성도들이 설교를 통해서 신앙이 성장했다면 나의 경우는 개인적인 성경 공부와 청년들과 함께 공부하는 과정을 통해서 신앙이 성장했다고 할 수 있다. 당시에 많은 청년이 이런 경험을 하면서 개인의 신앙이 성장했고 자연스럽게 교회도 부흥 성장하게 되었다.

그런데 언제부터인가 청년들 사이에서 성경 공부에 관한 열정이 식어 간다는 느낌을 받게 되었다. 예전에는 성경 공부를 하면 다들 예습을 해 왔는데 요즈음에는 그런 사람들이 별로 없다고 한다. 혹자는 찬양 사역이 뜨거워지면서 상대적으로 말씀에 대한 열정이 줄어들었다고 말하는데 그것이 정확한 분석인지는 알 수가 없다. 다만 과거와 비교해 볼 때 현재 청년들이 말씀에 대한 열정이 사라진 것은 분명하다. 아이러니하게도 성경 공부 교재나 성경을 공부하는 데 필요한 자료는 이전에 비해 엄청나게 늘어났는데, 정작 성경을 열정적으로 공부하는 젊은 이들은 많지 않은 것 같다. 그러니 성경에 대한 지식이 부족하거나 성경이 그들의 삶과 무관하게 되는 것은 당연한 결과이다.

이런 현실을 보면서 다음 세대를 위해서 가장 먼저 해야 할 일은, 젊은이들에게 하나님의 말씀을 회복하도록 하는 것이다. 젊은이들이 말씀에 대한 열정을 다시 회복하기 위해서는 성경과 관련해서 변화가 필요하다. 마치 예전에 설교만 듣는 데서 자신이 성경을 공부하게 되는 변화가 있었던 것처럼, 젊은이들에게 말씀을 회복하게 하기 위해서는 이전과 다른 새로운 전략이 필요하다.

성경의 변화가 필요하다

종교개혁은 "오직 성경"이라는 모토로 성경의 가치를 회복하여 참다운 변화를 모색했다. 이때 개혁자들은 성경을 보통 사람들이 읽을 수 있는 모국어로 번역했다. 그렇지 않았다면 성경이 성도들의 삶에서 회복될 수 없었을 것이다. 지금도 지속적으로 이런 노력이 필요하다. 지금 우리가 읽는 성경은 믿지 않는 사람들에게는 말할 것도 없고 믿는 젊은 세대에도 거리가 있는 번역이다. 새로운 번역이 필요하다. 지속적인 성경 번역이 필요하다. 번역만 할 것이 아니라 새로운 번역 성경을 읽고 묵상하고 공부하는 데 사용해야 한다. 이렇게 성경 번역이라는 성경의 변화가 필요하다.

또한 성경의 외적인 형태에도 변화가 필요하다. 성경은 영원한 하나님의 말씀이므로 이 시대에 우리에게 주신 하나님의 말씀이다. 그러나 그 말씀을 담은 성경책은 아무리 보아도 현대 사회에 어울리는 책이 아니다. 두툼한 가죽 표지에 싸여 있는 책은 요즈음 젊은이들에게는 별로 매력이 없어 보인다. 일반 책들은 시대에 맞게 외양이 변하는데 성경책은 변화가 거의 없다.

물론 최근 들어서 스마트폰에 성경이 들어 있고 '듣는 성경'이나 '드라마 바이블'이 나와서 이전과 다르게 성경을 접할 수 있기는 하지만 여전히 성경의 이미지는 현대 사회에 맞지 않는 것 같다. 성경이 시대에 맞게 변신할 필요가 있다(디자인을 하는 자매가 성경 표지를 아주 예쁘게 디자인한 것을 보았다).

성경의 성육신이 필요하다

성경은 기록된 하나님의 말씀이다. 그러나 그리스도인들만이 그렇게 믿을 뿐 비그리스도인들의 대부분은 그렇게 생각하지 않는다. 그러니 성경을 단순히 하나님 믿는 사람을 위한 책으로만 생각하기 쉽다. 대부분의 사람들에게 성경은 다만 종교적 경전이다. 심지어는 믿는 사람들도 그렇게 생각한다. 그러니 믿음이 없는 사람은 성경에 아예 관심이 없고, 믿는 사람도 성경의 가치와 용도를 종교적인 영역으로 제한시킨다. 따라서 하나님의 말씀인 성경을 회복하기 위해서는 인류의 삶에서 멀어진 성경의 위상을 다시 회복해야 한다. 그러기 위해 '성경의 성육신'이 필요하다.

예수님은 하나님이시지만 또한 완전한 인간이었다. 마찬가지로 성경 역시 하나님의 말씀이면서 동시에 인류가 만들어 낸 모든 책 중에서 최고의 책이다. 성경이 인류 역사상 최고로 많이 팔리고 많이 번역된 책인 것을 안다면 그 점을 얼마든지 강조할 수 있다. 특히 인문학을 강조하는 시대에는 성경을 인문학 책 중의 책으로 소개할 수 있다. 실제로 기독교 문화가 깔려 있는 곳에서는 성경 안에 있는 개별 책들이 고전을 소개하는 리스트에 포함되어 있다. 이렇게 해서 성경이 하나님의 말씀인 것을 강요하기보다는 성경이 가지고 있는 영향력을 가지고 설득해서 성경의 권위와 성경의 가치를 느끼도록 해야 한다(결혼하는 커플에게 아가서 독후감을 쓰도록 했다. 결혼 준비로 성경을 읽는 것이 의미가 있다).

성경을 공부하는 방법이 달라져야 한다

이전에는 성경을 일방적으로 가르쳤는데 성경을 함께 공부하고 토론하면서 말씀을 새롭게 깨달을 수 있었다. 다음 세대를 위해서도 또 다른 새로운 변화가 필요하다.

예를 들면, 성경의 핵심 부분은 먼저 가르쳐야 하지만, 적용 부분은 먼저 질문하도록 하고 그것에 답을 해 준다. 성경에서 추상적인 진리를 가르치기보다는 현실에서 부딪히는 문제들의 해답을 성경에서 찾도록 하는 것이다. 그러므로 성경을 일방적으로 가르치기보다는 질문으로 시작해 성경에서 답을 찾도록 유도하고, 또한 현실에서 일어나는 문제들을 질문게 만들어 그 질문의 답을 성경에서 찾도록 하는 노력이 필요하다.

질문에 대해서 성경으로 대답할 때에는, 물론 흑백으로 가르칠 것도 있지만 대개 스펙트럼으로 대답해 주는 것이 유익하다. 성경은 절대적인 진리를 담고 있지만 성경에 대한 해석은 다양할 수 있으며, 다양성을 소중하게 생각하는 이 시대에는 그런 접근이 효과적이다.

성경 읽기나 성경 공부를 크리스천의 의무로 요구하기보다는 재미

(fun)를 추구하는 젊은이들에게 성경의 재미를 느끼도록 할 필요가 있다. 그러기 위해서 먼저 자신들이 관심 있는 것을 공부하게 한다. 그리고 나서 성경의 의미를 깨닫도록 해 줘야 한다. 그렇게 되면 성경과 가까워져서 의무적으로 읽고 공부하게 될 것이다(청년들과 공부하면서 성경을 읽고 믿어지지 않는 부분, 이해가 되지 않는 것, 공감되는 것을 말하라고 했다. 의외로 믿어지지 않는 부분이 그렇게 많지 않다는 것을 발견하게 된다. 이해 안 되는 것은 간단히 설명해 준다. 그리고 공감이 되는 부분을 가지고 함께 공부하면 실제로 유익하다).

소명 의식을 고취한다

이 시대 젊은이들에게 메시지를 전하기 위해서는 그들이 처한 현재의 상황은 기성 세대들의 상황과 많이 다르다는 점을 먼저 제대로 알아야 한다. 지금 우리 사회가 경험하는 기성 세대와 젊은이들과의 세대 차이는 우리나라의 이전 시대의 세대 차이나 다른 사회에서의 세대 차이와는 다르다. 현재의 기성 세대는 우리나라 역사상 처음으로 부모보다 학력이 높고 부모보다 더 잘살게 된 세대이다. 대부분이 자라날 때 고생을 했지만 지금은 부모들보다는 여러 면에서 나은 환경에 살게 되었다. 그런데 이 시대의 젊은이들은 정반대이다. 자랄 때는 별 고생을 하지 않았는데 막상 자신이 성인이 되어 가면서 여러 면에서 부모 세대보다 못하다는 점을 발견하게 된 것이다.

미국 같은 부자 나라의 역사를 보면 항상 자녀 세대가 부모 세대보다 경제적으로 더 나은 삶을 살았다고 한다. 그런데 최근 들어 반대 현상을 경험하는 청년들이 당황한다. 부모 세대보다 못한 삶을 살게 되었기 때문이다. 그런데 우리나라는 그런 역전 현상이 단 한 세대만에 일어났다. 이것이 이 시대의 젊은이들이 삶을 경험하면서 절망하게 만드는 현실이다.

그런 세대 간의 차이는 일이나 노동, 직업과 관련해서도 현격하게 드러난다. 기성 세대는 궂은 일을 마다하지 않고 수고한 결과로써 현재의 부를 누리게 되었는데, 다음 세대는 기성 세대만큼의 고생을 별로 하지 않고 자랐기 때문에 굳이 고생스러운 일은 하려고 들지 않는다. 젊은이들의 이런 의식과 직업을 대하는 자세가 현재 상황을 더 힘들게 만들고 미래의 전망을 어둡게 만든다.

사실 청년 실업의 문제는 우리나라뿐 아니라 전 세계적으로 젊은이들에게 가장 중요한 문제이다. 실업의 원인은 일차적으로 경제적인 문제이지만 과도한 고등 교육으로 인한 일자리 부족도 중요한 요인이 된다. 그리고 이 문제는 기술이 발전하면서 4차 산업 혁명이 본격화되면 훨씬 더 심각해질 것이다. 이 문제는 정부나 기업이 해결해야 하지만 현실적으로 뾰족한 대책이 없다. 그러니 교회가 할 수 있는 일은 더욱 없다. 물론 교회들이 청년들을 위해서 구직을 위한 가이드를 제공하거나 창업을 돕는 사역을 할 수는 있다. 그러나 아무래도 청년들을 실제적으로 돕는 역할을 교회가 제대로 하기에는 한계가 있다.

그렇지만 교회는 세속의 정부나 기업이 할 수 없는 것을 해 줄 수 있다. 성경에 근거한 바른 직업관과 직업을 선택하는 데 필요한 성경적 가치관을 가르치는 것이다. 나는 개인적으로 "무슨 일을 하든지 주께

하듯 하고 사람에게 하듯 하지 말라"(골 3:23)는 말씀을 통해서 직업 소명에 대한 깨달음을 얻었다. 젊은이들이 이렇게 직업에 대한 소명 의식을 회복하게 되면 개인적인 문제뿐만 아니라 진로와 직업의 선택에 대한 사회 전체의 문제 해결에도 기여할 수 있을 것이다. 진로와 직업 선택에 대한 성경적 안목은 다음과 같다.

직업의 문제를 영적인 안목으로 보아야 한다

많은 크리스천들에게 취업이나 직업의 문제는 세속적인 문제이다. 그렇기에 교회는 이 문제에 대해서 별로 관심을 갖지 않는다. 교회가 젊은이들에게 영적인 일에 관심을 갖도록 하는 것은 여전히 교회 생활과 교회 활동을 잘하는 것이고 좀 더 나아가서 전도나 선교 활동을 하는 것이다. 따라서 직업과 관련해서는 영적인 안목을 갖지 못하고 있다. 그저 좋은 직장을 가질 수 있도록 기도하는 것이 전부이다. 그러니까 아르바이트 하느라 교회 모임에 잘 오지 못하면 걱정을 하고, 직장일 때문에 교회 생활에 소홀하면 걱정을 한다. 한마디로 세속의 직업은 크리스천의 영적인 생활에 방해가 된다고 생각하는 것이다.

그런데, 모든 일을 주께 하듯 해야 하고 직업이 하나님의 소명인 것을 안다면, 직업의 문제를 영적인 삶에 방해가 되는 것으로 생각해서는 안 된다. 반대로 일의 영역도 영적인 차원에서 바라보도록 해야 한다. 그래서 자신의 일이 영적으로 충분히 가치가 있는 일이라고 확신한다면 죄책감을 느끼지 말고 그 일을 하도록 격려해야 한다.

직업을 선택하는 기준이 달라야 한다

세속적인 가치관을 따를 때 좋은 직업이란, 단연 경제적인 보상이나 안정을 보장하는 직업일 것이다. 따라서 그런 방면으로 사람들이 몰리고 경쟁이 치열하다. 그리고 그것을 이루지 못한 대다수의 사람은 실패감을 맛본다. 전통적으로 교회는 이런 젊은이들을 위해 경쟁에서 이기고 성공하도록 격려하거나 기도했다. 그러나 이제 교회는 그런 직업이 정말 자신의 소명인지 확인하도록 도전하고, 모든 직업이 하나님께서 불러서 맡기는 소명이 될 수 있음을 가르쳐야 한다. 크리스천은 자신의 열정과 이웃의 필요가 만나는 일에서 소명을 찾을 수 있다. 그렇게 되면, 세속적인 가치를 초월해서 일을 선택할 수 있고 자신이 하는 일에서 의미를 찾을 수 있다. 그리고 실업의 문제도 많이 해결할 수 있다. 사실 이 부분은 세속의 직업 심리학자들이 강조하는 부분이기도 하다(직업 심리학자들은 직업을 job/career/calling으로 보면서 마지막 관점을 소명 의식으로 보라고 권한다).

직업을 선택하는 관점이 달라야 한다

오늘날 많은 젊은이들은 남들이 인정해 주지 않는 일은 하려고 하지 않는다. 또 하는 일이 좀 힘들고 귀찮으면 그런 일을 쉽게 포기한다. 일하는 지역이 외진 곳이면 가려고 하지 않는다. 지금도 지방에 있는 공장에는 일할 사람을 구하지 못해서 외국인 근로자를 고용하는 곳이 많다. 이런 곳에 크리스천 젊은이들이 소명 의식을 가지고 가서 일하게 된다면 엄청난 변화를 일으킬 수 있다.

직업에 대한 소명 의식이 회복되면 이런 일들에 대해 마음을 열게 되고 그런 일에 대해서 의미를 찾을 수 있게 된다. 그렇게 되면 마치 선교지를 가는 마음으로 그 일에 임할 수 있다. 어찌 보면 지금 젊은이들에게는 세계 선교를 위한 사명감을 고취시키는 것보다 그들 앞에 주어진 일을 소명 의식을 가지고 하도록 격려하는 것이 훨씬 더 필요하지 않을까 생각된다.

헌신의 삶을 가르치고 격려한다

현재 기성 세대의 크리스천 중에는 젊은 시절에 신앙 훈련을 받은 사람들이 많다. 그들은 전도하는 일에 헌신했으며 그 중 많은 이들이 선교사역에 헌신하기도 했다. 이와 같은 헌신이 한국 교회의 성장과 선교의 확산에 기폭제가 되었다. 그래서 선교 단체들은 물론 지역 교회도 신앙의 헌신을 말할 때는 아무래도 헌신을 요구하는 영역이 목회나 선교를 비롯한 특정한 사역에 제한되었다.

그런데 오늘 우리 젊은이들에게는 그런 방면의 헌신을 향한 도전을 수용할 여유가 없는 것 같다. 신학교 지원자나 선교사 지원자들이 줄어드는 것을 보면 그것을 알 수 있다. 앞으로 이런 현상은 지속될 뿐 아니라 좀 더 심화될 가능성이 높다. 전반적으로 젊은이들이 교회를 떠나는 것도 심각한 문제이지만, 신앙적인 헌신을 하려는 젊은이들이 사라진다는 것은 교회의 미래를 생각할 때 더욱 심각한 문제이다.

이 문제를 풀기 위해서는 요즘 젊은이들이 처한 현실을 알아야 한다. 많은 젊은이들이 자신들의 삶을 돌아보면서 희망을 가지기보다 불안해하고 두려워한다. 오늘 우리 사회의 청년들이 겪는 어려움을 연구한 사람들은 우리 청년들이 이전에 만들어 놓은 '빚'이라는 담과 앞으로 만들어야 할 '집'이라는 담 사이에 끼어 있기 때문이라고 한다. 젊은이들이 결혼을 미루거나 아예 결혼하지 않고, 또 결혼을 하고도 자녀들을 낳지 않으려는 것은 바로 이런 이유 때문이다. 결혼을 늦게 하거나 자녀를 갖지 않는 것이 개인적인 문제였지만 이제는 매우 심각한 사회 문제가 되어 버렸다. 그렇게 생각하면 크리스천으로 교회의 미래만이 아니라 우리 사회의 미래가 걱정이 되는 상황이 된 것이다.

이런 상황을 변화시키기 위해서 교회가 할 수 있는 일은 그리 많지 않다. 그러나 이런 상황 속에서 살고 있는 젊은이들에게 교회가 할 수 있는 일이 있다. 그것은 젊은 크리스천들에게 삶에 대한 헌신을 가르치고 격려하는 일이다.

사실 현재 우리 사회가 안고 있는 문제를 바라보고 대처하는 모습을 보면 크리스천들이라고 해도 세상과 별로 다르지 않다. 그런대로 신앙이 성숙하다는 젊은이들도 그들의 믿음이 일상의 삶에서 경험하는 문제를 대하는 자세에 별 영향을 미치지 못하고 있다. 이런 모습을 보고 기성 세대들이 젊은이들에게 우리는 예전에 그렇지 않았다면서 비난이나 책망을 해 봐야 별 소용이 없다. 오히려 그들의 상황을 이해해 주면서 우리의 삶의 모든 영역에서 믿음으로 살아 내야 함을 가르치고 그 일에 헌신하도록 도전해야 한다.

이런 현실에서 우리 젊은이들에게 요구하는 헌신은, 목회나 선교와 같은 사역을 위한 헌신보다는 세속의 풍조를 따르지 않고 성경적 가치관을 따르는 일상의 삶에 적용하는 것이 아닐까 생각한다. 현대 사회에 속해 살고 있기 때문에, 젊은이들이 느끼는 문제를 이해하고 공감하면서 세상과는 다르게 구별된 삶을 살 수 있는 대안을 제시해야 한다. 어찌 보면 이런 삶의 헌신이 목회 사역이나 선교 사역에 헌신하는 것보다 더 필요하지 않나 생각한다.

라이프 스타일의 변화

전통적으로 교회는 젊은이들에게 경건하게 살라고 권면하면서 술·담배를 금하거나 성적인 면에서 성결한 삶을 사는 것을 강조했다. 그것은 여전히 필요한 일이다. 그러나 그것은 경건한 삶을 살기 위해서 필요한 소극적인 방법일 뿐이다. 좀 더 적극적으로 경건하게 살기 위해서는 오늘 세속의 풍조를 거스르는 자세가 필요하다. 가장 우선적인 것이 경제적인 삶과 관련된 헌신이다. 요즘 세상의 젊은이들은 자신의 재정 형편과 무관하게 생활을 하는 경향이 있다. 그러다 보니 빚을 지는 것도 너무 쉽게 생각한다. 그러니까 재정 문제가 점점 심각하게 된다. 분명히 오늘 우리 시대가 예전보다 경제적으로 더 잘살게 되었는 데도 어렵게 느끼는 것은 바로 이런 문제 때문이다. 그런데 이런 생활 양식에 관해서 믿는 사람들과 믿지 않는 사람을 비교해 보면 크리스천들이라고 해서 별로 다르지 않은 것 같다. 종교적인 영역 밖의 일상 생활에서는 세상 풍조를 그대로 따라가는 것 같다. 이제 크리스천 젊은이들은 이 문제에서 세상의 풍조를 따르지 말고 하나님의 뜻을 분별하고 또 실천해야 한다. 아마도 이 영역이 현재 크리스천 젊은이들의 헌신을 위해 가장 필요한 영역이 아닐까 생각한다.

크리스천들이 종교적인 영역에서 헌신하는 삶을 사는 것은 세상에 별 영향을 미치지 못한다. 십일조를 내거나 건축 헌금을 하는 것은 대단한 헌신이지만 그런 것은 사회에 큰 영향을 미치지 못한다. 그것은 종교적인 영역의 헌신이기 때문이다. 그러나 일상의 삶에서 세상의 풍조를 거스르는 삶을 산다면 그것이 세상에 영향을 미칠 수 있다. 어찌 보면 이런 삶의 변화에 대한 헌신이 오늘 이 시대에는 선교의 헌신보다 더 시급하지 않나 생각된다(신용 카드를 남발하거나 남용하지 않고, 자동차를 할부로 사지 않고 저축을 해서 사는 것과 같은 소비 생활의 차별화도 좋은 대안이다).

성품의 변화

복음은 개인을 구원할 뿐 아니라 개인을 변화시키는 능력이 있다. 전통적으로 이런 변화는 경건 훈련을 통해서 이루어졌다. 하나님의 말씀을 묵상하고 연구하며 기도에 힘쓰고 예배와 선교 활동에 많은 시간을 투자하는 것 등이다.

이 변화는 종교심의 변화만이 아니라 일상의 삶에서 성품의 변화를 의미한다. 예수님은 제자들에게 경건 생활을 권하기 전에 먼저 성품이 변화되기를 원했다. 그리고 마지막 순간에 지상 명령을 내리기 전에 제자들에게 겸손의 본을 보여 주셨고 서로 사랑하라고 가르치셨다. 사도들도 서신서에서 택하심을 받은 성도들에게 경건 생활의 권면을 하기 전에 성품의 변화를 먼저 가르쳤다(엡 4:1-3).

2~3세기 초대 교회의 훈련 과정에도 성품을 세우는 일(Character building)이 필수적이었다고 한다. 그들은 가르침과 성품 형성을 하는 데 많은 시간을 들였다. 3년이라는 시간이 결코 긴 시간이 아니었다. 그 이

후로 생활 속에서 성품이 형성되어 그것이 습관이 되고 두 번째 본성이 되도록 인내로 양육했다. 그들은 예수님을 믿고 구원받는 것이 그리스도의 성품을 가지는 것까지 포함된다고 생각했다.

요즈음 세속 사회에서도 인성의 중요성을 많이 이야기한다. 지식이나 실력이 중요하지만 결국 인성이 그 사람의 가치를 결정한다. 크리스천의 신앙에도 같은 논리를 적용할 수 있다. 경건 생활이나 사역의 열정이 중요하지만 결국 그 사람의 성품이 믿음을 드러낸다.

결혼과 가정에 대한 생각의 변화

현재 한국 사회에서 가장 심각한 문제는 젊은이들이 결혼을 미루거나 아예 거부하고 결혼을 해도 자녀들을 낳지 않거나 최소한으로 줄이는 것이다. 몇 년 전만 해도 이 문제는 미혼 여자들에게만 해당된다고 생각했는데, 이제는 남자와 여자를 불문하고 젊은이들의 풍조가 되어 버렸다. 젊은이들이 자신의 미래가 걱정이 되어 이렇게 하는 것이지만, 역설적이게도 이런 현상이 우리 사회의 미래의 걱정거리가 된다.

이런 현실에서 하나님을 믿는 젊은이들이 믿음을 드러낼 수 있는 가장 중요한 영역이 바로 결혼과 가정이다. 전통적으로는 결혼을 하고 아이를 낳는 것이 평범한 일이었지만, 젊은이들이 결혼을 미루고 자녀를 포기하는 이 시대에는 세속의 풍조를 거스르는 것으로써 젊은이들이 믿음으로 헌신해야 할 영역이 되었다. 어찌 보면 선교 사역에 헌신하는 것 이상으로 헌신이 필요한 영역이다.

믿음이 있는 젊은 크리스천들이 믿음으로 결혼하고 믿음으로 자녀를 낳는다면 그 어떤 다른 것보다도 일반 사회에 믿음의 힘을 보여 줄 수 있다. 실제로 제대로 준비가 안 되었는데 결혼하거나 자녀를 가지려면 믿음이 없이는 불가능하다. 예전에는 사람들이 대부분 그렇게 했기 때문에 결혼을 일찍 하거나 자녀를 많이 낳는 일이 특별하거나 대단하지 않았다. 크리스천의 믿음과는 아무런 관계가 없는 것처럼 보였다. 그런데 지금 젊은이들이 이렇게 한다면 정말 하나님을 신뢰하는 믿음이 있어야만 가능한 일일 것이다. 그러므로 오늘 이 시대에 젊은이들이 세속과 다른 삶을 사는 일에 헌신하도록 도전하는 것이 교회의 가장 긴급한 사명이 아닐까 생각된다(예를 들어 몇 년 후에 결혼 연령이나 자녀 숫자의 통계를 내었는데 신자와 비신자 사이에 큰 차이가 발견되면, 사회에 엄청난 충격을 줄 것이다. 왜냐하면 그것은 인구에 대한 사회문제를 해결하는 것이고 침체된 교회 성장에도 영향을 주기 때문이다).

전도에 대한 새로운 이해

전도는 예수 그리스도의 지상 명령이며 크리스천의 최고의 사명이다. 그렇기 때문에 우리가 신앙 훈련을 받을 때 전도에 대한 도전을 받았고 구체적으로 전도할 수 있도록 강도 높은 훈련을 받기도 했다. 그래서 대학 시절에는 캠퍼스에서 전도했고, 주변에서 만나는 사람들에게 전도를 했고 때로는 노방 전도나 축호 전도까지도 헌신적으로 했다. 이를 위해서는 정말 헌신과 용기가 필요했는데 하나님께서 그런 은혜를 부어 주셨다. 그렇게 수고한 결과 보람이 있었다. 꽤 많은 사람들이 주님께로 돌아오게 되었다. 그 결과 한국 교회는 역사적으로 전례가 없을 만큼 성장을 경험하게 되었다.

그런데 지금은 과거에 행했던 전도 방법이나 선교 전략이 효과가 없을 뿐더러 부작용이 많이 생긴다. 물론 아직도 이런 전도는 특별한 상황에서는 여전히 할 수 있지만, 일반적인 상황에서는 절제할 필요가 있다. 그러나 과거에 그런 전도를 통해서 많은 열매를 거둔 경험이 있는 사람들은 전도를 한다면 그렇게 해야 하는 것으로 생각한다. 자신이 그렇게 할 뿐 아니라 그렇게 가르치기도 한다. 이런 사람에게 Unlearn이 필요하다. 전도는 여전히 우리의 사명이지만, 전도하는 방법은 시대의 변화에 따라 바뀔 수 있어야 한다. 그러기 위해서는 과거에 익숙했던 것들을 잊어버릴 필요가 있다. 기계적으로 외운 내용을 전달하는 식의 전도 방법도 이전에는 매우 효과적이었으나 지금은 그렇지 않다. 그것도 Unlearn이 필요하다.

이제는 일상 생활 속에 맺어진 관계를 통해서 자연스럽게 복음을 전해야 된다. 전도는 일상의 삶을 희생하면서 해야 할 종교적인 활동이라기보다는 일상의 삶 속에서 자연스럽게 이루어져야 신앙의 열매이다. 그러기 위해서는 전도에 대한 정의와 전도 전략이 달라져야 한다. 전도는 개종자를 만드는 것이 아니라 그리스도의 사랑이라는 복음을 전하는 것이다. 예수를 영접하는 사람들을 많이 만들려고 하기보다는 그리스도의 사랑에 끌려오도록 해야 한다. 그러므로 전도 전략도 비신자를 찾아 공략하는 사냥꾼식 전도보다는, 전도자의 삶을 보고 찾아오는 사람에게 복음을 전하는 낚시꾼 식의 전도가 바람직하다. 이렇게 되면 전도 훈련 자체가 달라져야 할 것이다. 원래 초대 교회의 전도가 이런 식이었다고 한다. "너희 속에 있는 소망에 관한 이유를 묻는 자에게는 대답할 것을 항상 준비하되 온유와 두려움으로 하"(벧전 3:15 하)라는 말씀이 이런 전도의 정신을 잘 보여 준다.

예전에는 전도의 목적이 많은 사람을 구원하는 것이었다. 그러니까 복음을 단순하게 전해서 빨리 쉽게 믿을 수 있도록 했다. 그렇게 전해진 복음은 개인의 구원을 위한 통로로만 이해가 되었다. 그렇게 되었기에 우리가 전한 복음은 개인적이고 종교적인 내용으로 제한되었다. 하지만 예수님께서 전하신 복음은 하나님 나라를 선포하는 것이었다. 복음으로 사람이 변화되고 세상이 변화되는 것을 보여 줄 수 있어야 한다.

물론 이렇게 전도하면 이전의 전도에 비해 전도의 열매가 많이 줄어들 것이다. 하지만 이전의 전도가 인위적으로 영접을 유도해서 전도의 열매가 많았던 것이므로 줄어드는 것이 정상적이라 할 수 있다. 전도의 열매는 전도의 열정이나 방법으로 얻는 것이 아니다. 전도자의 삶에서 시작되어 성령의 역사로 맺어지는 것이다. 따라서 전도의 의미가 변해야 한다. 전도는 크리스천의 삶이 목표가 아니라 결과가 되도록 해야 한다. 전도의 목표도 달라져야 한다. 가능한 한 많은 사람이 주님을 영접하도록 유도하는 것이 아니라 한 사람이라도 제대로 복음을 통해서 변화된 삶을 살도록 하는 데 두어야 한다.

기성 세대가 청년 사역을 돕기 위하여

청년들이 새로워지기 위해서는 우선 기성 세대가 청년 사역에 관심을 가지는 것이 무엇보다 중요하다. 청년 사역에 관심을 가지고 무언가 젊은이들을 돕기 위해서는 먼저 갖추어야 할 것이 있다.

기성 세대가 경건한 믿음의 조상이 되어야 한다

다음 세대 선교의 기본은 기성 세대가 경건한 믿음의 조상이 되는 것이다. 경건한 믿음의 조상이 되기 위해서 조심해야 할 일이 있다. 디모데후서 3장 5절에서 바울은 말세의 현상을 말하는 중에 "경건의 모양은 있으나 경건의 능력은 부인하는 자들"을 소개하면서 그같은 사람들에게서 돌아서라고 권면했다.

오늘날 교회에서도 경건의 모양은 얼마든지 흉내 낼 수 있다. 그런데 다음 세대는 경건의 모양에 별로 감동받지 않는다. 경건의 모양은 있는데 경건의 능력이 없으면 실망한다. 위선자로 생각한다.

경건의 능력을 나타내기 위해서는 일상의 삶에서 본이 되어야 한다. 예수님도 산상 수훈에서 강조하셨다. "이같이 너희 빛이 사람 앞에 비치게 하여 그들로 너희 착한 행실을 보고 하늘에 계신 너희 아버지께 영광을 돌리게 하라"(마 5:16). 이 말씀은 믿는 이들이 세상 사람들에게 영향을 미치기 위해서 선한 일로 인정받으라는 말인데, 기성 세대가 다음 세대에게 신앙의 영향을 미치기 위해서도 똑같이 필요하다. 그렇다고 완벽하게 살아야 한다는 말은 아니다. 오히려 부족한 부분이 있으면 그것을 솔직하게 인정하는 것이 경건의 능력을 보여 주는 것이기도 하다.

다음 세대의 새로운 특징 중 하나는, 모범적인 삶을 사는 사람들을 인정하고 존경도 하지만 자기는 그렇게 살고 싶지 않다고 하는 점이다. 그렇기 때문에 우리가 보여 주어야 할 경건의 능력은, 매력적인 신앙생활을 보여 주는 것이라 할 수 있다. 신앙생활을 즐겁게 하는 것이다. 의무감으로 하거나 억지로 하지 않고 정말 즐겁게 하는 것이다. 성경을 읽으면서 '달고 오묘한 말씀'으로 대하고, 기도할 때 '내 기도하는 시간이 가장 즐겁다'는 마음으로 해야 한다. 우리가 성경을 마지못해 읽고 기도도 억지로 한다면, 다음 세대는 그런 모습을 보고 아예 신앙생활을 포기해 버린다. 예전에는 아이들이 어른들처럼 의무감으로 읽고 기도했지만 지금의 다음 세대는 그냥 그만두어 버린다. 다음 세대의 교회가 지속되기 위해서는 기성 세대가 신앙생활을 모범적이면서도 매력적으로 할 수 있어야 한다.

사도 바울이 고린도교회를 향해 주었던 메시지가 오늘 다음 세대를 도와 세워 주려는 우리 기성 세대에게도 필요하다. "내가 그리스도를 본받는 자가 된 것같이 너희는 나를 본받는 자가 되라"(고전 11:1).

청년 사역에 대한 패러다임의 전환이 필요하다

청년 시절에 엄청나게 헌신했던 사람들이 나중에 가정이나 일터에서 자리잡지 못하고 실패한 인생을 사는 경우가 많다. 그 이유는 청년 사역이나 목회의 방향이 각 사람을 그리스도 안에서 온전한 사람으로 세우는 것이라기보다는 교회나 선교 단체가 사역하는 목표를 이루기 위한 도구를 만드는 것이었기 때문이라고 생각한다. 직장을 선택할 때도 사역에 도움이 되는 길을 택하도록 한다거나, 심지어 결혼까지도 사역을 위한 방편이 되도록 했다. 물론 이런 예들은 좀 극단적이기는 하지만, 설령 그 정도는 아니더라도 지도자들이 청년들 개인의 삶과 그들의 미래를 함께 고민하면서 영적으로 지도하기보다는, 목표하는 사역을 이루는 데 필요한 일꾼을 만들고자 더 관심을 가졌던 것이다.

물론 그런 과정을 통해서 영적으로 성장해서 정상적인 삶을 살게 된 사람들도 있지만 꽤 많은 청년들이 교회나 선교 단체를 위한 헌신의 삶을 사는 바람에 자신의 인생을 제대로 준비하지 못해 실패한 경우도 적지 않다. 이들은 나중에 아무런 돌봄도 받지 못하고 인생의 실패자가 되어 버렸다. 이들은 잘못된 청년 사역의 희생자라고 할 수 있다.

물론 그들의 헌신과 희생이 하나님 앞에서 헛되지 않을는지는 모른다. 그러나 이런 사례들이 다음 세대의 청년들이 헌신하는 것을 막게 되진 않을까 염려가 된다. 사도 바울이 골로새교회를 향해서 전한 메시지가 오늘 우리 기성 세대에게도 꼭 필요하다.

"우리는 이 그리스도를 전합니다. 우리는 모든 사람을 그리스도 안에서 온전한 사람을 세우기 위하여 모든 사람에게 권하며, 지혜를 다하여 모든 사람을 가르칩니다"(골 1:28, 〈새번역〉).

방선기

- 서울대학교 공과대학
- 총신대학교 신학대학원 수학
- Reformed Theological Seminary (M.Div.)
- Columbia University 교육학 (Ed.D.)
- (Visiting Scholoar) Regent College
- (현) 일터개발원 대표
- (전) 합동신학대학원 대학교 교수, 직장 사역 연구소 대표
- 『직업 3M』, 『방선기의 직장설교』,
- 『그리스도인의 일상다반사』,
- 『크리스천@직장』, 『일상생활의 신학1, 2』,

Part 1

한국 교회 대학부 이야기

시대의 빛과 소금, 새문안교회 대학생회[1]

탁지일

　한국 최초의 조직 교회인 새문안교회는 1887년 9월 27일 언더우드 (Horace Grant Underwood, 1859~1916)와 서상륜(徐相崙, 1848~1926) 등 내한 선교사들과 소래교회 교인들이 함께 정동에 있는 언더우드 선교사 자택에서 창립 예배를 드리는 것으로 시작되었다.

　1913년 제직회 산하에 청년 면려회가 조직된 것으로 시작된 새문안교회 청년회는 '하나님의 백성들'이자 '그리스도의 제자들'로서 한국 근현대사의 다사다난한 현실 속에서 교회와 민족과 함께해 왔다. 일제강점기에는 민족의 해방을 위해 노력했고, 해방 후에는 한국 교회의 연합과 갱신에 앞장섰으며, 군사 정권의 압제 하에서는 민주화를 위해서도 헌신했다. '대학생들의 정치 활동' 혹은 '기독 청년들의 사회 참여'라는 상반된 평가를 동시에 받는 새문안교회 대학생회는, 1967년에 창립

---

1 이 글은 『시대의 햇불: 새문안 대학생회 민주화운동사』 (탁지일 대표 집필, 지식공작소, 2017) 제1부 "새문안 대학생회의 역사"의 내용을 편집 · 보완한 것이다.

되었으며, 한국 사회 민주화의 여명이 밝아 오던 1988년 해체되었다가 1990년에 재조직되었다.

코로나19 세상을 살아가는 오늘, 많은 사회적 이슈들에 대한 신학적·목회적 차원의 접근이 시도되기도 전에, 분열된 이념적·정치적 틀에 갇혀 버리는 안타까운 상황이 반복되고 있음을 본다. 새문안교회 대학생회의 지난 역사는 불확실하고 불안정한 분열의 세상을 살아가는 그리스도의 제자들인 기독 청년들에게 교회와 민족의 의미에 관하여 생각해 볼 수 있는 계기를 제공한다. 1970년 8월 23일의 제5차 정기 총회에서 채택된 아래의 「새문안 대학생회 헌장」은 새문안교회 대학생회의 정체성을 가장 잘 드러내 주고 있다.

사랑과 존경으로 서로를 대하며 겸허한 마음으로 대화를 나누고 저마다의 능력과 창의력을 계발하는 믿음의 공동체인 우리 대학생회는 역사와 생을 주관하시는 하나님과 십자가와 부활을 통해 승리의 삶을 산 그리스도와 우리의 삶을 항상 새롭게 하는 성령을 믿으며 모든 악과 싸우시는 하나님의 역사에 참여하는 것으로 우리의 지표를 삼는다. 오늘의 교회와 현실을 외면함으로써 분열과 도피적 태도 그리고 안일한 자기만족에 빠졌음을 고백하며 이의 시정을 위해 선도에 나서고 모든 선한 세력과 힘을 합하여 학원과 사회에서 물질주의의 추방과 사회 정의의 구현으로 그리스도를 증거 함에 심혈을 기울인다. 미래의 완성을 향하여 화해의 자세로 끊임없이 질문하여 또 응답하면서 새문안을 개혁하며 끝까지 지켜 나간다. 새문안의 자녀임을 자랑스레

생각한다.[2]

매주 예배에서 공동체의 신앙고백으로 드려진 「새문안 대학생회 헌장」은 새문안 대학생회가 누구이며(정체성), 무엇을 믿으며(신앙), 무엇을 하려고 하는지(사명)를 간결하고 명료하게 보여 준다. 성경적이고, 전통적이며, 현대적인 「새문안 대학생회 헌장」은 개혁주의 신앙고백의 특징을 나타내는 신앙고백이라고 할 수 있으며, 새문안교회 대학생회의 신앙적·개혁적 성격을 함축적으로 보여 준다.

새문안 역사와 청년(1885~1989)

새문안 청년회의 조직과 언더우드 선교사(1885~1919)

청년 언더우드(Horace Grant Underwood, 1859~1916)는 1887년 9월 27일 한국 최초의 조직 교회인 새문안교회를 설립했다. 그의 나이 28세였다. 언더우드는 미국 북장로회 소속 선교사로 1885년 4월 2일 한국에 도착해 복음 전도를 시작했다. 언더우드는 조선의 첫 조직 교회인 새문안교회의 설립을 비롯해, 성경 번역, 근대 교육, 한국어 연구의 분야에서도 큰 족적을 남겼고, 조선 왕실의 두터운 신임도 받았다. 1916년까지 30여 년을 목회한 후, 요양을 위해 미국으로 돌아간 언더우드는 그해

---

2 「새문안교회 대학생회 헌장」(1970년 8월 23일 채택).

10월 12일 하나님의 품에 안긴다.

새문안 초기부터 청년들은 복음 전도의 중심적인 역할을 했다. 남녀 청년들은 초대 목사 언더우드를 도와 활발한 복음 전도를 했다. 청년들은 언더우드 목사의 헌신적인 조력자들이었다. 민비가 시해된 후, 고종이 러시아 공사관으로 피신했을 때, 그의 44번째 생일을 맞았다. 언더우드는 고종의 생일을 축하하는 행사를 갖기로 하고서, 천 명 이상 모일 수 있는 곳을 독립문 근처에 마련해 고종의 생일을 축하하는 예배를 드렸다. 언더우드는 밤을 새워 예배를 준비했으며, 기독교인 청년들과 소년들이 온 도시를 돌아다니며 책과 찬송가를 나눠 주었다.

일제 강점기인 1913년 제직회 산하에 면려회가 조직되어 본격적인 청년 활동이 시작되었다.[3] 그리고 1931년에 면려회 창립 30주년을 기념한 점을 고려하면 1901년에 이미 청년 조직이 활동하고 있었던 것을 알 수 있다.[4] 『새문안교회100년사』의 「새문안교회 교인의 사회 경제적 신분 분석(1907~1914)」에 따르면, 직업을 밝힌 새문안 교인 367명(남자 182명, 여자 185명) 중, 학생이 141명(남자 66명, 여자 75명)으로 전체의 38퍼센트에 달했다. 또한 30세 미만의 교인이 전 교인의 58.7%를 차지할 정도로 새문안은 '젊은 교회'였다.[5]

---

3 윤경로, 『새문안교회100년사』 (서울: 새문안교회 역사편찬위원회, 1995), 193쪽. 새문안교회 대학생회의 일차 자료들에 대한 각주는 가독성을 높이기 위해 생략했다.

4 새문안교회 역사편찬위원회 편, 『새문안교회 문헌 사료집 제1집』 (서울: 새문안교회 역사편찬위원회, 1987), 336쪽.

5 윤경로, 앞의 책, 151~153, 156쪽.

일제 강점기 새문안 청년과 차재명 목사(1920~1943)

1920년 12월 26일에 새문안교회의 제2대 차재명(1881~1947) 담임 목사가 부임해 21년간 목회했다.[6] 차재명 목사는 1921년 5월 "새문안예배당 면려회"를 재조직했다. 『새문안교회100년사』는 일제 강점기하 면려회(勉勵會) 조직과 활동에 대해, "면려회가 우리 교회 내에 처음 조직된 것은 이미 1913년경이었다. 그러나 1919년 2월 71회 모임 이후 1921년 4월까지 만 2년간 면려회 모임이 중지되었다. 이는 말할 것도 없이 그 해 3월 3·1운동이 발발하자 일제 측에 의해 교회 내에서의 청년들의 집회가 중지되었기 때문이었다."라고 기록하고 있다.[7]

1924년 6월에는 연령에 따라 '청년 면려회'를 독립시켰고, 12월에는 '새문안 학생 면려회'가 분리되는 등 지속적인 발전을 하게 된다. 연령에 따른 면려회의 세분화는 면려회의 양적 성장을 말해 준다. 『새문안교회100년사』는, "주목되는 면려회는 역시 '청년 면려회'였다. 저녁 예배 시간이면 자주 청년 면려회 주관의 헌신 예배를 통해 청년들의 신앙 간증과 청년 면려회의 다양한 봉사 활동 등을 소개하여 교인들의 신앙심과 봉사 생활이 고무되는 데 중요한 역할을 하였다."라고 청년 면려회의 활동에 대해 설명한다.[8] 1932년 새문안교회 최초의 주보를 제작해 발간한 것도 역시 면려회였다. 주보에는 "신문내 기독청년면려회 발간

---

6 차재명 목사는 1906년 세례를 받은 후, 1910년 새문안교회의 조사(助事)가 되었고, 1912년에는 서경조 목사가 천거하고 공동의회 투표를 거쳐 장로로 선출된다. 그 후 1916년 평양신학교를 졸업하고, 경충노회에서 목사 안수를 받는다. 차재명 목사는 신사 참배를 거부했으며, 새문안교회 담임 목사가 된 후, 장감 연합 협의회 부회장(1921년)과 예수교 연합 공의회 회장(1924년)을 맡는 교회 연합 운동에 적극적으로 참여한다. 또한 『조선예수교장로회사기』상권을 저작하여 발행하고(1928년, 신문내교회당), 조선 예수교 장로회 총회장을 역임(1929년)한다. 일제의 탄압으로 1941년 8월 30일 새문안교회를 떠났지만, 1947년 4월 26일 숨질 때까지, 새문안교회와 총회를 위해 헌신한다.

7 윤경로, 앞의 책, 237~238쪽.

8 위의 책, 238쪽.

(新門內 基督靑年勉勵會 發刊)"이라고 나타나 있다.[9]

해방 전후 새문안 청년과 김영주 목사 (1944~1954)

해방을 한 해 앞둔 1944년 2월 6일 김영주 목사가 새문안교회 제3대 담임 목사가 되었다. 해방 전후의 급변하는 상황과 한국 전쟁의 불안정한 상황에서 새문안을 이끌었던 김영주 목사는 1929년부터 일본에서 신학을 공부하고, 1933년 귀국하여 목사 안수를 받았다. 격동의 시기에 새문안을 목회하던 김영주 목사는 한국 전쟁 개전 초기인 1950년 8월 18일 납북된 이후 생사를 알 수가 없다.[10]

김영주 목사는 해방 후 농촌 계몽과 의료 봉사를 시작했다. 청년 면려회가 중심이 된 농촌 계몽 및 봉사 활동과 의료 봉사는 새문안 청년들의 전통으로 뿌리내렸다. 『새문안교회100년사』는, "이들은 농촌 활동 및 의료 선교 등을 통한 사회 활동에 깊은 관심을 쏟았다. 그 대표적인 예로서는 우리 교회 청년들이 세브란스병원의 의사 및 간호사들과 함께 무의촌을 방문, 그곳 주민들을 성심껏 치료한 것을 들 수 있다. 이러한 상황에서 우리 교회의 청년들은 교회 안에서의 신앙생활에만 만족하고 있었던 것이 아니라 직접 생활의 현장으로 뛰어들어 고양군 지도면 행주교회를 방문, 세브란스병원의 의료진과 함께 그곳 환자를 치료하고 처방하는 뜻깊은 봉사 활동을 벌였던 것이다. 여름 방학 때면 서울 근교 무의촌 부락을 찾아가 의료 선교 활동과 함께 여름 성경 학교를 인도하였으며, 교회 학교 중고등부 학생들은 헌옷을 곱게 다듬어 어려운

---

9 윤경로, 『새문안교회100년사』239쪽.
10 새문안교회 70년사 편찬위원회, 『새문안교회70년사』 (서울: 새문안교회 70년사 편찬위원회, 1958).

농어촌에 보내기도 하였다."고 말한다.[11] 해방 이후 청년회 활동이 활발하게 이루어졌다. 하지만 한국 전쟁 발발로 인해 청년회의 활동은 일시 정체하게 된다.

새문안 청년의 사회 참여와 강신명 목사 (1955~1980)

한국 전쟁 후인 1955년 12월 1일 강신명 목사가 새문안교회 제4대 담임 목사로 부임한다. 그는 새문안교회의 가장 대표적인 목회자로 깊고 넓은 신앙적 유산을 남겼으며, 새문안 대학생회와도 가장 깊은 인연을 맺었다. 25년 간 새문안교회를 목회한 강신명 목사는 1980년 6월에 원로 목사가 되었으며, 1985년 6월 22일 하나님 품에 안겼다.

강신명 목사는 '사회적인 역할과 기능에 대한 남다른 목회관'을 가지고 있었는데, "교회가 이 사회의 빛과 소금으로서의 역할을 다하기 위해 현실 문제를 외면할 수 없다는 입장에서 늘 정치나 사회가 잘못되어 간다고 판단될 때는 목회자의 양심에 따라 이를 질타하는 일에 앞장섰던 용기 있는 목회자였다."고 새문안은 기억한다.[12]

강신명 목사의 목회 기간 동안 새문안 대학생회가 설립되고 뿌리내리고 자라났다. 대학생회의 주요 활동 가운데 하나인 언더우드 학술 강좌가 시작된 것도 강 목사 부임 직후인 1957년이었고, 대학생회의 요람이 된 언더우드 기념관이 세워진 것은 1967년이었다.

새문안 대학생회가 설립을 준비하기 시작한 1966년 직전에 새문안 청년들의 활동이 괄목할 만한 성장을 했다. 1960년대의 청년 활동에 대

---

11 윤경로, 앞의 책, 344~346쪽.
12 위의 책, 520~522쪽.

해 『새문안교회100년사』는, "1960년대 괄목할 만한 발전을 보인 것이 새문안 청년회이다. 당시 '청년 면려회' 혹은 '새문안 CE'로 불리었던 새문안 청년회의 활동이 이 시기부터 눈에 띠게 활발해졌다. 청년층 선교에 남다른 관심을 보였던 강신명 목사의 목회 철학과 청년성(靑年性)이 그 어느 때보다 인정되었던 당시 당회 분위기 속에서 다양한 청년회 활동이 전개되었던 것이다."라고 평가한다.

1960년대 중반에는 면려회 조직이 정착한 모습을 보인다. 대학부를 포함한 8개 부서(영아부, 유치부, 초등부, 소년부, 중등부, 고등부, 대학부, 청년부)로 운영되었고, 대학부는 대학생반, 대학원생반, 영어 성경반으로 다시 세분화되었다.[13] 그리고 1966년 대학생회 담당 홍성현 전도사의 부임과 함께, 새문안을 찾는 대학생들이 급증하게 되었다.[14] 또한 이러한 분위기 가운데, 교회 문제와 사회 문제에 대한 새문안 청년들의 자유로운 의사 표현과 참여가 나타나게 된다.

새문안 대학생회의 공식 설립 이전부터, 청년들의 연합 사업과 봉사 활동 등이 그 기반을 다진 것도 알 수 있다. 새문안의 역사는 "학술적 모임 외에 교회 연합 활동을 추진하기도 했다. 즉, 안동교회, 연동교회, 묘동교회 그리고 새문안교회 등 4교회 청년회가 중심이 되어 청년회 연합 사업의 하나로 교회 연합 배구 대회를 개최하였다. 대외적 활동으로는 수양회를 겸한 하계 농촌 교회 봉사 활동과 전도 대회를 꼽을 수 있다."고 기록한다.[15]

---

13 「당회록」(1966.10.31). 윤경로, 『새문안교회100년사』411쪽에서 재인용.
14 위의 책, 414쪽.
15 "새문안의 역사" 새문안교회 공식 홈페이지(www.saemoonan.org).

강신명 목사의 목회 지도력하에서의 대학생회 활동에 대해『새문안교회100년사』는, "이렇듯 젊음이 넘치는 활기찬 분위기가 조성될 수 있었던 것은 청년대학생들의 활발한 활동의 결과이나 이들의 활동을 장려하고 지원했던 강신명 목사의 분명한 목회 방향과 당회의 '열린 자세'가 큰 힘이 되었다."고 평가한다.

새문안의 청년성과 김동익 목사(1981~1989)

1981년 김동익 목사가 제5대 새문안교회 담임 목사로 부임하여, 1998년 4월 1일 하나님의 품에 안길 때까지 18년간 목회한다. 대학생 때 새문안교회를 처음 출석했던 김동익 목사는, 1972년 서울서노회에서 목사 안수를 받은 후, 미국에 유학하고 1976년 초 귀국했다. 포용적인 모습으로 새문안을 목회하며, 교회의 성장을 도왔던 김동익 목사의 부임으로 인해 교회는 새로운 도약의 계기를 맞았다.

1980년의 격동기에 김동익 목사의 목회는 대학생회의 성장과 활동에 적지 않은 영향을 끼쳤다. 김동익 목사는 부임 후 '새문안의 청년성'을 강조했다. 특히 이 시기에 4부 청년 대학생 예배가 신설됐다. "김 목사는 청년 대학생 층에 대한 선교적 관심이 남달리 깊어 부임 후 젊은 층이 대거 늘어나는 추세를 보였다. 따라서 자연스럽게 일반 교인들의 주일 예배와 구별되는 청년 대학생 층을 위한 주일 예배 신설이 요청되었다."[16] 하지만 안타깝게도 '새문안의 청년성'이 강조되고, 청년 대학생들을 위한 독립된 예배와 다양한 활동이 이루어지던 이 시기에 새문안

---

16 윤경로, 앞의 책, 525쪽.

대학생회는, 경찰들의 교회 난입 사건과 관련하여 잠정적인 해체의 아픔을 겪는다.

청년 언더우드가 목회하던 구한말 새문안교회의 청년들은, 열강의 침탈 속에 고통받는 한국 사회에 그리스도의 복음을 전하며 이웃에 봉사했다. 일제 강점기하 새문안 청년들은, 조선 독립과 민족의 해방을 꿈꾸며 기도했다. 해방과 한국 전쟁 시기의 새문안 청년들은, 교회 분열의 극복과 교회 갱신을 위한 개혁자의 모습으로 살았다. 군사 독재 정권하 새문안 청년들은, 산업화의 모순과 민주화의 열망을 가지고 예언자적인 삶을 살았다. 하지만 한국 사회의 민주화가 본격화되던 1980년대 중반, 오히려 한국 교회의 사회 참여는 약화되었고, 새문안 대학생회의 활동도 중단되었다.

대학생회의 창립과 활동(1966~1970)

대학생회 창립 총회

새문안 대학생회의 설립을 위한 준비는 1966년 초부터 시작됐다. 1966년 2월 홍성현 전도사가 교육 전임으로 부임한 후, 대학생회 설립 준비가 본격적으로 진행된다. 5월 22일 교인 자녀들을 중심으로 대학생회 회원 등록이 시작되었고, 6월 24일 금요일에 새문안 대학생들을 위한 첫 집회가 "대화의 광장"이라는 이름으로 열렸다. 그리고 7월 15일부터 12월 23일까지 정기 금요 집회를 통해 총 24회의 성경 공부 모임이 진행되었다. 종교개혁과 경건주의 운동을 주도했던 예수 그리스도의 청년들이 그랬듯이, 새문안 대학생회의 설립도 말씀 공부로부터 시작되었다.

1966년 겨울 동계 수련회를 통해 대학생회 창립을 본격적으로 논의했다. 12월 26~29일 세검정 임마누엘수도원에서 홍성현 전도사의 인도 아래 13명의 대학생들이 모여, "예수 그리스도는 신앙의 중심"이라는 주제로 수련회를 진행했다. 수련회에서는 '연애와 결혼'. '우정과 학문', '외국 청년의 신앙' 등의 주제 강연, '종교개혁', '이상적 교회상', '평신도 청년 운동' 등에 대한 연구 발표, 그리고 기독교 교리, 윤리, 신앙 등에 대한 토론회가 열렸다.

임마누엘수도원에서의 수련회는 새문안 대학생회 창립의 직접적인 계기가 되었다. 강신명 담임 목사도 참석해 이들을 격려했다. 동계 수련회를 통해 구체화된 설립 준비 과정을 거쳐, 마침내 1967년 3월 12일 대학생회 창립 총회가 개최되었고, 새문안교회 대학생회가 공식적으로 설립되었다. 이후 일요 집회를 통해 본격적인 활동을 시작하지만, 기대했던 만큼의 활발한 활동이 이루어지지 않았다. 하지만 홍성현 전도사를 중심으로 대학생회의 활성화를 위한 노력이 시작되었고, 그 결과 대학생회 활동이 점차로 자리 잡혀 갔다.

예배와 친교

금요 성경 공부와 정기적인 주일 집회로 모이기 시작한 새문안 대학생회는, 자체적인 병원 심방과 교회 헌신 예배 참여 등을 통해 그 존재감을 나타내기 시작했다. 1967년 7월 14일에는 시립서부병원의 환우를 방문해 위로하고, 8월 2일 수요일에는 YMCA 대학부 오재식 간사를 강사로 하여 헌신 예배를 주관했다.

1967년 11월 둘째 주인 12일부터는 언더우드기념관 403호에서 대학생회 예배를 시작했다. 이후 본당에서 예배가 진행되고, 교육관에서는 성경 공부와 자치 활동 중심의 활동이 이루어졌지만, 교육관은 새문안 대학생회 신앙과 실천의 중심 터전이 되었다.

대학생회는 교회 연합 활동에도 관심을 가졌다. 1968년 6월 1일에는 영락교회와 함께 합동 문학의 밤을 개최해 기독 청년들 간의 교류를 시도했다. 대학생회의 이러한 활동은, 한국 교회 연합 운동을 주도해 온 새문안교회의 정신과 다르지 않았다. 대학생회 지도 목회자인 김종렬 강도사의 지도 아래, 학술 모임과 함께, 예배와 친교도 더욱 활성화되었다. 졸업생 환송을 겸한 등반 행사가 백운대에서 1969년 2월 22일에 열렸고, 1970년 4월 1일에는 1학년 신입생 야유회가 열리는 등, 선후배·동료 간의 친목을 도모하는 행사들이 지속적으로 개최되었다.

1970년 4월 5일에는 대학생회 자치 예배를 드리기 시작하면서, 기획부, 예배부, 회우부, 봉사부, 편집부, 체육부, 도서부 등의 체계적인 활동을 시작했다. 또한 조직적인 활동을 위해 교회 연구반, 사회 연구반, 문예 연구반, 그리고 성가대를 설치했다. 이를 통해 신앙과 실천에 대한 적극적인 고민이 시작되었다.

연구 발표회와 세미나

새문안 대학생회의 신앙과 실천의 탐구적 성격은, 예배 및 성경 공부와 함께, 정례적인 연구 발표회, 특강, 학술 강좌, 세미나를 통해 나타난다. 1967년 3월 31일 '인간의 본성'이라는 주제의 첫 연구 발표회를 시작으로, 4월 9일의 "한국 교회 특성으로 본 신앙 청년의 위치"라는 주제의 주일 집회가 열렸다.

대학생회 창립 이듬해인 1968년에는 많은 연구 발표회와 세미나가 열렸다. 신입생을 위한 세미나(4월 5일), "여성의 지위 향상 및 직업관"을 주제로 한 토론회(1968년 4월 18일), "대화와 용기"를 주제로 초청 강연회(11월 28일)가 개최되었고, 정기적인 연구 발표회도 열렸다. 1968년 5월 3일 에른스트 르낭(Ernest Renan)의 "예수의 생애(Vie De Jésus)"에 대한 연구 발표회를 시작으로, "한국의 새 가치관"(6월 6일)과 "마르틴 루터 킹(Martin Luther King)의 생애와 사상"(7월 2일)을 주제로 한 연구 발표회가 이어졌다.

한편 이 시기 대학생 회원들의 한국 교회와 사회에 대한 문제 의식도 함께 높아졌다. 이 시기에 새문안 대학생회의 신앙적 성찰, 교회와 사회 문제에 대한 탐구, 그리고 직접적인 현장 활동이 본격화되었다.

신앙고백과 교육

체계적인 모습을 갖춘 대학생회는, 회원들의 신앙심 함양을 위한 다양한 프로그램을 시도했다. 제2회 하기 수양회를 7월 27일부터 30일까지, "이웃과 함께 사는 크리스천"이라는 주제로, 은준관 박사를 강사로 하여 경기도 소사 버들캠프장에서 개최했다. 이 모임은 참가자들에게 소속감과 함께 소외된 이웃에 대한 관심을 갖게 하는 등, 이후 대학생회의 신학과 활동 방향을 정립하게 하는 중요한 계기가 되었다.

1970년의 하기 수양회로부터 새문안 대학생회는 한국 기독 학생 운동권의 주목을 받게 되었다고 스스로 평가했다. 각 교회와 대학 기독학생회 리더들이 관심을 갖고 새문안 대학생회를 방문하거나 적극적으로 참여하기 시작했다. 또한 이 하기 수양회는 대학생회의 양·질적 발전의 전환점이 되었다. 대학생회 재적 200명, 주일 출석 100~120명에 이르는 대규모 대학생 집회로 성장했다.

이러한 활동들을 통해 대학생회의 활동 영역이 점점 확장되기 시작했다. 1970년 10월 18일에 발행된 새문안교회 대학생회 주보에 따르면, 대학생회는 "참신한 젊은이의 모임"이라는 표어 아래, 1970년 8월 23일의 제5차 정기 총회에서 「새문안 대학생회 헌장」을 채택하고 대학생회의 활동의 기본으로 삼았다.

사회 봉사 활동

새문안 대학생회는 안으로는 연구 발표회, 세미나, 예배, 친교를 통해 성장하는 한편, 밖으로는, 사회 봉사 활동에 관심을 갖고 적극적으로 참여했다. 1968년 12월 23일 불우 아동을 초청해 위로 모임을 갖는 것을 시작으로, 사회 봉사와 사회 참여의 성격이 대학생회 설립 초기로부터 뿌리를 내리기 시작했고, 1969년에는 대학생회의 대표적인 프로그램 중의 하나로 발전한 하계 농촌 봉사 활동이 시작되었다. 9월 7일 새로운 임원들이 선출되었고, 8월 4일부터 11일까지 경기도 연천군 백학면 원당리 원당교회에서 회원 34명이 참가한 가운데 봉사 활동을 진행했다.

농촌 봉사 활동은, 내부적으로는 교회의 신임과 인정을 받게 되는 계기가 되었고, 외부적으로는 농촌 사회의 문제점들을 실제로 경험함으로써 이후 본격적인 사회 문제 관련 활동을 기획하고 실시하게 되는 계기가 되었다. 한편 농촌 문제에 대한 관심은 이후 도시 빈민에 대한 관심으로 확장했다.

　이러한 가운데 새문안 대학생회의 성격과 방향, 그리고 수많은 회원들의 인생을 변화시킨 중요한 사건이 1970년 11월 13일 일어났다. '근로 기준법 준수'를 외치며 노동자 전태일(1948~1970)이 분신 사망한 사건이었다.

전태일 사건과 대학생회의 사회 참여(1970~1973)

전태일 사건과 금식 기도회

　1970년 11월 13일, 열악한 노동 현실을 세상에 알리고, 법적 보호의 사각 지대에 머물러 있던 노동자들의 권익을 찾으려던 22살의 청년 전태일이 분신 자살한 충격적인 사건이 발생했다. 평화시장 노동자들의 노동 환경 개선과 노동 조합 결성을 위한 시위를 주도하던 전태일은 "근로 기준법을 준수하라! 우리는 기계가 아니다!"라고 외치며 쓰러졌다. 어린 여성 노동자들과 동료들을 자신보다 더 사랑했던 전태일의 죽음은, 한국 사회의 노동 문제에 대한 관심을 높이고, 노동자들이 스스로 노동 문제 해결의 주체로 등장하는 중요한 계기가 되었다.

　전태일의 죽음에 대한 사회적 책임을 느낀 사회 · 종교계의 움직임이 활발해졌고, 새문안 대학생회도 예외는 아니었다. 11월 21일 '뮤즈와의 대화' 모임에서, 전태일의 죽음에 대한 금식 기도회를 개최하기로 의견을 모았다. 11월 22일 대학생회는 전태일의 죽음에 대한 "참회와 호소의 금식 기도회"를 개최했. 김종렬 목사가 눈물로 설교하고, 회원들은 전태일의 죽음에 대한 참회의 시간을 가졌다. 하지만 이 기도회에 대한 CBS의 보도가 있고 중앙 정보부에서도 교회로 찾아오게 되자, 긴급 당회가 소집되었고, 기도회는 교회 지도자들의 적극적인 반대에 부딪히게 되었다.

전태일 사건과 "참회와 호소의 금식 기도회"는 새문안 대학생회 신앙 공동체의 역사 의식과 사회 참여 정신의 뿌리가 되어, 이후 새문안 대학생회 활동에 중요한 영향을 미치게 되었다. 이때까지만 해도 기독 청년들은 일반 학생 운동에 개별적으로 참여했을 뿐, 기독교의 이름으로 시위나 농성을 한 전례는 없었다. 새문안 대학생회의 '참회와 호소의 금식기도회'는 기독 학생 운동의 기념비적인 사건이었다. 이 사건을 통해 새문안 대학생회는 국내외에 인지도가 높아졌으며, 전국 기독 학생 총연맹(KSCF)에 대학생회 회원들이 진출하는 계기가 만들어졌다. 전태일의 죽음은 새문안 대학생회 회원들의 삶에 지워지지 않는 깊은 흔적을 남겼다.

"참회와 호소의 금식 기도회"를 계기로, 대학생 회원들은 전태일의 눈을 통해 세상을 바라보기 시작했다. 선한 사마리아인은 대학생회가 닮고 싶은 성서적 모델이 되었고, 산업화의 이면에서 고통 받는 농민, 도시 빈민, 노동자에 대한 관심과 지원은 새문안 대학생회의 선택적 선교가 아니라 운명이 되었다.

도시 빈민 선교

새문안 대학생회의 사회적 관심은 노동 문제를 넘어, 도시 빈민 문제, 정치 문제, 농촌 문제 등에 대한 전반적인 분야로 확대되었다. 먼저, 대학생회의 활동은 농촌 봉사 활동을 넘어 도시 빈민 선교로 이어졌다. 1970년 성탄절을 맞아 12월 24일과 25일에 연희동 지역의 빈민가를 방문한 대학생회는 도시 빈민 문제의 심각성을 느끼고 연희동 지역 도시 빈민 선교를 진행하기로 했다. 1971년 1월 10일 연희동 빈민 지역에 야간 학교 설립을 위한 바자회 및 다과회를 개최하고, 마침내 1971년 1월 18일에 야간 학교를 설립하기에 이르렀다.

이후 대학생회는 도시 빈민 선교를 위한 다양한 프로그램을 지속적으로 기획하고 실행했다. 1971년 6월 27일에는 청계천 철거민을 위한 모금을 하고, 7월 12~13일에는 야학을 운영하고 있는 연희 B지구 아파트에서 도시 봉사 수련회를 개최했다.

야간 학교의 설립

새문안 대학생회는 도시 빈민 선교를 위한 야간 학교를 1971년 1월 18일 연희동에 '안산공민학교'라는 명칭으로 설립하고, 야간 학교 운영을 위해 적극적으로 노력했다. 야간 학교 운영을 위한 노력은 계속 이어져서 1971년 2월 14~15일에는 다락원에서 대학생회 회원 30명이 참가한 가운데 야학 교사 수련회를, 8월 16~18일에는 13명의 회원들이 참가하여 갈멜기도원에서 야학 운영을 위한 수련회를 개최했다. 1971년 12월 31일, 드디어 감격스러운 야간 학교 제1회 졸업식이 거행된다.

새문안 대학생회 회원 20여 명으로 교사진을 구성하고, 교육 방침을 학기별로 수립하기 위해 매 학기마다 교사 수련회도 실시했다. 초등학교 졸업 후 진학하지 못한 30여 명의 청소년들을 모집해 중등 과정을 교육하고, 1973년 2월 두 번째 졸업 예배를 새문안교회에서 가지는 등, 대학생 회원들의 헌신적인 봉사가 이어졌다. 1973년 9월에는 많은 대학생 회원들이 참여해 성공회 문래동성당에서 야학이 설치되었고, 구로동, 양평동, 시흥에서 야간 학교가 1980년도까지 지속되었다.

독서 모임과 성서 연구

새문안 대학생회는 회원들의 영성과 지성을 함양하기 위한 다양한 프로그램들을 계발하고 운영했다. 다사다난했던 1970년을 지나 1971년 1월 7~15일에 46명의 회원들이 참가한 동계 수련회를 '그리스도 안에서 하나'라는 주제로 개최했다. 또 2월 9~10일에는 영락기도원에서 39명의 회원들이 참가해 "새문안 대학생회의 비전(Vision)"이라는 주제 아래 동계 수양회도 개최했다.

1972년 5월 중순부터 매주 회원들이 돌아가며 발표하는 목요 강좌 및 세미나가 시작되고 초청 강연회도 열렸다. 이는 한국 사회와 교회가 직면한 문제들에 대한 관심을 갖는 지속적인 대학생회 프로그램으로 자리를 잡았다.

1973년 2월에는 도시 빈민 문제를 다룬 〈겨울나무들〉이라는 창작 연극을 공연했다. 박태순 원작, 김지하 각색, 서창석 기획, 김민기 음악, 임진택 연출, 그리고 서명선, 임도현, 이소영 등 주연으로 교육관 4층 예배실에서 공연했다. 〈겨울나무들〉 공연에 대해 연극반은, "추위와 굶주림 속에서 판자촌을 전전하다가 마지막 생명선인 땅마저 잃게 되는 처절한 사람들, 사회의 한 모퉁이에서 버려지고 잊힌 한 무리들의 처절한 가난을 그려 보았습니다."라고 설명하면서, "자기 만족적인 신앙인을 고발하고, 헐벗은 사람들과 교회와의 갈등을 통해서 교회와 사회의 분리를 지양하고 현실 속에서 참 신앙을 추구하며 새로운 사회 참여와 사회 정의의 길을 모색하고자 노력했습니다."라고 연극의 의도를 밝혔다.

직접적인 사회 참여는 문화 운동을 통한 보다 넓은 차원의 의식 변화에 대한 관심으로 발전했다. 탈춤 등의 전통 문화에 대한 관심이 높아지고, 노래와 연극 활동에도 적극적인 관심을 보이게 되었다.

위수령 금식 기도회

1970년 11월 13일 전태일 사건과 11월 22일 대학생회의 '참회와 호소의 금식 기도회'를 통해 대학생회의 현실 인식과 사회 참여가 본격화되었다. 이듬해 대학가의 반정부 시위가 지속되자, 1971년 10월 15일 서울 지역 일원을 대상으로 위수령이 발동되고, 이로 인해 무장 군인들이 서울의 10개 대학에 진입해 대학생들에 대한 폭력과 연행이 이루어졌다. 위수령 첫날 1,616명의 대학생들이 연행되었다. 그리고 위수령 기간 9일 동안 전국 대학에서 174명이 제적되고 68명이 강제 징집되었다.

위수령이 내려지기 직전인 1971년 10월 10일, 대학생 회원 40여 명이 예배실에 모여 선언문과 결의문을 낭독한 후, "우리 모두 힘을 모아 부정부패 몰아내자!"라는 리본을 광화문 지하도 등지에서 시민들에게 나누어 주었다. 리본을 다 나누어 준 뒤, 다시 거리로 나섰으나 18명의 회원들이 종로경찰서로 연행되어 조사를 받은 후 훈방되었다.

위수령 상황에서도 대학생회의 시국을 염려하는 집회는 계속되었다. 1971년 10월 17일에는 '위수령 철회 및 민주화를 위한 금식 기도회'가 30여 명의 대학생 회원들이 참가한 가운데 열렸고, 대학생회는 「전국 교회에 드리는 호소문」을 발표했다. 1973년 11월 27일에는 새문안 대학생회의 적극적인 사회 참여의 변곡점이 만들어졌다. 제17회 언더우드학술 강좌가 끝난 후, 대학생회 회원들과 참가자들은 광화문에서 횃불 시위와 연좌 농성을 벌였다.

유신 정권과 대학생회의 민주화 운동(1973~1980)

언더우드 학술 강좌와 민주화 횃불 시위

유신 체제의 성립과 이에 대한 저항이 거세지던 1973년 11월 27일, 제17회 언더우드 학술 강좌가 끝난 후에 100여 명의 새문안 대학생회원들은 예배당 앞마당에서 기도회를 갖고 성명서를 낭독했다. 그리고 이 중 50여 명이 유신 철폐를 외치며 광화문에서 횃불 시위를 시작했다. 대학생 회원들은 교회를 나와 광화문 사거리 방향으로 시위를 진행하던 중, 모두 경찰에 연행되어 교회 안팎에 큰 파장을 불러일으켰다.[17]

---

17 1973년 11월 28일자 「경향신문」은 "새문안교회 학생회 가두 횃불 시위 벌여"라는 제하의 기사를 통해, "27일 하오 8시 20분 쯤 서울 종로구 신문로1가 새문안교회대학생 회원 남녀 38명이 '교회 사찰을 중지하라',

사회 상황은 점점 경직되어 갔지만, 그렇다고 젊은 대학생 회원들의 의식도 경직되어 간 것은 아니었다. 언더우드 학술 강좌, 횃불 시위 사건으로 인한 긴장감이 남아 있는 상황에서 새문안 대학생회 50명은 종로경찰서 유치장을 방문해 성탄 축하 예배를 드렸다.

횃불 시위 이후 새문안 대학생회는 본격적으로 기독교 청년 운동을 주도하기 시작했다. 1973년 12월 18일 새문안 대학생회는 교회 청년 연합회를 결성하고, 경동, 초동, 제일, 창현, 향린, 양광, 수도교회 소속 대학생들이 참여하는 대규모 반정부 시위를 주도했다. 하지만 1974년 4월의 민청 학련 사건으로 새문안 대학생회는 심각한 어려움을 겪게 되었다. 여러 회원들이 이 사건으로 인해 구속되었기 때문이다.

민청학련 사건과 대학생회

1974년 4월 3일 유신 정권은 전국 민주 청년 학생 총연맹(민청학련) 사건에 대해 발표했다. 민청학련이 불순 세력의 조종을 받아, 정부를 전복하고 노동자와 농민에 의한 공산 정권 수립을 시도했다는 내용이었다. 이와 함께 유신 정권은 학생들의 수업 거부 및 집단 행동을 금지하는 내용의 긴급 조치 제4호를 공포했다.

민청학련 사건으로 인해 총 180명이 구속되었고, 비상 군법 회의는 인혁당 관련자 8명에게 사형을, 주모자 급에게는 무기 징역을, 그리고

'언론 자유를 보장하라'는 등 10개 항목을 요구하며 스크럼을 짜고 교회 정문을 나와 가두 횃불 데모를 벌였다. 학생들은 이날 하오 6시 반쯤 연세대학교 신학대학장 김찬국 교수의 '구약의 예언을 통해서 본 오늘'이란 제목의 학술 강좌에 참석했다. 찬송가와 구호를 외치며 교회를 출발, 광화문 쪽으로 50m쯤 행진하던 학생들은 대기 중이던 경찰의 제지를 받고 권진관 군(24, 서울 문리대 사회사업학과 3년) 등 남녀 학생 22명이 서울 종로서에 연행됐는데, 여학생 4명은 이날 하오 11시쯤 훈방됐다.”고 보도했다.

그 외에는 징역 20년에서 집행 유예까지 유죄를 선고했다. 이 사건을 변호하던 강신옥 변호사가 변호 중 법정 구속되기도 했던 초유의 사건이었다. 구속자들은 1975년 2월 15일 대통령 특별 조치에 의한 형 집행 정지로 석방된다.

민청학련 사건은 대학생회에도 심각한 영향을 미쳤다. 많은 대학생 회원들이 이 사건으로 구속되었기 때문이다. 이들의 총 형량을 합치면 1심 95년, 2심 83년이었다.[18] 민청학련 사건은 당시 유신 정권 유지를 위해서 불법적으로 만든 학생 운동 탄압 사건이었고, 그 탄압과 피해는 새문안 대학생회도 예외는 아니었다.

민청학련 사건으로 인해 대학생 회원들이 구속되자, 새문안교회 전체가 나서서 구속 학생을 위한 노력을 하게 되었다. 구속 학생을 위한 기도회를 개최하고, 관계 기관에 진정서를 제출하는 등, 가능한 모든 노력을 기울였다. 『새문안교회100년사』는 "구속 학생들을 위한 노력은 당회만이 아니었다. 교회의 각 부서들도 구속 학생들을 돕기 위한 모임을 가졌으며, 특히 여전도회 회원들은 이들 구속 학생을 위한 철야 기도회를 개최하기로 했다. 1974년 6월 7일 밤 200여 명의 여전도 회원과 구속자 가족들이 모여 날이 밝을 때까지 합심하여 구속 학생들과 그 가족들 그리고 국가를 위해 기도했다. 한마디로 당시 새문안은 시대의 아픔을 자신의 아픔으로 인식하며 합심하여 노력하고 기도하는 성숙한 신앙 공동체로서의 면모를 보였던 것이다."라고 교회의 염려와 노력을 기록한다.[19]

18 한국 기독 학생 총연맹, 「1975년도 KSCF 동계 대학 및 정기 총회」, (1974. 12. 26.~29), 18~19쪽.
19 윤경로, 『새문안교회100년사』490쪽.

유신 체제하 대학생회 활동과 고난

민청학련 사건 등 유신체제하에서의 고난과 저항이 지속되는 상황에서도, 새문안 대학생회의 일상적인 활동은 멈추지 않고 지속되었다. 1973년 9월 22일 발간된 「새문안 대학생회 안내지」는, '자아 혁명(그리스도 안에서 새로운 피조물)'과 '교회 갱신(새로운 공동체의 형성)' 그리고 '사회 정의(하나님 나라의 건설)'를 대학생회의 3대 기치로 설명하고 있다.

또한 안내지는 "새문안 대학생회의 이념 정립을 위하여"라는 제목의 편집부 글을 통해, "소명 공동체로서의 대학생회는 그 회원 각 사람이 그리스도 안에서 하나 되는 새로운 공동체를 이루어 가면서 자아 혁명, 교회 갱신, 사회 정의의 3대 기치를 내걸고 꾸준히 힘차게 나아가려고 하는 것입니다."라고 대학생회의 방향을 밝혔다. 한편 2년 뒤인 1975년 3월 23일에 발간된 「새문안 대학생회 신입 회원을 위한 안내서」에는, 대학생회의 목적이 '자아 혁신', '사회 정의', '교회 갱신', '예수의 사랑 구현', '새문화의 창조'로 확대 발전해 있는 것을 볼 수 있다.

1979년 7월 17일에는 민주화 운동으로 구속되었던 회원들의 석방 환영회가 개최되었고, 8월 17일에는 "8·15 석방자 환영회 및 종교 자유 수호를 위한 철야 기도회"를 진행했다. 하지만 철야 기도회를 이유로, 새문안교회 당회와 교육 위원회는 대학생회 활동을 잠정적으로 정지할 것을 결의하게 된다. 하지만 1979년 10·26사태가 발생한 후, 1980년 1월 대학생회 잠정적 기능 정지가 해제되어 활동이 재개되었다. 『새문안교회100년사』는, "결국 정치적 문제로 생겨난 문제는 정치적 상황의 변화로 해결될 수밖에 없었다. 이렇듯 1970년대 10년간 한국 사회에 밀어닥친 정치 사회적 모순 속에서 새문안 대학생회는 이 땅의 민주화 운동에 앞장섰다."고 평가한다.

대학생회와 교회 청년 운동(1980~1989)

청년 대학생 선교 대회와 언더우드 학술 강좌

유신 정권의 몰락, 광주 민주화 운동, 신군부의 등장으로 이어지는 현대사의 격동기 속에서, 새문안 대학생회는 청년 대학생 선교 대회와 언더우드 학술 강좌의 개최를 통해, 교회와 사회의 진로를 모색했다.

"주여! 지금 여기에"라는 주제로 1979년 처음 개최된 청년 대학생 선교 대회가, 1980년부터 본격적으로 시작되었다. 1980년 4월 14~16일에 "십자가의 초대"라는 주제 아래, 김용복 박사, 인명진 목사, 한완상 교수를 강사로 하여 제2차 선교 대회를 가졌다.

광주 민주화 운동 이후 개최된 제3차 선교 대회는 1981년 4월 6~8일에 열렸다. "내가 기어이 너희를 다시 모으리라"는 주제 아래, "역사에 대응하는 예언자적 신앙"(이재정 신부, 550명 참석), "부활하는 기독인의 삶"(조성기 목사, 650명 참석), "민족과 함께하는 한국 기독교"(김용복 박사, 850명 참석) 등의 강연을 진행했다.

언더우드 학술 강좌도 계속되었다. 1985년 11월 4~6일 "분단 40년과 기독교 선교"라는 주제로, "기독교와 민주주의"(강사: 김성식 경희대 교수), "기독교와 통일 문제"(강사: 강문규 YMCA 총무), "분단 극복과 기독교 선교"(강사: 박순경 이화여대 교수) 등에 대한 강좌가 진행되었다. 지난 언더우드 학술 강좌의 주제와 강사들은, 격동의 한국 현대사에서 교회와 사회가 씨름했던 이슈들과 고뇌를 고스란히 보여 준다.

청년 대학생 예배와 성서 강좌

청년 대학생 선교 대회와 언더우드 학술 강좌와 같은 규모 있는 행사가 진행되는 동안, 청년 대학생을 위한 예배가 추진되고, 신앙적 내실을 기하기 위한 성경 공부 및 성서 강좌도 개설되어 운영되었다. 청년 대학생 예배가 시작되면서 성경 공부와 자치 활동 시간이 변경되었다. 1982년 3월부터 주일 성경 공부가 시작되었고, 특히 1983년에는 청년 대학생을 위한 성서 강좌가 교회 안팎의 강사진을 중심으로 시작되었다.

1983년 3월 27일에는, 교육 2부가 주관하여 민영진 교수를 강사로 하고 "모세오경"을 주제로 삼아 200여 명이 참석한 청년 대학생을 위한 성서 강좌가 개최되었다. 같은 해 12월 18일에는 새문안교회 교역자 10명이 지도하는 성서 강좌가 개강되었고, 대학생회 4개 반, 4부성가대 2개 반, 청년부 4개 반 등 총 10반으로 운영되었다. 시간은 4부 예배 후 진행되었으며, 교재는 총회 교육부에서 발간한 교재 및 기타 자료들을 사용하여 진행했다.

대학생회, 청년회, 4부 성가대 등 새문안 청년 대학생을 위한 성경 공부는 점점 체계적으로 자리 잡아 갔다. 1984년 2월 5일에는 학급 증설과 반 재편성을 위한 "청년 대학생 성경 공부 지도자 협의회"가 개최되고, 5월 20일에는 "대학생회 성경 공부반 지도자 및 담임 교사 협의회"가 열렸다. 그리고 9월에는 청년 대학생 성경 공부가 2년 6학기제의 교과 과정으로 편성되기에 이른다. 대학생회는 10월 26일 "예언서 연구"를 주제로 자체 심포지엄(symposium)을 열기도 했다. 1988년 5월부터는 영어 성경반을 포함한 4개의 성경 공부반(율법서, 요한계시록, 마가복음, 영어 성경)이 개설 운영되었다.

경찰 난입 사건과 대학생회 해체

1980년대에 접어들면서, 대학생회의 사회 참여 문제에 대한 논의가 교회 내에서 심각하게 진행되었다. 1982년 6월의 새문안교회 당회에는 교육 위원회에 위임한 지도 방안이 전달되었는데 이에 따르면 첫째, 대학생회 임원은 본 교회 등록 후 1년 이상 출석한 세례 교인을 선출하고, 둘째, 대학생회 모임은 지도 목사, 부장, 부감, 권사의 지도를 받을 것을 권고하고 있다. 1983년 6월 8일에는 "대학생회 지도를 위한 간담회"가 개최되고, 1984년 11월에는 대학생회에 대한 8인 대책 위원회의 당회 보고와 결의안에 대한 연석 토론회가 개최되었다.

이러한 상황에서 1988년 6월 19일 경찰의 성전 난입 사건이 일어났다. 시국 관련 시위 중에 중상을 입은 대학생 회원을 위한 모금 활동 중, 이를 저지하려는 경찰이 교회로 난입해 학생들을 구타하고 교회 관계자들에게 심한 폭언을 퍼부은, 새문안교회 역사상 전무후무한 사건이 발생한 것이다. 이 사건에 대해 일반 언론들도 관심을 갖고 보도했다.

사태가 심각해지자, 6월 19일 서울시경 국장이 사과문을 보내왔다. 하지만 6월 24일에는 교회 청년신도 대책 위원회가 성명을 발표하는 등 문제가 지속되자, 6월 25일에는 내무부 장관이 사과문을 보내왔다. 한편 경찰의 교회 난입 사건은, 대학생회의 사회 참여에 대한 문제 제기로 발전하게 되었다. 그리고 이 과정에서 청년 대학생회의 기능이 정지되었다. 8월 1일 특별 위원회에서 보고한 대학생회 기능 정지 실시 계획에 대해 결국 당회는 승인하고, 8월 13일 임시 당회에서는 예배 방해를 이유로 청년회와 대학생회의 해체를 결의했다. 이후 청년 대학생회의 회복을 위한 노력은 1889년 8월까지 이어지다가 결국 중단되었고, 다사다난한 새문안교회 대학생회의 역사는 잠시 멈추게 된다.

오늘날의 새문안 대학생회

코로나19의 불확실한 세상을 살아가는 주의 청년들이 교회 안팎의 도전에 직면해 있다. 안으로는 기독교인의 정체성의 혼란도 겪고 있고, 밖으로는 진로에 대한 고민과 함께 교회를 향한 부정적 시선과 힘겨운 싸움을 벌이고 있다. 사회를 걱정해 온 교회가 이제는 사회의 걱정거리가 되어 버린 현실이지만, 세상을 향한 선한 영향력의 확장을 꿈꾸며 신실한 삶과 신앙을 지켜 나아가고 있다. '하나님의 백성들'로 교회에만 머물러 있지 않고, '그리스도의 제자들'로서 세상 가운데서 복음을 선포해 온 주의 청년들은 이 땅에 복음의 씨앗이 심겨진 구한말부터 오늘의 코로나19 세상에 이르기까지 교회와 민족의 유일무이한 미래이고 소망이다.

청년 새문안들은 구한말 외세 열강에 맞서 충군애국의 신앙을 간직했고, 일제 강점기에는 독립 의지를 가지고 민족의 해방을 꿈꾸었으며, 한국 전쟁 후에는 교회 분열을 염려하며 교회 갱신을 외쳤고, 1966년 설립 이후에는 군사 독재 정권하에서 민주화를 위해 헌신했다. 그리고 한국 사회의 민주화가 본격적으로 시작되던 1980년대 말, 그 개혁자적 도전과 저항의 역사를 멈춘다.

군사 독재 정권하 암울한 시대를 살던 청년 대학생들이 민주화를 위해서 새문안을 찾았든지, 선진적인 기독교 문화를 찾아서 혹은 순수한 신앙적 동기를 가지고 새문안을 찾았든지 간에 모두 그리스도의 사랑받는 자녀들이었다. 우리를 교회로 부르시는 그리스도의 신비를 우리는 결코 이해할 수 없다.

새문안 대학생회에 대한 평가는 다양하다. 외부에서 유입된 신앙이 없는 대학생들의 정치 활동이었다는 부정적인 평가로부터, 청년들의 신앙 고백적 사회 참여였다는 긍정적인 평가에 이르기까지 현재 한국 사회와 교회 안에 자리 잡고 있는 뿌리 깊은 긴장과 갈등의 모습이 표출되고 있다. 하지만 새문안교회 대학생회에서의 활동은 이들 모두에게 건강한 기독교 신앙의 씨앗을 뿌려 주었다는 사실은 부인할 수 없다.

백낙준은 1957년 새문안교회 설립 70주년 기념 예배 설교에서 "변치 않는 교회 안에, 변하는 교회"라는 제목으로 설교했다.[20] "개혁을 멈추지 않는 개혁 교회(The Church Reformed Always Reforming)"라는 종교개혁의 정신과 다르지 않은 표현이다. 새문안 대학생회는 실제로 한국 근현대사 속에서 변치 않는 영원한 교회에 머물며 교회와 세상을 개혁하기를 멈추지 않았다. 비록 '도전적 사고'와 '거침없는 실천적 삶'으로 인해, 사회와 교회의 관심과 염려를 한 몸에 받아 왔지만, 대학생회는 자랑스

---

20 새문안교회 건축 위원회,『새문안예배당』(서울: 새문안교회 건축 위원회, 2015), 136–142쪽.

러운 새문안의 개혁주의 신앙 전통 안에 서 있다.

2017년은 새문안 대학생회의 공식 창립 50주년(1967~2017) 희년의 해인 동시에, 종교개혁 500주년(1517~2017)이 되는 해였다. 교회와 세상을 개혁하기를 멈추지 않았던 평범하고 상식적인 새문안의 젊은 개혁자들이 오늘 국내외 그들의 삶의 터전에서 선한 영향력을 끼치기 위해 노력하고 있다.

코로나19의 불안정하고 불확실한 세상을 살고 있지만, 여전히 새문안에는 청년 대학생들이 모여 그들이 살아가는 세상과의 소통을 시도하며 하나님의 부르심에 신실하게 응답하려고 씨름하고 있다. 1960~80년대 산업화와 민주화의 시대를 살았던 새문안 대학생회와 1990~2010년대 세계화와 다양성의 시대를 살아가고 있는 새문안 대학부 모두 새벽 이슬 같은 주의 청년들이다.

130년 전 청년 언더우드가 설립한 새문안에서, 그리고 1960~80년대의 암울한 세상에서 용기와 소망을 가지고 살았던 젊은 대학생들의 고향 새문안에서 이 시대의 젊은 새문안 청년 대학생들이 그들에게 허락된 하나님의 나라를 꿈꾸며 오늘도 살고 있다.

참고문헌

새문안 대학생회 일차 자료

새문안 대학생회. 사진자료. (1966~1988).

대학생회 출석부. (1969).

『농촌봉사활동 자료집』. (1969, 1971).

"새문안교회 대학생회 헌장." (1970.8.23.).

「디딤」 창간호. (1970.10.18.).

참신한 젊은이의 모임 새문안 대학생회. (1970.10.18.).

『동계대학 자료집』. (1970, 1972, 1973).

야간 학교 교무일지. (1971.1).

교회 건축에 관한 성명서. (1971.5.16.).

제3회 새문안 친목 운동회 순서지. (1971.10.9.).

전국 교회에 드리는 호소문. (1971.10.17.).

제2회 뮤즈와의 대화 자료집. (1971.11.20.).

야간 학교 설립 계획서. (1971).

학생 상황표. (1971).

1971년도 주일 집회 내역. (1971).

제15회 언더우드 학술 강좌 순서지. (1971, 1972, 1974).

「새문안」. (1971, 1977).

디딤제 순서지. (1971, 1973, 1975, 1976).

제3회 뮤즈와의 대화 자료집. (1972.11.11.).

"공동기도문." (1973).

교회 학교 교적부(1973).

연극 〈겨울나무들〉 자료집. (1973.2).

일요 집회 순서지. (1973.2.18.).

1학년 수양회 자료집. (1973.6).

『새문안 대학생회 안내지』. (1973.9.22.).

기독 학생 구국 선언. (1973.10).

2학년 주소록. (1974).

구속자를 위한 신구교 연합 기도회 기록. (1974.9.22.).

"성가와 민속의 밤 순서지. (1974.11.12.).

『새문안 대학생회 신입회원을 위한 안내서』. (1975.3.23.).

『하계수련회 자료집』. (1975~1981).

야학 수업 교안. (1976.12).
참신한 젊은이의 모임 새문안 대학생회. (1978.3.6.).
『동계수련회 자료집』. (1981, 1982).
『디딤제 자료집』. (1981, 1987).
주일 집회 기록. (1984).
새문안 대학생회 20년 활동 정리를 위한 모임 초청장. (1985).
언더우드 학술 강좌 순서지. (1985).
『21세기를 향한 새문안 청년』. (1988.4).

기타 자료

새문안교회 건축 위원회. 『새문안예배당』. 서울: 새문안교회 건축 위원회, 2015.
새문안교회 공식 홈페이지(www.saemoonan.org).
새문안교회 대학생회 역사 편찬 위원회. 『시대의 횃불: 새문안 대학생회 민주화 운동사』. 지식공
    작소, 2017.
새문안교회 역사 편찬 위원회. 『새문안교회 문헌 사료집 제1집』. 서울: 새문안교회 역사 편찬위
    원회, 1987.
새문안교회 70년사 편찬 위원회. 『새문안교회70년사』. 서울: 새문안교회 70년사 편찬 위원회,
    1958.
윤경로. 『새문안교회100년사』. 서울: 새문안교회 역사 편찬 위원회, 1995.
한국 기독 학생 총연맹. 1975년도 KSCF 동계 대학 및 정기 총회. (1974.12.26~29).

탁
지
일

- 장로회신학대학교 신학과 (Th.B.)
- 연세대학교 대학원 신학과 (Th.M.)
- San Francisco 신학대학원/G.T.U. (Joint M.Div./M.A.)
- 토론토대학교 St. Michael's College (Ph.D.)
- (현) 부산 장신대학교 교수
- (현) 월간 현대종교 이사장 겸 편집장
- 『이단』, 『교회와 이단』, 『이단OUT』, 『이단이 알고 싶다』.

영락교회의 대학 청년 사역

소
기
천
·
유
정
자

영락교회에서 과거 대학 청년 시절을 보냈던 성도는 아무리 시간이 변해도 영락교회를 사랑하는 마음이 변하지 않는다. 영락의 대학 청년들은 그들이 인생의 여정 어디에 있든지 대학 청년 시절 자신의 꿈을 키우고 주님께 헌신하며 열정을 불태울 수 있었던 영락교회를 그리워한다. 그들에게 영락교회는 영원한 모교회로 미래의 주역인 새 시대의 대학 청년들과 함께 영락의 깃발 아래 주님의 사랑과 복음의 비전을 함께 나누는 날을 소망한다.

1945년 12월에 신의주 제2교회를 담임하던 故 한경직 원로 목사를 중심으로 북한에서 신앙의 자유를 위해 찾아온 피난민들과 함께 명동의 영락정이 있던 언덕에 우뚝 세워진 영락교회는, 창립 초창기의 구호대로 민족 복음화와 세계 복음화의 중심축이 되었다. 1950년 한국 전쟁 직전에 수도 서울에 헌당 되었던 영락교회 본당 건물은 3년간의 참혹한 전쟁 가운데도 폐허가 된 서울 명동 중심에 기적처럼 무너지지 않았고 한국과 세계 복음화의 진원지가 되었다. 영락교회는 홍수 조절을 위해 다리에 표시해 둔 청계천의 수표교 인근에 위치한 진주와 같았다. 본당의 하얀 대리석 건물이 아침 햇살을 받아 찬란하게 빛을 발할 때는 마치 바닷속의 미약한 모래알이 조개 속에서 오랜 인고의 시절을 통해 깎이고 다듬어져서 찬란한 진주가 되어 영롱하게 빛나는 것과 같았다. 영락의 대학 청년들은 창립 이래로 전쟁과 많은 정치적 혼란을 겪으며 가난하고 헐벗은 사람들과 함께 그리스도의 사랑을 나누고 민족 복음화와 세계 선교를 통해 한국과 세계 교회에 희망을 전해 주었던 '명동의 진주' 영락교회를 자랑스러워한다.

본 소고가 중시하는 한경직 정신은 절대 빈곤과 청빈 그리고 모든 것을 내려놓고 온 마음과 정성을 다하여 삶 전체를 하나님께 바쳐서 민족 복음화와 세계 선교를 위해서 헌신한 것을 말한다. 이런 정신을 가장 잘 실천한 영락의 공동체가 젊은 피가 끓어오르던 대학 청년부이다. 엄마가 자식을 낳을 때 피를 흘리고 그 자식을 키울 때 피가 마른다는 말이 있는 것처럼, 한경직 정신은 영락 젊은이의 마음속에 뜨겁게 흐른다. 그 무엇보다 한경직 정신은 유품인 성경책 속지에 적힌 다음의 기도 내용이 잘 보여 준다. "기도: 서울 영락교회는 진리의 등대 생명의 원천으로서 영원히 민족 복음화의 중심, 자유 민주주의의 보루, 사회 정화의 원천이 되게 하소서. 한경직"

본 소고는 그리스도의 대사로 한국 교회 부흥의 시대를 이끌었던 영락 대학 청년부의 위대한 유산을 돌아보고 미래 대학 청년부를 위해 과거에 대학 청년 사역에 대한 객관적인 평가와 교훈을 통해서 새로운 시대 가운데 능력 있는 대학 청년 사역들이 영락교회를 통해 또 다시 태동하기를 소망하는 마음으로 기록되었다. 영락교회 1960~80년대의 대학부와 1990~2000년대 영락교회 청년부 시절을 회고하면서 영락교회에 기록된 다양한 자료들을 정리하고 선후배들의 모임에서 인터뷰를 통한 도움을 받아서 평가한 내용이다. 영락 대학 청년부의 과거에 대해 분석 평가하고 제언을 하는 일은 무척이나 조심스럽고 부담스러운 일이지만 영락교회 대학 청년부의 부흥의 현장의 중심에 있었던 청년들 가운데 있었던 두 학자가 영락교회와 대학부와 청년부를 사랑하는 마음으로 최대한 객관적인 입장에서 분석하고 평가하려고 최선의 노력을 다하였음을 미리 밝히고자 한다.

혹여 이 글의 어떤 부분이 부담되거나 불편하게 느껴지는 분들이 계신다면, 과거의 잊힌 역사를 재구성하고 영락의 대학청년부의 더 나은 미래를 위해서 너그럽게 혜량해 주시기를 바란다. 혹시 잘못된 내용이나 정보는 필자들의 부족함에서 오는 것이므로, 영락교회의 대학 청년부를 탓하지 말기를 간곡히 바란다. 본 글은 영락교회 부흥 속의 대학 청년부의 역사, 영락 대학 청년부 부흥의 중심 가운데 청년 평신도 리더들의 헌신, 청년 평신도 사역의 현장, 영락교회 평신도 대학 청년 사역의 문제점들로서 대학 청년부 대형화와 영적 부흥의 무거운 짐을 졌던 영락 청년들, 영락 대학 청년 사역이 나아가야 할 방향을 제시한 나가는 말 등의 4부분으로 구성되어 있지만, 특히 한경직 정신의 핵심인 북한 선교부에 관한 것도 영락교회가 추구하는 사역의 중요한 측면이기에 추가하고자 한다.

영락교회 부흥 속의 대학 청년부의 역사

대학 청년부의 태동과 부흥의 역사

영락교회는 1945년 12월 2일에 개척되어 "공산주의의 박해를 피해 월남한 27명의 성도들이 한경직 목사를 중심으로 모여 창립 예배를 드리고, 교회 이름을 베다니 전도교회라 하였고, 일본 천리교 경성 분소의 신정을 개조해 예배 장소로 사용하였다." 이듬해인 1946년 2월 10일에 조직된 '베다니청년회'는 "한국 교회 초기 복음전도와 사회 계몽 운동에 큰 족적을 남겼던 면려 청년회와 같은 청년회"[1]였다. 1947년 4월 6일에 대학생부가 창설되었는데 영락교회 초대 대학생회의 회장은 故 김치선 장로였다. 그러나 6 · 25 전쟁으로 피난을 갔던 교인들이 다시 상경하게 되자 1953년에 주일 학교를 시작하면서 대학생부도 다시 조직하였다. 청년부는 1955년에 주일 학교 내에 신설하게 되었다.

1962년 7월에 대학생 C.E. 수양회가 기도원에서 있었고, 1964년에 교육부 조직을 교육 1부와 교육 2부로 세분화하면서 대학 청년부는 2부에 속하게 되었다. 대학생 한글반, 대학생 영어 성경반, 청년 1부, 청년 2부, 청년 영어 성경반 등이 만들어졌다. 1965년에 교육 2부에 대학생 한글반을 대학생 국어반으로 개명을 하였고, 대학부 제2회 하기 의

---

1 영락교회, 『영락교회 50년사(1945-1995)』 (서울: 성원인쇄사, 1998), 98-99쪽. 당시 초대 회장은 서인철 씨이고, 2대 회장은 이창로 장로였다. 당시에 공산주의가 준동하던 시대라 김린서 장로를 중심으로 성경 공부를 했고, 오제도 장로가 "공산도배들의 모략전"에 대비하여 민주주의 사상 계몽에 힘썼다. 당시 반탁 운동과 민주주의 수호를 위해 월남한 청년들인 김치복, 송성찬, 김규환, 장석준 등이 헌신했다.

료 봉사가 실시되었다.[2] 1966년에 교육 2부에 대학생 성서반과 청년 성서반을 신설하였다. 1969년에 교육 1부를 교육부로, 교육 2부를 평신도부로 개명되었다. 그때 『한국 근현대의 법사와 법사상』이라는 명저를 남긴 서울법대의 명예 교수인 최종고 교수가 1960년대 대학생회의 역사에서 중요한 역할을 감당하였다.[3] 1965년에 주일 예배가 2부로 나누어지면서 기존 찬양대에서 대학생들이 분리되면서 주일 예배를 10시에 하나 더 드리게 되었고, 1967년에 대학생 성가대(초대 지휘자 김종일), 반주자 활철익, 대장 김수철, 청무 이동수)가 호산나 성가대로 개칭되었다.[4] 1966년 이후에 평신도 교육 강좌가 신설되어 4월 17일에 대학생회 주최로 본회퍼 영화 일대기가 상영되었고, 419기념으로 지명관 강사가 초청되어 "기독교 신자의 시민적 자유"라는 강연이 있었다. 이는 당시 영락대학생회가 대사회적으로 의식의 전환을 이루고 있었음을 짐작하게 한다. 1960년대에는 사회 봉사의 중요한 영역이 의료 봉사였는데, 의료인의 활동에 대학생회와 청년회가 참여하여 상비 약품이나 구급약을 나누어 주는 의료 활동을 통하여 농어촌과 도시 빈민과 산업 근로자에게 전도하였다. 1966년 5월 6일에는 베다니관 2층에 교회 보건실을 설치하고, 의사와 약사가 주일 봉사를 실시하였다. 당시 대학 청년부의 출석 인원은 1965년에 250명, 1967년에 247명, 1968년에 199명, 1969년에 239명, 1970년에 373명이 평균이었다.[5]

---

2 영락교회, 『창립기념40주년 화보』 (서울: 영락교회, 1986), 82, 102쪽.
3 최종고 교수는 영락교회의 많은 역사 기록 사진을 남긴 김성보 집사와 함께 광나루 언덕에 있는 소기천 교수의 연구실을 자주 찾아와서 '내가 본 서울대 반세기', '서울법대 시대', '한 법관의 학문 세계' 등을 친필 사인을 해서 선물해 주었다.
4 영락교회, 『50동행: 호산나 찬양대(1965–2015)』 (서울: 영락교회, 2015), 25쪽.
5 영락교회, 『영락교회 50년사(1945–1995)』, 243, 249–252, 265쪽.

1970년은 영락교회 창립 25주년이 되는 해로, 이미 교회 재적 인원이 1,500명을 헤아리는 대형 교회로 성장해 있었다. 인산인해로 몰려드는 성도들 때문에 1977년 6월 21일 기공 예배를 시작하여 1978년 5월 21일에 영락교회 본당을 십자가형으로 건축하였고, 대학생회 청년회가 사용한 걸물인 봉사관은 1972년 10월 31일에 기공 예배를 드리고 1973년 12월 2일에 입당 예배를 드렸다.[6] 1978년에 평신도부의 청년부가 청년 1, 2, 3, 4부와 청년 영어 성경부로 나뉘었고, 청년 세계 선교 대회가 "Great Vision 78"라는 주제로 김준곤 목사를 강사로 10월 16일에 있었다.[7] 1979년에 평신도부가 다시 대학부와 청년부로 구분되었다. 1975년에 출범한 성서 대학부는 1976년에 고등부 출신들이 올라오면서 조직을 세분하여 1975년 고등부 졸업생으로 '성서 대학 2부'를 구성하고, 1976년도 졸업생으로 '성서 대학 1부'를 구성하였다. 그리고 이 무렵부터 '성서 대학부'를 자연스레 '대학부'로 지칭하기 시작하였으며, 1977년 고등부 졸업생이 올라오면서 대학 1부, 대학 2부, 대학 3부로 나누어 운영되었고, 1978년 고등부 졸업생이 올라오면서 대학 1부, 대학 2부, 대학 3부, 대학 4부로 운영되었다.

1985년 9월 25일에 김윤국 담임 목사의 위임 예식을 진행하였고, 창립 40주년 기념으로 세계를 향한 청년 선교 대회를 실시하였다.[8] 그러나 김윤국 목사는 건강상의 이유로 1987년 6월 26일 자로 서울노회에 사임서를 10월 정기 노회에 제출하였고, 1988년 1월 1일에 은퇴 예

6 영락교회, 『영락교회 50년사(1945-1995)』, 267, 296-297쪽.
7 영락교회, 『창립기념40주년 화보』, 145쪽.
8 위의 책, 153, 159, 161-162, 165, 172-173, 178-179, 181-182, 189, 196, 202, 211-213, 217쪽.

배를 가졌으며 1988년 7월에 "최선의 예우를 하기로" 약속하고 합의하였다.[9] 1988년 3월에 담임으로 부임한 임영수 목사가 "양적 성장보다는 질적 성장"을 지향하면서[10] 실험적인 협동 목회 제도를 도입하여 교육부가 교육국으로 재편되었다. 행정 담당에 이성희 목사가, 교육 담당에 김동호 목사가 부임하였지만 "협동 목회자의 청빙 자체도 어려웠고, 교역자들 간의 불협화음으로"[11] 성공적인 목회 분담이 이루어지지는 않았다. 1989년에 교육국의 조직이 재편되면서 대학 청년 교육부가 신설되었고 그 안에 대학부와 청년부를 두었다.

1991년에 다시 교육국의 조직이 개편되어 교육부에 대학부와 청년부를 두었다. 1992년에 다시 교육국이 교육부로 되돌아가서 교육 전담 목사 제도가 도입되어 대학부와 청년부로 편성되었다. 1996년에 대학 재수생의 모임으로 베드로반이 신설되면서 대학 1부를 1반으로 개칭하였다. 1997년에 임영수 목사가 일신상의 이유로 사임을 한 후 그 해 말에 이철신 목사가 부임하였다. 2005년에 청년부의 성경 공부반(1, 2, 3, 4, 5부)과 신세대 성경 공부반이 광야 소리, 꿈꾸는 땅, 주는 나무, 푸른 초장(신입팀)으로 개편되었다. 2007년에 대학 2부 예배가 신설되었다.

결국 대학 청년부는 1970년대 이후부터 2010년대까지의 한국 교회에 일어났던 놀라운 부흥의 시기를 함께 하면서 많은 다른 교회들의 대학 청년들과 함께 영적 부흥의 역사를 주도해 왔다. 영락교회의 대학 청년부의 부흥은 많은 교회적인 혼란과 어려움 가운데 이루어졌고,

---

9 영락교회, 『영락교회 50년사(1945–1995)』, 358–360쪽.
10 위의 책, 366쪽. 임영수 목사는 "하나님의 나라는 양에 있는 것이 아니라, 세상을 변화시킬 수 있는 질에 있습니다."라고 '3.1절과 교회'라는 제목으로 『만남』지 1985년 3월호(5쪽)에 자신의 소신을 밝히기도 했다.
11 위의 책, 372쪽.

1970년대 대학부와 청년부 두 부서로 구분되어 교회 학교 교육부 산하에 두고 성장하기 시작하였다. 이 같은 대학 청년부의 태동의 역사과 부흥의 역사를 보면, 그때마다 영락교회가 무서운 속도로 변화하는 단계에 발을 맞추어서 담당 교역자와 부장과 지도 강사를 적절하게 배치하려는 의도가 보인다. 그러나 영락교회는 긴 숙고 끝에 내리는 결정을 통해 교육의 백년대계를 세우려 하기보다는 눈에 보이는 사람을 재배치하는 일과 즉흥적으로 부서를 조직하는 일을 반복해 왔다. 그러다가 이를 원점으로 되돌리는 시행착오가 빈번하게 일어났다.

영락교회 대학 청년부의 시련[12]

1964년부터 평신도 교육부에 신설된 교육 2부에 대학생회와 청년부가 소속되어 있었다. 이때부터 대학생 면려회와 청년 면려회가 대학생회와 청년회로 명칭이 바뀌었다.[13] 1969년부터 영락교회는 교회 학교의 한 부서로서 대학부 청년들을 중심으로 대학생회를 조직하였다. 그러나 대학생회가 조직된 지 얼마 지나지 않아서 1969년에 한경직 목사의 후임으로 담임으로 부임한 박조준 목사를 비판하는 대학생들의 집단행동이 계속되자 당회가 대학부를 해산하는 강경조치를 내리게 된다. 대학생회가 해산된 것은 교회 내에서 정치 집회나 활동을 자체시키려는 교회 사이의 갈등 때문이었다. 1971년 여름에 당회의 결정은 다음과 같다. "금년도 기도원에서의 수양회를 개최함에 있어서는 다음 네 가지,

---

12 이 부분의 상당한 내용은 대학부 동문들의 카톡방인 Apple Salon에서 나눈 내용과 안정근 성풍현 선배들이 직접 필자에게 수정해서 보내온 문서를 중심으로 복원된 것임을 밝힌다.
13 영락교회, 『영락교회 50년사(1945–1995)』, 230쪽.

즉 기도의 훈련, 말씀의 훈련, 시간 엄수의 훈련, 근로의 훈련 등 원칙 아래 실행하여 오던 중, 지난 주간 대학부 학생회 수양회 중에 야기된 학생들의 탈선 행위는 유감스러운 일로써, 금후 대학생회 활동을 당분간 중지케 하고, 현 임원을 인정치 않기로 하는 한편, 조속히 청년 대학생을 전담할 수 있는 지도자를 청빙하기로 가결하다."[14] 이는 일부 학생들이 「영락교회 교우들에게」라는 선언문을 발표한 사건을 가리킨다.[15] 그러나 이듬해인 1972년 박정희 정권에 의해 '10월 유신'이 선포되자 영락교회는 "어려운 사회적 정치적 배경하에서 국민의 각성과 회개, 자유 민주주의의 수호, 대일 관계에서 정부의 잘못 시정, 북한 공산당의 회개, 일본 정부의 태도 시정, 세계 교회의 기도 동참 등의 제목을 놓고 기도하였다.", "당시 교회 내의 민주화 및 인권 운동은 청년 대학생들에게만 국한된 것이 아닌 전 교회적 운동으로 확산되었다."[16]

이런 상황에서도 서울대학교 명예 교수로 영락교회의 정영근 시

---

14 위의 책, 346-347쪽.

15 김현조 목사는 "1971년 영락기도원에서 여름 수련회를 가진 후에 대학생회가 자진 해산한 이유는 당시 시국에 대처하는 교회 방침에 대한 불만 때문에 대학생회는 없어졌다."라고 평가한다. 당시 대학생회는 담임 목사 앞에서 박사학위 받은 것을 풍자하는 연극을 했다고 한다. 대학생회가 해산된 이후에도 대학생 성서반이 토요일에 모이고 있었다. 이에 대하여 보스톤 한인교회의 이영길 담임 목사는 "대학생회가 해산되는 현장에 막내(1학년)로서 있었고, 대학생회는 먼저 자폭 선언을 했는데, 그 후 당회는 '자폭 전에 해산이다.'라고 공포를 한 것이며, 대학생회 대표들이 한정식 목사와 대담을 했는데 한 목사가 자신의 불찰이라고 눈물을 흘렸다는 이야기를 회장단에게 들었다. 또한, 젊은 청년을 장로로 뽑아 달라고 학생들이 전단을 뿌려서 물의를 일으킨 적이 있다. 그때 장로 후보로 밀던 분이 고등부 교사였던 한중식 장로였다."라고 회고한다.

16 위의 책, 342, 346쪽. 1974년 겨울 성풍현 교수가 회장인 시절에, 박조준 담임 목사가 은밀히 시켜서 당시 평신도부 담당인 이성재 목사와 함께 서울의 여러 교회를 다니면서 반정부 전단을 전달했고, 그 당시 동아일보에 주지 못하게 하는 박정희 정권의 언론 압박이 심했다. 이영길 목사의 증언에 의하면, 당시 대학생 회장인 자신에게 늘 교회 안에서 자주 뵙던 중부 경찰서 형사가 찾아와 젊잖게 종이 하나를 주면서 '신상명세서를 쓰라' 하였다고 한다. 대학생회는 연세대학교의 김동길 교수 외 몇 분을 모시고 구국 기도회를 열었고 대학생회에서 약간의 돈을 모아 동아일보에 전달하기도 했다. 그 바람에 성풍현 회장은 서울공대에서 제적하라는 40명 학생 명단에 들었고 당국에서 자꾸 집으로 찾아온다고 해서 1~2주 정도 집에 못 들어가고 아는 분들 집을 전전하며 지냈다.

무 장로, 보스턴 한인교회의 이영길 담임 목사, 서울대학교를 나와 의사가 된 후 미국의 침례 교단에서 목사 안수를 받은 박길홍 목사 등이 1973년의 해산 이후에도 성경 공부 모임을 지속하기 위해서 함께 기도하면서 서울에 있는 각 대학교를 직접 찾아다니며 자발적으로 '대학생 한글 성경 공부 모임'이라는 이름의 학원 전도 모임을 시작하였다. 당시 세 사람은 요한복음과 히브리서와 빌립보서를 집중적으로 공부하면서 기도회와 학원 전도에 힘을 썼다. 후에 이 성경 공부 모임의 지도는 장로회신학대학교의 신약학 박창환 교수가 청년 1~3부를 지도하는 중에 별도의 시간을 내서 20여 명의 대학생들을 만나 성경 공부에 활력을 불어넣어 주었다.[17]

　당시 학원 전도는 영락교회의 한경직 원로 목사가 주도한 공원 선교,[18] 군인 선교, 공장 선교 등과 맞물린 학원 선교의 모임으로, 소위 '애주가 클럽'이라고 불렸다. 애주가 클럽은 흔히 오해를 불러일으킬 수 있는 용어이지만, 술을 애통할 애(哀) 자와 주님을 사랑할 애(愛) 자의 약칭으로서 빌립보서와 야고보서와 같이 믿음의 실천을 요구하는 짧은 성경을 통째로 외우면서 매주일 오후에 모여 기도하고 학원 전도를 나간 대학생 성경 공부반의 대명사였다.

---

17 이영길 목사는 당시에 청년회가 해산되었기에 청년 1~4부와 영성반의 대표들이 모인 자리에서 청년 4부의 대표를 맡게 되어 전체 모임을 주관했고, 하기 의료 봉사단 대표로도 참여했다. 청년부가 해산된 이후에 재건을 위한 움직임으로 대학부는 1~4부로 자발적인 형태를 갖추기 시작했는데, 학년별 구분이 아니라 각각의 성경 공부반을 대학생들 스스로 선택해서 공부하는 방식이었다. 당시 4부의 대표는 현재 영락교회 이종오 시무 장로였다. 그 후에 학생회 회장 선거에 불법이 있었다는 증언도 있지만, 어쨌든 '청년회 해산'과 '대학생회 해산'이라는 불명예스러운 진통이 있었다.

18 지금은 용어 자체도 생소한 '공원 선교'는, 한경직 목사에 의해 창단된 특별한 기구이다. 1973년 5월 5일 어린이날에 문을 연 우리나라 최초의 공원인 어린이대공원의 개장과 함께 공원 선교의 기치를 들고 처음부터 현재에 이르기까지 지도 목사로 파송된 문영용이 김포 공항과 인천 공항에 예배실을 운영함으로써 공원 선교를 계속하고 있다.

1973년 1월 2일에 한경직 목사가 성역 40주년 기념으로 원로 목사로 추대되었으며 10월 15일에 박조준 목사가 2대 목사로 위임되었다.[19] 영락교회 창립 27주년인 그 해에 '만남의 광장(廣場)'이라는 제하에 대학부 신입생 환영회가 있었다.[20] 그 후 1973년에 평신도부의 대학부는 청년 1반과 청년 2반으로 개명되고, 다시 원점으로 되돌아갔다. 마찬가지로 청년부 또한 청년 1부, 청년 영어 성경부, 청년 3부, 청년 4부로 나뉘었다.[21]

대학생회는 1974년 여름 볼음도로 하계 봉사를 다녀왔다. 영락대학생회의 하계 봉사는, 고환규 집사가 편집국장이고 최창근 장로가 사장으로 재직하는 덕분에 당시 회장이던 이영길 목사의 글을 통해 '한국 기독 공보'에 실리기도 했다. 1974년 3월에 세계 선교를 위한 기도회가 시작되었고, 1974년 4월에 극동 방송에 '영락 청년의 시간'을 통하여 북한과 동아시아 선교를 위한 방송을 시작하였다. 대학생회가 중단되었다

---

19 영락교회, 『영락교회 50년사(1945-1995)』, 278-283, 287쪽. 당시 영락교회는 3,400여 세대에 14,000여 명이 출석하고 있었다.

20 영락교회, 『창립기념40주년 화보』, 118쪽.

21 대학생회가 1971년 해체되고 1973년 봄에 다시 복구될 때까지 토요일에 모였던 대학생 성서반이 대학생들 모임을 지켰고, 그때 중심 인물이 서울공대 다녔던 권용한, 건국대 농대 다녔던 심천보 등의 선배들이다. 당시 김현조 목사가 1972년 입학해서 1학년이었을 때, 최양선 목사가 몰트만과 불트만에 관한 신학 강의를 진행했다. 1973년에 대학부가 다시 재건될 때 김현조 회장와 유은희 부회장, 이명선 서기, 조인옥 회계로 봉사했고, 20여 명이 모이던 대학생회가 여름 원산도 봉사에 55명이 다녀오면서 대학생회가 인원도 늘어나고 활기를 띠게 되었다. 이로써 대학생회가 다시 복귀되었다.

김현조 목사와 이영길 목사 다음으로 1974년에 대학생회 회장이 된 성풍현 교수의 증언에 의하면, 1973년 여름 방학 때 원산도로 봉사 활동을 갔고 그 당시 최양선 지도 목사와 학생회 회원들과 갈등이 컸고, 김현조 목사(1973년 1학기) 다음으로 이영길 목사(1973년 1학기와 1974년 1학기), 성풍현 교수(1974년 2학기와 1975년 1학기), 조문길 목사(1975년 2학기) 등이 회장이 되었다.

이영길 목사가 회장일 때 성풍현 교수는 문예부장을 맡았는데 그때 대학생회 회지인 '겨자씨'를 만들었고, 또 청계천에 조그만 쪽방을 하나 구해서 교대로 가서 봉사하였다. 이런 것을 통하여 당시 대학생회는 영락교회의 사회 참여에 대해 많은 주장을 하고 스스로 실천하려고 하였던 것을 알 수 있다. '겨자씨'의 역사에 관하여 성풍현 교수가 카이스트에 재직하던 시절에 영락교회 대학청부 여학생 둘이 찾아와서 옛날 '겨자씨'에 관련된 이야기를 취재하러 대전에 내려온 적도 있었다. 그 당시 대학생회에서는 꾸준히 토요 집회를 했었는데, 집회는 1부와 2부로 진행되었고 1부 때는 5분 스피치를 돌아가면서 했다.

가 다시 시작한 것, 그리고 그 이후의 성경 공부반과 학원 선교 사역에 관하여 다음과 같이 기록되었다. "한편 대학생회는 잠시 활동이 중단되는 시련을 겪은 뒤 '사회 참여적' 활동보다는 선교 활동에 더욱 주력하였다." 또한 대학부의 봉사 활동으로 의료, 미용, 기술,(농기계 가전제품 수리), 경로 잔치, 방역 구충 활동, 근로, 상담 등 족자적으로 혹은 교회의 지원을 받아 전개하였다.[22]

1975년에 다시 평신도부에 성서 대학부가 신설되었다. 1975년에 대학부의 새로운 출발이 가능케 되었다. 2월에 영락 고등부를 졸업한 전원을 대학 입시의 결과와 관계없이 '성서 대학부'라는 조직으로 만들어 주일에 성서 대학부 예배를 시작하였다. 따라서 영락대학생회는 토요 집회 모임으로 구성되었던 대학생회(회장: 성풍현)와 고등부 졸업생으로 구성된 성서 대학부(대표: 안정근)로 운영이 되었으며, 자연스럽게 성서 대학부 멤버 중에는 대학생회 토요 집회에 참석하여 분리 운영되었던 두 조직이 점차 하나의 대학부로 출범될 수 있는 계기가 마련되었다. 주일 성서 대학부는 평신도 교육 과정이었고, 청년들의 자치 활동은 토요일에 모인 대학생회가 주축이었다. 그러다 1975년부터 점점 대학생회는 약화되고 1976년 이후에는 주일 성서 대학부가 중심이 되었다. 또한 성경 공부반과 기도 모임을 시작하면서 본격적으로 오늘의 대학부 모습을 갖추게 되어 봉사관 4층과 5층에서 주일 오전에 대학부 예배와 성경 공부 모임을 하게 되었다.

성서 대학부가 시작될 당시 안정근 목사가 초대 대표가 되었으며,

---

22 영락교회, 『영락교회 50년사(1945–1995)』, 330–332쪽.

이후 성서 대학부와 대학생회는 활발한 교류를 하게 되었다. 그 결과로 성서 대학부와 대학생회가 연합하여 1975년 8월 18일부터 21일까지 '남은 자의 새 비전'이라는 주제로 영락기도원에서 하기 영락 대학생 수련회를 개최하였다. 성서 대학부와 대학생회는 지속적으로 연합하여, 1976년 김세진 회장과 백용숙 부회장이 봉사할 때 한경직 원로 목사를 강사로 '관계의 회복'이라는 주제로 하기 수련회를 가졌고, 연평도로 하기 선교 봉사도 다녀왔다. 1976년에 성서 대학부는 대학 1, 2부로 나뉘었고, 대학부 체육 대회도 있었다.[23]

목사 안수를 받고 대학부 전담 지도 교역자가 된 김서년 목사는 음악적 재능을 대학생 활동에 접목을 시켜서 '노래 선교단'을 창단하였고, '만남의 송가'라는 전대미문의 복음 송가집을 발간하는 큰 공헌을 남겼다. 1976년에 선교 분과 산하에 학원 선교단, 노래 선교단, 지역 선교단을 두었는데,[24] 당시 이화여대 교수로 재직하던 송태옥 권사가 물질적인 후원을 많이 했다. 그리하여 대학부 노래 선교단의 김영준 지휘자와 김영애 솔리스트는 복음송가 200여 편을 소개하며 한국 교회에 처음 보급함으로써 후에 온누리교회가 선풍적으로 이끌었던 '경배와 찬양'이 태동하는 계기를 마련했다. 현재 대학부의 노래 선교단은 SMC(Santus Mission Choir) 곧 '쌍투스 노래 선교단'이라는 이름을 가지고 찬양대와 앙상블을 함께 연주하는 방식의 모임으로 발전되었다.[25]

---

23 영락교회, 『창립기념40주년 화보』, 133쪽. 성풍현 교수에 의하면, 대학부를 시작하는 데 역할을 많이 했던 김서년 목사도 대학생회 회원들과 마찰이 제법 심했다고 한다. 당시 대학생회 회원들은 김서년 목사가 대학부를 만드는 것을 '내용보다는 모이는 대학생 수에 연연하는 것'이라 하여 그리 탐탁하게 생각하지 않았다. 하지만 성서 대학부는 만들어졌고 수백 명의 대학생으로 구성되었다. 그러는 와중에 성서 대학부와 대학생회가 병행하게 되었다.

24 영락교회, 『영락교회 50년사(1945-1995)』, 330쪽.

25 당시 대학생회는 토요 집회를 했고 주일은 성경 공부반이었지만, 김서년 목사가 대학부를 지도하면서 '만

1977년 초까지 대학부를 지도한 김서년 목사는 이 성경 공부반의 학생들을 '그리스도의 대사'로 부르면서 격려해 주었다. 이것이 발전되어 대학부를 졸업하여 청년 4부로 올라가거나 군대에 가거나 유학을 하러 가는 대학생들에게, 조선 시대에 왕명을 특명으로 여기고 방방곡곡을 누빈 암행어사의 상징과도 같은 마패를 주면서 복음 전하는 사명을 맡기고 그들을 파송하였다. 이런 일련의 이미지는 영락 대학부가 서울 소재 대학교에 대한 학원 선교단의 사명감을 느끼게 했다. 당시 성경 읽기 모임인 '요한팀'은 겨울 방학을 이용하여 군경유자녀원에서 봉사했고, 찬양을 중심으로 한 '베다니교회팀'은 을지병원을 비롯해서 시내 병원을 정기적으로 순회하며 찬양 봉사를 했다.[26]

대학부가 돛을 달고 순항하는 와중에도 대학부 모든 모임을 마친 오후에는, 대학생회 재결성과 단합의 상징인 성경 공부반에서 20여 명이 3개의 반으로 흩어져 각각 별도의 모임을 또 가졌다. 1977~1984년 사이 각 학교의 학원 선교단 단위로 매일 아침 기도회와 주 1회 성경 공부 모임을 했다. 이 때 1978년에 서울대학교에서 'STUDY DAY'와 연세대학교에서 '학원 복음화 물결'이라는 선교 대학이 개최되어 서울대와 연대 학생들이 대거 영락교회로 인도되었다. 그 결과 1983년에 서울대 총기독학생회 주관으로 영락교회에서 동계 성서 대학을 개최했다.[27] 대학생회가 시작될 때 가졌던 학원 선교의 정신을 계승해 나가면서 성경 공

남의 송가'를 만들고 성경 공부방을 봉사관 4층에 대대적으로 준비하여 영락교회 대예배를 다니던 수많은 대학생들이 '대학부'라는 이름으로 갑자기 모이게 되었다. 당시 회장과 부회장으로, 정영근 장경미, 김세진 백용숙, 박길홍 윤경원, 송한은 박경희, 조승철 장미영, 박영국 이창희, 이세훈 김혜영, 박일환 장희영 등이 대학부를 위해 봉사했고, 이들 중 다수는 부부가 되었는데 후에 소기범 최희안도 이 놀라운 하나님의 축복과 은혜의 대열에 이름을 올렸다.

26 영락교회, 『영락교회 50년사(1945-1995)』, 332쪽.
27 위의 책, 330쪽.

부와 기도 모임 이후에 서울 시내의 대학교로 흩어져서 학원 전도를 해 나갔다.[28]

임영수 목사는 대학부 출신의 대학부 교사를 양성하기 위하여 1978년에 대학부 졸업반에 있던 소수의 학생을 중심으로 1년 동안 매주 화요일 저녁 대학부 세미나실에서 모여 베델 성서 교재를 이용한 성경 공부를 직접 지도했으며, 공부 시간 중 다과를 나누면서 공동체 훈련과 나눔의 생활을 습득하게 했다. 임영수 목사는 1년 동안의 성경 공부와 공동체 훈련을 받은 이수자들을 우선적으로 신입부 교사로 임명했다. 그들에게 대학부에 처음으로 출석하는 학생들을 4주간 교육하는 과정을 전담시킴으로써 대학부 출신 선배들과 후배들과의 유기적인 관계 형성과 교류를 통하여 더욱 하나되는 공동체로 일구어 갔다.[29]

---

28 당시 대학생회 임원이었던 제주의 송한은 장로는 "영락대학부의 출신으로 세상적으로는 많은 것을 잃었지만, 예수 그리스도를 말씀과 성령의 역사 가운데 인격적으로 알게 된 영락대학부 시절과 그때 배우고 경험했던 것들을 잊을 수 없다."라고 회고한다. 송한은 장로가 1977년 3월부터 8월까지 회장으로 봉사하던 시기에 김서년 목사는 만남의 송가를 완성한 후에 유학을 위해 7~8월 경에 사임하고 임영수 목사께서 대학부로 부임하였는데, 당시 대학부는 450여 명이 참석할 정도로 전성기를 맞이하였다. 1977년 8월에 '새 존재'라는 주제("그런즉 누구든지 그리스도 안에 있으면 새로운 피조물이라")를 가지고 박조준 담임 목사를 주 강사로 하여 여름 수련회를 가졌고, 전라도 남원 보절로 하기 선교 봉사를 갔다. 당시 호산나 찬양대로 봉사하던 대학생들이 섬기던 주일 2부 예배의 찬양대(현재는 주일 4부 찬양대로 옮김)가 끝나는 시간에 맞추어서 오전 9시 45분에 대학부 예배를 가졌다. 그런 후에 있었던 오전 11시부터 대학 2학년생의 모임인 2부에서는 서울대 종교학과 나학진 시무 장로가, 3학년 모임인 3부에서는 숭실대 기독교학과 김영한 교수의 특강이 있었다. 신입생 모임인 1부는 담임 교사를 중심으로 친교와 성경 공부를 진행하였고, 졸업반 이상 모임인 4부는 박창환 교수와 대학부 지도 목사가 담당하였다. 1977년 중반에 임영수 목사가 대학부 지도 담당으로 부임하여 상당 기간 대학생회에 영성적 잠수성과 신앙의 영향력을 불어넣어 주었다. 이때 대학부를 부흥시킨 주역들이 영락교회 정문 인근에 있는 애플 다방을 연상시키는 'Apple Salon'이란 모임을 만들어서 국내외로 서로 연락을 주고받으면서 간헐적으로 만나고 기도하고 교제하는 일을 아직도 지속하고 있으며 대학부의 교지인 '하나' 지를 발간했는데, 그때 헌신하던 대학생들은 아직도 '하나 선교회'라는 이름으로 매달 모여서 기도하고 선교비를 모아 후원하는 일을 계속하고 있다.

29 평강교회 담임 목사으로 사역하기 위하여 대학부 지도를 마친 임영수 목사가 떠나고 그 후임으로 잠시 공백 기간에 엄명구 목사가 대학부를 담당하였다가 떠나게 되었다. 그 후 소년부를 지도하던 이성희 전도사가 대학부 전담으로 새로 부임하게 되었을 때, 대학부 주일 성경 공부반과 별도로 교회를 성경 신학의 토대 위에 올려놓아야 든든하다는 생각으로 이화여자대학교 기독교학과에 다니던 선배인 윤경원 사모의 소개를 받아 신약학 허혁 교수와 매주 화요일 저녁 이대 대강당 2층에 있는 연구실에서 모이는 모임에 참석하면서 꾸준히 루돌프 불트만의 번역되지 않은 글을 무작위로 모아서 현재 캐나다의 위니펙 한인교회의 이세훈 담임 목사가 장신대 신약학 소기천 교수와 카이스트 전자물리학 한수빈 연구소장과 함께 한글로 초역

대학부는 고등학교를 졸업하고 대학에 진학한 학생들을 중심으로 모인 대학생회이지만, 영락고등부 출신 중에 재수생도 비록 대학은 낙방하였어도 인생의 재수생이 아니라는 의식으로 열심히 모여 신앙생활을 하였다. 그러나 재수하는 1~2년의 기간이 일반 대학생과 자연스럽게 괴리감이 생기기 때문에 별도로 베드로반이라는 이름의 모임을 임영수 담임 목사 시절에 교육전담인 김동호 목사가 만들었는데, 2021년 현재까지도 어엿한 대학부 일원이다.

영락교회 대학 청년부의 부흥

청년부는 고등학교 졸업한 연령인 19세부터 35세까지의 일반 대학생, 재수생, 직장인, 사업가, 신학생, 졸업 후 취업 준비생, 부부 등 다양한 계층과 연령대의 청년들이 모여 성경 공부, 전도, 선교, 봉사 등 다양한 활동 등을 하면서 수적 및 영적으로 성장해 갔다.

1970년대 초기에 대학생회와 더불어 청년회는 성서반과 영어 성서반 등으로 시작했고, 각 교회 학교 부서와 함께 외국어와 말씀에 관심이 있는 성도를 중심으로 영어 성서반, 독일어 성서반, 불란서어 성서반, 헬라어 성서반 등과 같은 외국어 성서반이 생겨나기 시작했다. 1966년 박조준 목사가 부목사로 부임하고 1973년 1월 2일에 담임 목사로 위임되었지만, 1984년 10월 28일 박조준 담임 목사의 급작스런 사

하여 제록스 판으로 200여 페이지 분량의 소책자를 두 번이나 만들어서 나누었다. 그러나 대구제일교회 담임인 이상근 목사의 장남이요 후에 총회장을 지내고 현재는 연동교회의 이성희 원로 목사는 당시 대학부 지도 전도사이었기에 세 학생을 불러서 아직 신학을 접하지 않은 대학생들에게 불트만의 번역본인 '성서와 신학'의 제록스 본을 부적절하다고 판단하여 전량 회수하였는데, 현재는 당시의 성경 공부반의 변천사를 보여 주는 일면으로 빛이 바랜 채 서재에 꽂혀 있을 뿐이다.

임에 의해 "서울노회에 10월 말로 사임 청원의 수리된 것"을 끝으로 교회는 몇 년간의 아픔과 혼란을 겪었다. 그 이후 교회 전체적으로 교인들의 신앙 훈련을 강화하기 위해 가정 예배와 기도 생활, 말씀 훈련, 섬김 훈련 및 절제 훈련 등에 관한 캠페인을 활발하게 하여 대학부와 청년부도 영적인 성장을 이뤘다.[30]

　　지중해에서 복음 선교를 감당한 사도 바울과 같이, 27년이라는 기간에 영락교회를 창립하여 세계적인 최초의 대형 교회로 만든 한경직 담임 목사가 1972년 70세 정년으로 은퇴한 이후, 2대 담임으로 박조준 목사의 카리스마와 영적인 설교로 인해 영락교회 청년부는 대학부와 더불어 새로운 부흥의 시대를 가져왔다. 비록 1984년 6월 17일에 "서로 사랑합시다"라는 설교[31]를 마지막으로 박조준 목사가 미화 반출 사건으로 사임을 했고, 이후 사회적인 실망과 충격 속에서 "10월 26일 123회 서울노회에서 사임이 수리되어 임시 당회장으로 박종렬 목사가 파송"[32]되는 시련의 시기였음에도 불구하고, 한학수, 윤두혁, 오창학, 임신영, 김수신, 허남기, 이용식, 정종림, 김창기, 유희정, 노용한, 오응기, 홍정의, 김규, 이명일, 이강휘, 이응삼 등의 부목사가 교구를 든든히 목양하여 교세는 계속 성장을 이어 나갔다. 대학 청년부는 혼란의 시기임에도 불구하고 교회의 조직 개편과 더불어 계속 부흥하면서 말씀, 전도, 선교, 성도의 교제, 봉사 등의 측면에서 두각을 나타내었다.

　　영락교회의 교육부 조직에서 본격적으로 '대학부'라는 이름이 등장

30　영락교회, 『영락교회 50년사(1945-1995)』, 242-384, 466쪽.
31　1984년 6월 17일 자 주일 대예배 주보.
32　영락교회, 『창립기념40주년 화보』, 210쪽.

한 것은 1981년에 이희관 장로 때이며, '청년회'라는 이름은 1983년부터이지만, 부장 장로의 이름이 올라오기는 1984년 김재훈 장로 때부터이다.[33] 이때부터 영락교회 청년부는 목회자 중심으로 하는 말씀 지도와 평신도 사역으로 조직화가 체계적으로 이루어졌다. 1987년도까지 평신도 1부 속의 청년부 전체를 대표하는 조직인 청년부 전담 목회자(지도목사와 전도사) 및 부장 장로, 차장 집사, 및 서리집사 그리고 7개의 청년부서들 곧 청년 1부, 2부, 3부, 4부(대학부 출신 모임), 5부, 영어 성경부, 부부 성경부 등으로 구성되어 있었다. 청년 4부는 대학부 졸업 후 청년부로 잘 이어지지 않기에 기획된 부서였다. 몇 년 뒤 찬양대원(주로 호산나)을 위한 성경 공부반으로 청년 5부가 주일 오후 시간에 생겼다. 매월 첫 주일 연합 예배로 모인 후에 각 성경 공부반은 각기 다른 시간대 (1~3부: 11:30, 4부: 9:00, 영어 성경부: 9:00, 5부: 13:30, 부부 성경부: 13:30)에 각기 다른 장소(도서관, 봉사관 등)에서 모이고 각각 다른 전도사, 목사 전담 강사가 성경을 가르쳤다.

각각의 부서에는 세 분의 지도 위원들(부장 장로), 부감(집사), 권사와 총대, 부총대 및 각 성경 공부 조장의 체계로 구성되어 있어서, 청년들이 자신들이 원하는 시간대에 원하는 부서에 정착하여 영적으로 성장할 수 있었다. 매주 총 400명에서 600명 사이의 청년들이 성경 공부반으로 모였는데, 주로 오전 시간대 성경 부서의 인원은 100명에서 200명이나 될 만큼 많았고 서로 수적으로 경쟁하는 양상도 있었다. 특히 1974년부터 3년간 청년1부의 모임을 장신대 신약학 박창환 교수가 지도할 때 지

---

33 영락교회, 『영락교회 50년사(1945–1995)』, 549–551쪽.

동춘 장로가 당시 청년부 회장으로 섬기고 있었다. 이런 연유로 지동춘 장로는 박창환 교수가 2020년 11월 15일에 미국 네브라스카에서 소천한 소식을 듣고 안타까운 마음으로 애도하기도 했다.

오후에 모이는 청년5부의 경우는 주로 주일 학교 교사나 성가대에서 봉사 활동하는 청년들이 많이 모였고, 청년4부의 경우에는 대학부를 졸업한 청년들이 모여 활동하는 부서로서 나름대로 엘리트적 자부심이 있었지만, 청년부 부서 중에 수적으로 가장 늦게 출범하다 보니 다른 성경 부서에 비해 상대적으로 적은 수인 50~100명 정도로 모였다. 청년4부는 대학부를 졸업하고 청년부로 올라가지 않는 졸업생을 수용하기 위해 만들어진 부서였고 이전 대학부의 다채로운 모습과는 달리 별다른 활동성이 없었지만, 청년부의 각 부서와 연계하여 사회 각계각층의 다양한 분야에서 활동하며 능력을 발휘하는 청년들이 각 성경 공부반에서 왕성하게 활동하고 있었다. 각 성경 공부반 이외에 조장 훈련, 청년부 수요 기도, 금요 찬양, 및 하기 선교 봉사, 해외 봉사 등을 주관하고 지원하는 청년회 회장단의 행정 조직도를 보면, 매년 왕성한 활동을 해 왔음을 간과할 수 없다.

1988년 1월 1일에 김윤국 담임 목사가 은퇴한 후 1988년 3월 1일에 공식 부임한 임영수 담임 목사의 시무 당시에,[34] 실험적인 공동 협력 목회 차원에서 도입된 '협동 목회'를 위해 사무국 행정 담당으로 이성희 목사가 부임했다. 대학부와 청년부를 대학 청년 교육부로 제직회의 산하 부서로 하나의 편제로써 개편하였으나, 교육국의 교육 담당 김

---

34 위의 책, 469쪽.

동호 목사의 노력으로 다시 1991년에 교육부 산하의 대학부와 청년부로 구분되었다. 이런 실험적 공동 목회의 시행착오는 영락교회 교육의 백년대계에 방향을 잡아가려는 노력이었기에 지속적인 수적 양적 성장을 이루어 주기는 하였지만, 이미 궤도에 오른 청년부의 다양한 기본 성경 부서들의 구조를 근본적으로 바꾸기에는 역부족이었다. 이외에도 1992년도부터 협동 목회 제도가 전담 목회 제도로 변경되면서 교구 심방국과 선교국을 두어서 심방 담당 목사와 선교 담당 목사를 두었지만,[35] 영락교회의 1일 위임 목사의 조직에 맞지 않는 실험적인 것으로 끝났다. 오히려 대학부 졸업한 청년들로 구성된 청년4부의 성경 공부반은 기존 대학부 시간에 맞추어서 오전에 진행되었지만, 참석 인원이 저조하여 오후 1시 40분으로 옮겨졌으며 일어 성경부가 추가되었다.

1990년대에는 매월 첫 주 연합 예배로 모일 때를 제외하고 매주 거의 700여 명에서 800여 명의 청년이 모이고 2000년도 초에는 1000여 명에 가까운 청년들이 매주 청년부를 통한 활동을 하였다. 1997년에 영락교회 담임인 임영수 목사가 사임하고 1997년 말에 영락교회 담임으로 이철신 목사가 오면서 영락교회의 50주년 기념관의 헌당이 이뤄지는 큰 사업이 마무리되었다. 그런데 안타깝게도 얼마 지나지 않아서 가장 큰 예배 공간인 '베다니홀'의 천장이 부실 공사로 무너져 내렸다. 고등부 예배를 드리고 있던 상황에서 사상자가 나오는 바람에 수습하는 과정에서 후유증을 낳았고, 이철신 담임 목사를 둘러싼 영락교회 구성원 간의 상호 불신과 분열과 갈등이라는 고통의 시간을 겪는 혼란기를

---

35 영락교회, 『영락교회 50년사(1945-1995)』, 370-373쪽.

맞이하였다. 이런 혼란의 와중에도 1999년에 청년부가 50주년 기념관 지하 베다니홀에서 주일 오후 1시에 청년들과 일반 교인들이 대거 참석하는 젊은이 예배를 시작했다. 전통적인 예배 형식이 아닌 복음성가와 현대적인 예배로 구성된 밴드와 찬양 리더들이 주관하는 찬양 중심의 청년 연합 예배를 드렸고, 이후 각 성경반 모임을 하기 위해 각각 소속된 모임으로 옮기면서는 1,000명대가 넘는 청년부로 성장을 지속했다.

대학 청년부 부흥의 중심
: 청년 평신도 리더들의 헌신과 청년 평신도 사역의 현장

다양한 배경을 가진 청년들의 모임

다양한 배경을 가진 대학생들이 일단 서울 소재의 대학교에 입학하면 대형 교회라는 입소문을 듣고서 영락교회 대학생회를 찾아왔다. 곧 고등부까지는 영락교회의 교인이 아니었다가, 서울뿐만 아니라 지방에서도 서울에 소재한 대학교에 입학하면 영락대학부에서 활동하는 '그리스도의 대사'인 학원 선교단의 기치 아래서 노래 선교단 찬양과 대학부 주일 예배를 드리게 되었고, 이후에 1~4부의 특강과 오후 성경 공부반과 학원 전도로 이어지는 활동을 활발하게 이어 나갔다.

당시 박정희 독재 정권과 전두환 군사 독재 하에서 서울 소재 교회 대학 청년부에서는 반정부 구호와 대정부 투쟁을 선언하는 일이 많았지만, 비록 학교에서는 민주화의 구호를 외치는 일에 동참하면서도 일단

주말에 교회에 와서는 찬양과 기도 그리고 성경 공부에 매진한 것이 영락 대학 청년부의 특징이었다. 그래서 시내 교회의 대학 청년부에서 왜 영락교회는 정치적인 목소리를 내지 않느냐고 추궁하는 일도 많았다. 그러나 영락교회를 창립한 한경직 목사가 나라 사랑과 교회 사랑이 하나라는 목회 방침에 따라 영락 대학 청년부는 다른 형태로 한국 사회를 견인하는 사명을 감당해 갔다.

청년부도 이 같은 맥락에서 1부에서 5부까지 그리고 영어 성경부, 일본어 성경부, 부부 성경부 등의 다양한 성경 공부반의 부서들이 주일 오전과 오후로 나누어서 모임이 이루어져 있어서 선택의 폭이 넓고 학벌이나 직장 등의 사회 계층적 차별에 대한 불이익을 경험하지 않고 다양한 계층의 청년들이 함께 성경 공부에 참여하면서 청년부는 성장하게 되었다. 영락교회의 청년부가 성장하게 된 이유 중 하나는 청년들의 인구 통계적 다양성에도 그 원인이 있다. 청년부에서 활동하던 청년들은 연령상으로, 사회적으로, 신앙적으로, 계층적으로, 학벌상으로, 그리고 출신 지역적으로 아주 다양한 성도였다. 청년부는 대학생, 대학을 진학하지 않고 취업한 일반 회사에 취업한 직장인들, 미취업자 혹은 취업 준비생 및 선교사 지원자 등의 19세에서 35세의 다양한 연령 남녀 청년들로 구성되어 있었다. 어떤 청년은 가족 구성원 전부 혹은 일부가 함께 영락교회 교인으로서 모태신앙 및 어린 시절부터 영락교회에서 신앙생활을 해 왔던 성도이지만, 주로 주일 학교 교사나 교회 성가대에서 활동하는 경우가 많았다.

70년대 이후 한국에 경제화와 도시화가 가속화되어 가는 상황에서 지방에 있던 많은 사람들이 서울과 경기도와 수도권 지역으로 이주하게 되면서 가족들과 함께 혹은 독신 세대들이 영락교회를 모교회로 여기고 활동하는 사람들이 늘어났고, 청년 중에는 직장이나 진학 등의 이유로 지방에서 홀로 상경한 예도 많았다. 지방 출신으로 대학 진학과 함께 청년부에 정착하여 많은 봉사 활동을 하고 교회에서 많은 평신도 사역을 담당하였던 한 집사는 "청년 시절 영락교회에 등록하고서, 영락교회 청년들이 서울의 강남에 있는 대형 교회 청년들과는 달리, 촌스럽기도 하고 소박해서 더 정감이 갔기에 정착할 수 있게 되었다."고 고백했다.[36]

영락교회는 서울 중심부에 있었기에 지하철 2호선과 4호선 교통의 편리성, 젊은 층들이 좋아하는 명동 쇼핑 센터 및 주변의 금융 센터와 대기업 사무실이 밀집되어 있는 도심의 중심부에 있는 지리적인 근접성의 이점도 영락청년부가 성장한 요소였다. 이런 직장인들을 위한 금요 정오 예배가 1969년 9월 5일에 교회 인근 산업인을 위한 예배로 시작되어 직장 선교의 기치를 들기도 했는데, 1979년 9월 6일에 10주년 기념 예배를 드렸다.[37] 한경직 목사의 리더십은 이미 한국 사회와 교계에 널리 알려져 있었고, 영락교회가 사회 복지 시설을 통한 사회 봉사 정신이 투철한 교회로 사회에 잘 알려져 있는 상황에서 청년들은 영락교회의 대사회적 이미지 및 사회적 네트워크를 통해서 교회에 등록하는 경향이 많았다. 또한 대학생 시절에 네비게이토 선교회, UBF 선교회, JOY 선교회 등 다양한 대학생 선교 단체 등을 통해서 말씀과 기도 훈련이 되었던 청년들이 졸업 후 직장 생활 가운데 예배와 말씀 중심으로 잘

---

36 영락교회 인터뷰 (2020년 11월 15일)
37 영락교회, 『창립기념40주년 화보』, 151, 210쪽.

알려진 영락교회에 청년부에 소속하여 각 성경 공부반의 조장들과 리더들로 참여하기도 하였다.

영락 대학 청년부에서 청년들은 하나님의 존재 및 신앙적인 체험을 원하는 영적 갈급함으로 말씀 중심의 교회로 알려진 영락교회에 대한 정보를 듣고 스스로 청년 부서에 등록하고 제자 훈련 등의 양육 훈련에 참여하면서 영적인 체험과 신앙적인 성장을 경험하면서 점차 청년부 리더로서 성장하였다. 청년부 성경 부서들의 총대단, 조장단, 각 활동 부서장단 및 청년회 회장단 등의 리더들은 학벌이나 사회적인 지위와 상관없이 교회에서 훈련되었고 신앙적인 열정을 가진 청년들에게 참여의 기회가 주어졌다. 많은 청년들이 교회에서 배우자를 만나고 믿음의 가정을 이루었고, 독신으로 교회 장년부 및 교육 부서에 남아서 집사와 주일 학교 교사 등 평신도 지도자로 섬기다가 교회 장로로 또는 해외 선교사와 목회자로 헌신하시는 청년도 많이 있었다.

다양한 성경 공부반에서 예배, 말씀 및 기도의 훈련

영락교회 전체 교인 수의 증가와 더불어 주일 예배는 1부(7시), 2부(9시 30분), 3부(11시 30분), 4부(1시 30분), 5부(3시)와 저녁 7시의 찬양 예배로 드렸고, 수요일에도 오전과 저녁 예배로 드려 정규 예배의 횟수가 늘어 갔다. 교인이 늘어나 예배 공간을 확보하기 위해 교회당 건축이 진행되었고 대학 청년부 성경 공부반들은 주로 한경직 목사 기념 도서관 및 봉사관에서 모였다. 대학 청년들은 자신들이 속한 성경 공부 시간이 겹치지 않는 시간 대에 주일 예배를 드리면서(주로 2부 혹은 3부) 담임 목사의 설교를 통해 영적인 도전과 은혜를 체험할 뿐 아니라, 각 성경 공부반 강사 목사님 혹은 전도사님들의 성경 강의를 통해 자신들이 관심있는 주제에 관해 은혜와 도전들을 받으며 영적으로 성숙해 갔다.

1987년에 영락교회의 김윤국 담임 목사의 목회 시절 대학부 지도 이응삼 목사는 청년 1부를, 강수봉 목사는 청년 2부를, 김해수 목사는 3부를, 한중식 목사는 4부를, 전추찬 목사는 5부를 담당하게 했고, 영어 성경부를 R. M. Eshenaur에게, 부부 성경 공부반을 당시 허명 전도사에게 맡겼다. 한경직 목사의 정년 퇴임 후 박조준과 김윤국이라는 담임 목사를 거치면서 교회 전체가 느끼는 허탈과 실망과 충격이 있기도 했지만,[38] 1988년에 담임 목사로 부임한 임영수 목사는 교회의 '양적 성장' 보다는 교인들의 '질적 성숙'을 지향하는 목회를 지향하였고, 매 주일 "교회가 추구해야 할 본질적인 것을 상실하지 않도록" 몸부림치는 신앙인의 자세에 관한 주일 및 수요 예배의 설교들은 혼란의 시대를 살아가는 대학 청년들의 가슴과 머리를 뜨겁게 하며 참 신앙인으로 순수하게 살아가기 위한 진지한 노력을 추구하도록 영적인 도전의 메시지를 주었다.[39] 대학 청년부의 성경 공부반들은 대부분 장로교 신학대학원 출신의 영락교회 부목사 혹은 전도사가 담당 강사들로 책별, 주제별, 교회론, 제자 훈련, 성서 인물 연구, 청년 리더십, 기도 및 영성 훈련 등의 다양한 주제들로 성도의 비전과 신앙에 도전을 주었다. 당시 정영태, 고유곤, 김중호, 배성식, 이화영, 오을령, 이춘복 목사 등의 수없이 많은 목회자들이 영락교회 대학부와 청년부 전담 목사 및 성경 강사로서

---

38 영락교회, 『영락교회 50년사(1945–1995)』, 351–360쪽. 여기서는 이런 일련의 사건을 교회 안팎으로부터의 시련이며 덕스럽지 못한 사건들이라고 평가한다.
39 위의 책, 366–367쪽.

말씀으로 성도에게 도전을 주었다. 청년부 영어 성경부는 미국에서 온 선교사들인 G.T. Hard, Ruth M. Eshenaur 등이 지도했고, 일어 성경 공부반은 일본인 요시다 목사가 오랫동안 지도했다. 청년부 주일 예배 순서는, 준비 찬양 → 묵도 → 찬송 → 기도 → 성경 봉독 → 찬송 → 주기도문 → 광고 → 신입 회원 환영 → 조별 모임으로 진행되었다.

1992년에 대학부는 당시 대학부 지도 류종상 목사가 주도한 캠퍼스 모임 활성화 사역을 함에 따라서 이화여대, 서울대, 덕성여대, 숭실대, 연대, 고려대, 성신여대, 숙대 등의 대학가에 학원 전도와 친목을 도모했다. 또한, 봉사팀과 활동 부서 모임을 활성화하여 매주 화요일에 남산원과 맹학교와 모자원에 봉사를 나갔으며, 매주 토요일에 베다니팀이 을지병원 찬양 봉사를 했다. 마지막 토요일에는 일산팀이 홀트 아동복지 타운을 방문했고, 매 주일 오전에는 대학부 예배를 시작하기 전에 기도 모임과 영어 예배인 E.C.F.를 가졌다. 격주로는 교회와 나라를 개혁하기 위한 모임으로 '역찾사'라는 모임을 했고, 매주 토요일 오후에 사회 변혁을 실천하는 공동체를 확립하기 위해 '밀알 소리'라는 모임을 했다. 더불어 찬양팀과 양상블의 연습을 통하여 대학부의 전통인 만남의 송가를 보급하고 목요 찬양 예배를 준비하면서, 대학부 교지인 '만남'지를 편집하여 매달 발행하였다.

1997년에 매주 주일과 수요 예배를 통해 깊이 있는 말씀으로 청년들에게 영적 도전을 주었던 임영수 담임 목사가 7년 만에 사임하고 1997년 말에 이철신 담임 목사가 부임하면서 교회적으로 큰 변화의 시기를 맞이하게 되었다. 사회적으로도 IMF라는 큰 경제적 혼란의 시대에 청년들이 50주년 기념관에서 금요일 철야 기도에 참여하여, 치유와 능력을 구하는 새로운 청년 중심의 예배를 추구했고, 제자 훈련을 강조하는 단계적 양육 체계를 지향하게 됨으로써 청년부 성경 공부반에도 많은 변화가 시작되었다. 50주년 기념관으로 옮긴 후 더 넓은 공간에서 만날 수 있었고, 각 성경 1~5부, 영어 성경부, 일어 성경부, 부부 성경부, 신세대 성경부 등으로 11:30, 13:00, 14:00 의 시간 대에서 좀 더 여유롭게 지도 교역자들을 통해 성경 말씀에 대한 공부와 조별 모임을 통해서 영적인 양육을 받을 수 있었다.

1998년 5월 3일 청년부는 매월 첫 주 청년 연합 예배를 "부흥2000"이라는 새로운 예배 형식으로 50주년 기념관 지하에 있는 베다니홀에서 500여 명의 청년이 연합 예배를 드리면서 "젊은이 예배"의 모태가 되었다. 만남지의 교회 소식란에 다음과 같이 기록이 되어 있다. "매월 첫주 오후 1시30분부터 3시까지 진행되는 이 예배는 우리 영락교회의 제2의 부흥을 꿈꾸는 청년 영적 운동의 계기가 될 것이다. 후에 '부흥 2000'은 청년들이 직접 제작한 영상 메시지, 찬양의 물결, 기도, 부흥의 메시지 등을 통해 청년들을 위한 예배와 열린 예배를 혼합한 '젊은이 예배'이다."[40] 젊은이 예배는 현재도 매 주일 오후 1시에 워십팀의 찬양으로 시작하고 있다. 이후 청년들은 젊은이 예배, 즉 전통적인 예배형식이 아닌 현대적인 감각의 찬양과 예배로써 청년들의 신앙과 현실 상황을 표현하는 새로운 예배 형태에 은혜를 받으면서 정착했다. 매주 일반인과 청년들이 함께하는 예배와 바로 있던 청년 성경 공부반들로 모이게 되었고, 800여 명 이상의 청년들이 매주 출석했다. 1990년대 말 부

---

40 영락교회, 『만남』제 293호(1998. 6월호), (서울: 영락교회 홍보출판부, 1998), 48쪽.

흥을 꿈꾸는 젊은이 예배가 태동되어 가는 시기에 50주년 기념관의 베다니홀에서 예수전도단(YWAM)의 화요 집회가 진행되었다. 한국 CCM, 미국 Hosanna 찬양팀 방한 찬양 집회, 한국 콘티넨탈 찬양팀 등이 예배를 개최하게 되었고 청년부 회원뿐 아니라 다른 이들도 IMF의 국가적인 혼란과 교회의 혼란을 찬양이나 기도를 통한 기름 부음과 치유를 구하는 예배의 자리에 모이게 되었다.

각 활동 부서의 리더십 훈련과 봉사의 실천을 통한 영적 성숙

영락교회 대학 청년들은 성경 공부를 통한 말씀 중심의 영적 양육 뿐 아니라 다양한 부서 활동, 선교, 전도, 봉사 활동에 참여하는 과정을 통해 이 시대가 요구하는 섬김과 봉사의 아래로부터의 청년 평신도 리더십 훈련을 시작했다. 이런 평신도 청년 사역들은 사회 봉사 및 문화 가운데 기독교 정신을 심으려는 영락 청년들의 노력과 헌신으로 청년 사역 부흥의 빛을 발하였다. 이러한 청년 평신도 리더십 훈련은 교회 활동과 봉사 현장을 통해서 청년들이 성숙할 수 있는 계기를 마련해 주었다.

영락교회 대학부는 2009년에 이르러서 대학 1부 예배를 주일 오전 11시 15분부터 12시 45분까지 50주년 기념관 지하 2층에서 드린 후에 대학 2부를 오후 2시부터 3시 40분까지 6층에서 다시 드렸다. 이와는 별도로 대학 재수생을 위한 베드로반 예배를 주일 오전 8시 30분부터 9시 30분까지 지하 1층 소강당에서 드렸다. 대학부 예배가 주일에 세 차례나 진행된 것이다. 또 이와는 별개로 대학부 영성 훈련 프로그램인 YOUCH가 매주 토요일 오후 4시부터 5시 45분까지 지하 2층에서 모이고, 바로 이로서 토요일 오후 6시 40분부터 7시 35분까지 리더 훈련 프로그램인 TOUCH Y.L.S.를 가졌다.

주일 대학1부 후에 월컴 마을, 기쁨 마을, 화평 마을, 온유 마을, 찬양 마을 등이 50주년 기념관 지하 2층에서 모였으며, 소망 마을과 사랑 마을이 4층에서 모였고, 대학부 협력 사업으로 예수전도단 목요 모임인 Campus Worship이 모였다. 대학 2부도 역시 예배 후에 예알 마을, 예랑 마을, 예닮 마을 등의 모임을 가졌다. 마을 공동체는 기존의 대학부가 학년별로 모인 것과는 달리 전체 대학생의 선택에 따라 전 학년이 구분 없이 참여하는 열린 공동체 방식이었고, 2016년에도 마을을 월컴, 디모데, 마태, 요한, 베드로, 바울, 마가, 누가 등의 이름으로 바뀌어서 대학 1부와 2부가 다시 하나로 통합되었다. 당시에 대학부는 겨울 해외 선교로 1차는 1월 23~31일 캄포디아에서 의료 사역을 포함해 진행하였으며, 2차는 2월 9~17일 인도네시아 족자카르타에서 진행하였다. 여름에는 7월 13~18일에 중국 북한 접경 지역을 해외 선교로 다녀오기도 하였다. 8월 6~10일에는 해마다 시행하는 하계 농활을 울릉도 선교에 다녀오기도 하였다.

영락교회 청년부는 청년 회장단(청년회장 및 임원진), 각 성경 공부반(총대단 및 조장), 그리고 각 시대에 맞는 다양한 활동 부서(국내 선교부, 해외 선교부, 특수 선교부, 찬양 선교부, 문화 선교부, 방송 선교부, 교육부, 홍보부, 인터넷 선교부, 북한 선교부, 봉사부 등)로 구분되었고, 청년들은 이런 다양한 활동 부서를 통해서 매주 봉사와 섬김을 실천하며 신앙의 성장과 역량을 키울 기회들을 폭넓게 얻었다. 직장 생활하면서 청년 성경반뿐 아니라 청년 회장단에서의 섬김은 많은 시간적 헌신이 요구되는 평신도 사역이었다. 그럼에도 열정과 열심이 넘치는 청년들의 참여로써 매년 활발하게 운영되었다.

대학 청년회는 교육부를 통해 매주 주중 수요 기도회, 금요 조장 훈련 및 리더십 훈련, 청년 주일 예배 준비뿐 아니라 부활절 헌혈 행사도 주관했고, 대학생들의 방학과 직장인들의 휴가 기간에 맞추어서 1976년부터 매년 여름 진행되는 농활과 하기 선교 봉사도 진행했다. 특별히 청년부는 1991년부터 매년 진행되어 온 해외 선교 봉사 준비와 행정적인 지원을 하였다. 청년회는 청년 교육부 주관 중심으로 각 성경부서 조장들과 각 활동부서 리더들의 훈련을 위해 청년부 임원, 성경부(총대단, 교무단, 조장, 부조장, 찬양조), 1993년도 청년부 지도 이화영 목사를 주강사로 한 금요 찬양 모임, 개인 경건 생활 훈련, 지도자의 자질, 리더십 훈련, 공동체 훈련, 조별 토의 방법, 조원 관리, 기독 청년 문화, 사례 발표 등 19주간의 조장단 및 임원 훈련 교육 과정을 통해 체계적으로 훈련을 하여 양육받고 훈련받은 청년들이 소그룹의 리더로 바로 세워지도록 했다.[41] 1999년도 청년부 전담 현승학 목사를 중심으로 하나님과의 관계 회복을 통해 하나님과 동행하는 삶과 하나님을 전하는 삶을 신앙의 근간으로 예배 공동체, 성령 공동체, 선교 공동체 등으로서의 사명을 다하기 위한 참된 예배자, 성령 충만한 사역자, 능력 있는 전도자가 되는 것을 목표로 하는 7단계 양육 비전을 중심으로 강화하였다.[42] 기본 제자 과정, 리더십 과정, 은사별 전문화 과정 등으로 구성된 제자 훈련 학교와 청년 새벽 기도회, 금요 철야 기도회 등이 활성화되었다.

국내 선교부는 서울역, 대학로나 명동 지역에서 노방 전도 활동 뿐

41 1993년 1월 10일 영락교회 청년부 주보(제 48–02호)
42 영락교회, 『만남』통권 302호(1999. 2. 18), 40쪽(교회소식)

아니라 개척 교회 축호 전도 지원, 병원 선교 등에 참여하고 영락기도원에서 수련회와 기도회를 정기적으로 실시하였다. 방송 선교부는 1984년 3월에 극동 방송 영락 청년의 시간에 "빛을 따라서"를 기점으로 활동을 시작하였으며,[43] 1986년 선교 방송제를 시작으로 극동, 북한, 러시아 등의 지역까지 극동 방송(FEBC)-AM1188KHz 통해 매 주일 오후 15분간 정규 방송되는 "영락 청년의 시간"을 준비하기 위해 방송 선교에 관심있는 청년들이 라디오 드라마를 위한 제작(각색, 연출) 성우, 아나운서, 기자, 기술(음악, 효과) 등의 분야로 참여하게 되었다.

찬양 선교부는 악기, 노래, 율동, 음향 등의 다양한 음악적 재능을 가지거나 찬양을 사랑하는 청년들이 모여서 청년부 행사뿐 아니라 교회에서 금요 철야에 참석한 성도들이 기도의 문을 열 수 있도록 영적인 힘을 더하였다. 90년대 후반 영락기도원에서의 금요 철야 집회에서 일반 성도들, 청년들 모두 밤새 부르짖고 기도하는 현장에서 함께 찬양하였다. 1999년에 영락교회에서 현대적인 주일 청년 예배로 태동된 젊은이 예배에서 청년 5부 곽승기 목사와 함께 청년 찬양 예배에 기름 부음을 더하며 청년 예배의 영적인 부흥의 원동력이 되었다.

특수 선교부는 매월 첫 주 연합 예배 후 영락교회 소속의 복지 시설, 강남 보육원, 주몽재활원, 삼성농아원, 시온 찬양의 집, 부활교회 등을 정기 방문하고 자체 세미나 개최를 하는 등의 봉사와 섬김을 통한 리더십을 실천하였다. 1990년대 초의 문화부는 '영락 청년'이라는 청년회지 발행을 통해 청년들의 활동 상황과 간증을 소개하였었다.

---

43 영락교회, 『영락교회 50년사(1945-1995)』, 331쪽.

국내외 선교 봉사
: 대대적인 아웃리치를 통한 신앙의 성숙과 리더십 개발의 현장

청년부는 1976년 8월 9~13일에 충남 서산군 안면도에서 박순태 청년회장을 중심으로 95명이 참여한 제1회 하기 선교 의료 봉사를 필두로 국내 농어촌 지역을 대상으로 3박 4일의 하기 선교 봉사를 실시했고, 2018년까지 42차에 걸쳐 실시해 왔다. 의료 봉사, 축호 전도, 이미용 봉사, 방역 봉사, 전도 찬양 집회, 십자가 행진, 여름 성경 학교 등을 통해서 농어촌 지역의 주민들과 교회들의 사역을 지원해 주었는데, 매년 참여 인원이 증가하여 1980년대 초에는 400명 이상의 참가 인원이 넘게 되었고, 1990년대 초에는 600~700명의 대규모 인원이 참여했으며, 그후에도 300~400명이 넘는 인원들이 지속적으로 참여했다.

1980년 8월 4~8일에 충남 가르치는 교회와 대부도 일대에서 하기 의료 봉사와 농활이 진행되었다. 1982년에 교육부의 조직을 재편성하면서 교육 1부에 월요일부터 토요일까지 1학년부터 6학년까지 각각으로 나누어서 '1969년 4월에 신설된 주간 학교'[44]를 김성희 전도사에게 책임을 지웠고, 대학부는 교육 2부에 두었다. 대학부는 "배우고 받고 듣고 본 바를 행하라"는 주제로 영락기도원에서 7월 12~14일에 하기 수련회와 이어서 8월에 전북 도민을 위한 하기 선교 의료 봉사를 가졌고 대학부 성탄 예배도 드렸고, 청년부는 평신도부로 재편성하면서 10월 25일에 세계를 향한 청년 선교 대회를 개최하였다. 그러나 다시 1983년에 평신도부가 평신도 1부가 되면서 대학부와 청년부가 같은 조직으

---

44 영락교회, 『영락교회 50년사(1945-1995)』, 240쪽. (1969년 4월에 개교한 주간 학교의 초대 부장은 주선애 교수, 부감에 공근 장로, 초대 전담전도사에 권용평 목사 등을 세웠다. 1969년부터 예장 통합은 주일 학교를 교회 학교로 명칭을 변경하였다. (241쪽)

로 재편성되었고, 2월 6일에 청년부 성경 공부를 대규모로 진행하면서 2월 8일에 청년주일로 지켰고, 영락기도원에서 청년 신앙 수련회를 가진 후에 전북도민을 위한 의료 선교 봉사를 8월에 실시하였다. 1984년 1월 8일에 청년부 부부 성경반을 개강하였고, 2월 5일에는 39주년 청년 주일로 지켰고, 2월 16일에 대학부 동계 수련회를 가졌다. 1984년 7월 30일부터 8월 3일까지 대학부와 청년부가 연합으로 전남 장성군 함평 군에서 제8차 하기 선교 의료 봉사를 실시하였고, 10월 22일에 세계를 향한 청년 대회를 가졌고, 1985년 1월 21일에 대학부 동계 수련회를 가졌고, 7월 8~20일에 대학부와 청년부가 최장 기간에 걸쳐서 경남 산천과 전남 함양 일대에서 9차 하기 선교 의료 봉사와 경로 잔치와 여름 아동 성경반을 실시하였다.

영락 청년부 홈페이지에 나타나 있는 청년부의 역대 하기 봉사 자료 중 일부인 13차(1989년)에서 21차(1997년)까지의 하기 봉사에 관한 기록을 보면 다음과 같다.[45]

차수	기간	하기 봉사 지역	참여 인원	청년 회장
13차	1989.07.31. ~ 08.04.	전남 해남군, 진도군	549명	김재현
14차	1990.07.30. ~ 08.03.	경북 봉화군	649명	임우섭
15차	1991.07.29. ~ 08.02.	경북 금릉군	682명	이동우
16차	1992.07.27. ~ 07.30.	경기 파주, 연천, 안양, 포천	520명	강명옥
17차	1993.07.26. ~ 07.30.	전남 담양군, 곡성군	576명	장시욱

---

45 http://youngpeople.youngnak.net/active/mission-service/. 참고로 제1차 하기 의료 봉사를 1976년 8월에 충남 안면도에서 95명이 참석한 것을 필두로, 제2차는 1977년 8월에 경북 안동에서 179명이, 제3차는 1978년 8월에 충북 괴산, 신천, 청원 등에서 225명이, 제4차는 1979년 8월에 강원도 횡성과 원성에서 265명이, 제5차는 1980년 8월에 충남 홍성과 예산에서 288명이, 제6차는 1982년 8월에 경북 상주와 문경에서 292명이, 제7차는 1983년 8월에 전북 남원과 장수에서 445명이, 제8차는 1984년 8월에 전남 장성에서 450명이 참석했다. 참고, 영락교회, 『영락교회 50년사(1945-1995)』, 331쪽.

차수	기간	하기 봉사 지역	참여 인원	청년 회장
18차	1994.07.25. ~ 07.29.	강원 태백시, 삼척군	400명	최광남
19차	1995.07.31. ~ 08.04.	강원 정선/ 충북 단양, 제천	502명	황규도
20차	1996.08.05. ~ 08.09.	서울 / 경인 지역	342명	유정수
21차	1997.08.04. ~ 08.08.	전남 나주 지역	324명	이민하

6월 초까지 하기 선교 봉사는 준비 위원과 각 팀장을 조직하여 진행되었다. 예를 들면 17차(1993년) 하기 선교 봉사 준비 위원의 조직도의 구성을 통해 그 규모의 크기와 열정을 가늠할 수 있다. 준비 위원장(장시욱), 준비부 위원(이근행, 박선옥), 총무단(이동주, 조유택, 김갑분, 이재우), 기획 위원회(이재선), 기획 분과(박일수, 최경희), 행정 분과(정승래, 이천수, 정명수), 인사 위원회(이상면), 등록 분과(이민하, 김철), 수납 분과(윤희영, 기영숙), 선교 위원회(이병훈), 선교 분과(신영배, 장미경), 찬양 분과(구성모, 이인자, 석정민), 봉사 위원회(이재우), 의료 분과(윤영미, 장동희), 위생 분과(임성섭, 오종진), 미용 분과(김미경), 교육 위원회(한영란), 아동 분과(손금숙, 채은정, 강순남), 중고등 분과(이종섭, 이덕연), 음악 분과(나정숙, 임선희), 수송 위원회(김호진), 수송 분과(이탁우), 홍보 위원회(김영준), 홍보 분과(박동규, 노영호, 홍경애), 보도 분과(정석영), 자료 분과(조현숙, 이현주, 신경숙) 등으로 구성되었다.[46]

『영락교회 50년사』에서는 이런 청년부 하기 선교 봉사의 의의를 다음과 같이 표현하였다. "장차 영락교회를 이끌어 갈 차세대 신앙의 역군으로서, 농어촌 교회의 여름 성경 학교를 지원하는 한편, 의료진과 미용팀의 지원, 그리고 법률 상담까지 연합하여 대대적인 봉사 활동을 벌임으로써, 열악한 생활 환경의 개선을 선도하는 가운데 복음을 전파

---

46 "제17차 하기선교봉사준비위원회 공고," 청년부 주보(1993년 6월 6일)

하는 선교의 별동대이다. 처음에는 산간이나 농어촌 교회를 우선적인 선교 대상으로 삼았지만, 시대의 변화에 맞추어 무의탁 노인들과 지체 및 정신 장애인들을 돌보는 일에도 봉사의 손길을 뻗치고 있다."[47]

영락 청년부 성장은 해외 선교 봉사와 훈련으로 연결되었다. 1978년 12월에 박영희 선교사의 로고스호 파송, 1979년 5월에 윤선숙 선교사의 인도네시아 파송, 1981년 10월부터 1985년 5월까지 파키스탄에 다시 박영희 선교사의 파송(월 300불 지원), 1983년 1월부터 1985년 5월까지 인도에 강선자 선교사 파송(월 300불 지원), 러시아에 조혜선 선교사를 파송하였다. 본격적으로 청년부 차원에서 1991년 10월 14~19일에 필리핀의 퀘손시티를 중심으로 5개 지역에 제1차 해외 선교 봉사를 참여한 이후 1995년까지 5년간 지속되었으며,[48] 그 후 2018년까지 27차에 걸쳐 대만, 방글라데쉬, 인도네시아, 동말레이시아, 러시아, 이디오피아, 중국, 말레이시아, 우즈베키스탄 등에 영락교회 파송 및 네트워크 선교사님들과 연계해서 9~10일 정도의 해외 선교 봉사와 훈련이 진행되었다.[49]

1997년에서 2000년대까지 김신정(인도), 이은영(인도), 강순남(인도), 조민진(싱가포르), 이숙희(방글라데시), 이인자(방글라데시), 오선명(방글라데

---

47 영락교회, 『영락교회 50년사(1945-1995)』, 398-399쪽.
48 위의 책, 331, 399쪽.
49 각 청년회의 회장단 및 해외 선교부를 통해 해외 선교의 선교 동원가 및 선교 훈련자가 되었다. 역대 청년회장들이나 회장단에 행정적으로 섬겼던 청년들 대부분은 해외 선교를 한 번 이상 다녀왔던 경우가 많았다. 예를 들면 2001년도에 역임한 박경수 청년회장도 청년부에서 주최하는 해외 선교 봉사를 몇 번 다녀왔다. 어떤 청년들은 선교사로 헌신하거나 신학대학원에 입학하였던 예도 있었고, 어떤 청년들은 영락교회에서 파송한 선교사님들의 선교지에 청년 평신도 단기 선교사들로 헌신하여 3~6개월간 선교 훈련을 마치고 영락교회에서 청년부와 선교부 등을 통한 선교 동원가가 되거나 인터넷 선교 등을 지원하기 위해 선교부를 통해서 인터넷 선교팀을 만들고 지원하는 등 자신들이 가진 다양한 재능과 시간을 들여 교회를 통해 선교사와 선교지들을 돕는 일에 헌신하고 자원봉사하기도 하였다.

시), 오승호(방글라데시), 김갑분(방글라데시), 유정자(우즈베키스탄) 등의 청년들이 젊음의 뜨거운 열정을 세계 선교를 위해 헌신하였고, 영락교회에서 선교부 최진호 전도사와 몇몇 선교부 전도사와 화요 선교 모임을 만들어 매주 기도하는 모임도 했다. 이 밖에 영락 청년부는 다양한 청년 참여 예배, 성가 경연 대회, 청년 체육 대회, 선교 대회, 봉사 등의 다양한 청년 사역을 통해서 부흥의 시기를 누렸다.

영락교회 대학 청년 사역의 문제점
: 대형화와 영적 부흥의 무거운 짐을 졌던 영락 청년

목회자보다 더 많은 헌신으로 이뤄 낸 영락교회의 부흥을 위한 희생의 댓가

정치적 사회적 혼란기 가운데서도 한국의 경제가 성장하고 대기업이 함께 성장했을 때 한국 교회 또한 급성장하면서 한국 교회의 대형화 혹은 대형 교회 현상이 진행되었다. 그 중심에 영락교회가 있었다. 영락교회의 대형화로 대학 청년부의 양적 및 영적인 부흥의 시기를 맞이하면서 영락교회는 교회 사역을 위해서 봉사하고 헌신하는 삶에 가치를 두었던 대학 청년에 의해서 다양하고 많은 평신도 사역들이 조직, 확장, 진행, 변화되었다. 대학 청년회의 조직이 1963년 이후로 평신도 중심으로 개편되어서 교인들에 관한 관심이 고양하여 평신도부가 부상되었다. "평신도 교인들의 역할 증대와 신앙 실천력의 강화 및 교인 간의 '코이노니아'가 훨씬 활성화" 되었기 때문에 청년부도 청년 평신도 사역이 활성화되었다.[50] 영락교회의 부흥 속에서 몰려드는 청년들을 조직적으로 운영하는 노력을 기울이게 되면서 대학 청년부의 대형화가 본격적으로 진행되는 데 많은 시간과 열정이 요구되었다.

매일 진행되는 영락교회의 새벽 기도에 매일 참석하지 못하더라도 주기별로 실시되는 특별 새벽 기도회, 수요 저녁 예배 후 청년부 수요 기도회, 금요일 조장 등 리더십 훈련 또는 제자 훈련, 금요 철야 기도, 토요일 및 주일 활동 부서들을 위한 찬양 연습 모임 및 조장 모임, 주일 예배, 회원 관리, 청년부 활동 및 회의, 거리 전도 등 많은 대학 청년들이 주일 뿐 아니라 교회의 행사, 모임, 제자 훈련, 봉사 등을 위해서 주중에 최소 2~3일이나 더 교회당에 나왔다. 여름 하기 봉사와 해외 선교 봉사를 준비하게 될 때는 더 많은 시간과 헌신이 요구되었다. 1993년도 대학부의 출석 인원이 500여 명이고 청년부의 출석 인원이 매주 700~800여 명이었다. 청년부 주보에는 이런 청년들의 열정과 헌신을 요구하는 "영락 청년 회가(허영자 작사, 김두완 작곡)"가 매주 실렸다. 다음과 같이 세 절을 보면 청년 평신도 사역에 대한 헌신이 잘 드러나 있다.

1절. 청년의 날 부름받은 다함없는 감격 속에 지체되어 성전으로 지어져 가는 우리들
믿음과 순결로 산 제사 드리며 주 쓰실 그릇 되세 영락의 젊은이.

2절. 힘으로 아니고 외침으로 아니나 주의 사랑 내 마음에 혁명을 일으켰듯
말씀의 등대되고 사랑의 불씨되어 칠천만의 사환 되세 영락의 젊은이.

3절. 장막터를 넓히우자 오대양 육대주로 주의 나라 이룩함이 참우리 소망이면 예수
안에 온 세계 한 생명 되기까지 우리에게 만족 없네 영락의 젊은이.

---

50 영락교회, 『영락교회 50년사(1945-1995)』, 240쪽.

이렇게 헌신했던 영락교회 청년들은 때론 가족들의 핍박들을 감당해야 했고 직장이나 학교를 통해 얻을 수 있는 경제적 사회적 혜택을 포기해야 하는 일도 있었다. 어떤 청년들은 교회를 위해 헌신하다가 혼기를 놓쳐서 독신으로 살면서 경제적인 어려움을 겪고 있다. 이렇듯 하나님께서 자신의 미래를 책임져 줄 것이라는 청년의 시기가 지난 후에 청년들은 자신들에게 돌아오는 사회적 경제적 보상 없이 오히려 사회에서 무능하고 낮은 자로 평가받는 것을 경험했다. 과거 그들의 젊은 시절 열심일 때 붙잡았던 미래의 소망에 대한 기억이 오히려 짐이 될 뿐 아니라 교회가 그들에게 위로의 장소가 되지 못해 교회를 떠날까 싶어도 떠날 수 없는 현실에 직면한 예도 있었다.

본교회 대학 청년부 출신을 외면하는 모(母)교회로서 영락교회

부흥의 시기에 영적으로 성장했던 대학 청년들이 교회에서 더 큰 사역을 만들거나 신학교 교육을 통해 목회자로 성장하려 할 때, 그리고 단기 선교에서 돌아왔을 때, 청년 사역자들은 교회에서 외면당하기도 하고 때로는 비난 속에서 교회를 떠나야 하는 경우도 있었다. 90년도 말에 국악 찬양팀을 영락교회에 세우기 위해서 뜻을 품었던 대학 청년부 출신들의 몇몇 여자 청년들은 자신들이 기도하면서 재정을 많이 투자하고 시간을 드려 국악 전문가들을 중심으로 하는 찬양팀을 세우려 했는데, 그 과정에서 교회로부터 많은 오해를 받았다. 이들의 노력은 문화 사역부 속의 '시냇가의 심은 나무'라는 국악 찬양팀을 설립하고 교회에서 성공적인 찬양 집회를 하게 되었다. 하지만 국악 찬양팀을 창립하기 위해 희생과 댓가를 치루었던 초창기 리더들은 그 과정에서 온갖 거절과 비난의 상처들로 더는 영락교회에 남을 수 없이 떠나게 되었다.

영락교회 평신도 청년지도자들이 대학 청년부에서 은혜를 받고 목회에 대한 비전을 받아 신학대학원에 들어가게 되어도 영락교회의 장학금이나 재정적인 또는 사역의 기회에 대한 지원을 받지 못하였다. 하지만 영락교회를 통해 성장했던 목회자가 아닌 청빙을 통해 온 다른 교회 출신 목회자에게는 매달 안정된 월급 생활비 사택 등을 포함해서 비싼 미국 신학대학원에서 목회학 박사 학위를 받을 수 있는 유학 자금의 혜택까지 주어졌다.

국내 신학교든 해외 신학교에서 하나님의 부름을 따라 목회자 훈련에 들어간 영락 청년들은 자신의 모(母)교회인 영락교회에서 철저히 외면당하고 마치 하나님의 부르심을 자신의 선택에 대한 책임의 대가를 치루는 듯이 더 낮은 자리에서 경제적인 어려움 가운데 목회의 현장을 위해서 외롭고 가난해지는 대가를 치러야 하는 경우가 많았다. 미국 신학교에서 경제적으로 어려움을 겪고 있던 영락교회 청년부 출신 여자 신학생은 마치 친정집에서 쫓겨난 시집간 딸처럼 영락교회 청년부 출신 신학생들은 영락교회에 다시 평신도로도 목회자로 돌아올 수 없는 母교회의 매정한 현실에 직면하였다.

선교지에서 헌신 후 지속적인 훈련과 헌신을 위해 신학교에 들어가는 것을 교회 차원에서는 지원하지 않았다. 어떤 청년 선교사가 단기 선교 후 한국의 어느 신학교에 들어가게 되자 교회 차원의 모든 후원이 중단되는 경우도 있었다. 어떤 여자 청년은 단기 선교사로 다녀온 후 다음 절차로 결혼을 해야 한다는 말이나 한국에 들어와 있다는 사실조차도 반기지 않는 성도들의 태도 때문에 평범하게 교회를 다니기에도 불편한 현실을 경험하였다.

파송되었던 평신도 단기 선교사들에 장기 선교사로 헌신하게 될 때 경제적 후원은 매월 100불 정도로 너무나 빈약하였고, 선교 현장에서 지속해서 사역할 수 있도록 돕는 안정적인 제도적인 장치도 없었다. 평신도 선교사들이 수년을 사역해도 母교회에서 고작 매월 100~200불 정도 후원받는 것으로 외국 선교 현장에서 버티게 만드는 것은 母교회로서 너무나 아쉬운 모습이라고 생각한다. 그들이 고국에 돌아왔을 때 그동안 선교지에서 헌신한 대가를 보상해 줄 수 있는 안정적인 숙소나 경제적인 제도가 없다. 이 또한 교회가 청년들에게 헌신과 봉사만 요구하며 그들의 희생의 대가를 이용하면서 교회의 양적인 성장을 운운하는 것은 교회가 성도에게 보이는 너무나 무책임한 태도를 당연히 여기는 듯하다. 그러나 영락교회가 대형 교회이다 보니 본교회 출신을 챙기는 일은 쉬워 보이지 않는다. 모교회가 큰 은혜를 베풀어서 길러 내었으면, 모두 밖으로 나가서 저마다 봉사하고 사역을 감당하는 것이 한경직 정신이기에 이런 푸념을 하면서도 더 이상 모교회로부터 바라는 것은 아무것도 없다. 그냥 노후가 되면 다시 돌아가고 싶은 곳이 모교회라고 생각할 뿐이다. 영락교회가 대형 교회이기에 모교회의 출신을 배려하려면 너무 많은 사람을 관리해야 하기에 영락교회로는 큰 부담이 될 것이다.

남성 리더십 중심의 문제점
: 남자 목회자로만 구성되었던 청년부 강사들

80년대 이후 영락교회 청년부가 부흥을 누리고 있었을 때 영어 성경부를 섬기는 Dr. Ruth Eschnaur 선교사를 제외하고는 청년부 전담 목회자들 뿐 아니라 청년 성경부 모든 강사는 남성 목회자였다. 1990년대 초까지 통합측인 영락교회에서는 여성 목사 안수가 인정되지 않았고 영락여자신학교 및 장로회신학대학원 출신의 교구 담당 미혼의 여자 전도사들과 몇 명의 교육 전도사들이 있었다. 영락교회 청년부는 여성 청년의 수가 훨씬 많았고 각 성경 부서의 조장들이나 회장단들에서 여성 지도자들이 있었다. 청년회장은 항상 주요 리더들은 남성이었지만 부회장이라는 조력의 자리에는 여자 청년들이 감당하였다.

1990년도에 청년 5부에서 최초로 여자 총대가 선출되기도 하였다. 하지만 청년들의 사역에 여자들이 참여하여 강의하는 경우는 없었다. 제도적으로 남성 리더십을 더 인정하고 높이는 경향을 청년들도 자연스럽게 받아들이게 돼서 여자 청년 지도자들이 목회에 뜻을 품고 신학대학원에 들어가는 과정은 쉽지가 않았다. 추후 여성 목사 안수가 허락되었지만 오히려 영락교회 여성 목회자의 비율은 더 줄어들었고, 청년들에게도 제도적으로 남성 중심의 지도력이 지원되고 있는 상황을 자연스럽게 받아들이도록 하는 문제점들이 있었다.

해외 선교 훈련의 부정적인 측면도 있었다. 청년의 뜨거운 열정으로 해외 선교지에서 3개월, 6개월, 1년 등의 훈련과 사역에 임했던 단기 평신도 청년 선교사들이 다시 한국에 돌아왔을 때, 그들이 마주치는 교회와 사회의 현실은 결코 그들을 환영하거나 반가워하는 상황이 아닌 경우가 많았다. 교회 차원에서 청년 단기 선교사들에 대한 훈련, 파송, 후원, 관리 등에 대한 조직적인 체계가 잡히지 않았기 때문이다. 평신도 단기 선교사로 헌신했던 청년의 대다수가 20대 중반의 미혼 여성들이었다. 선교지에서 돌아온 영락교회 청년들이 신학대학원의 체계적인 교육을 받고 선교 지향적인 목회자나 장기 선교사로 훈련될 수 있는 통로를 마련해 주는 것을 영락교회는 외면하였다. 아직 영락교회에는 여성 부목사가 없는 것이 안타까운 현실이지만, 일부 여성이 기관이나 특수 사역을 위해 안수를 받기도 했으니 형편이 좀 나아진 것은 분명하다. 그러나 여성들 대부분은 아직도 여 전도사나 교육 전도자로 봉사하는 것에 아쉬움을 제기할 수 있다. 물론 새벽부터 밤까지 긴 시간대를 사역하기에 영락교회가 남성 목회자를 선호하는 것은 어찌 보면 당연하고, 지금도 까만 양복에 까만 양말을 고집하며 목회자의 구설수를 차단하려는 영락교회이기에 이러한 현실이 충분히 이해된다.

자유인 예배부가 지향하는 민족 복음화와 복음 통일 사역

한경직 정신인 민족 복음화와 복음 통일은 자유인 예배부에 가장 잘 계승되었다. 영락교회의 자유인 예배부의 사역에 관한 기술은 『만남』지 533호(2018년 6월호)에 실린 황광성 장로의 "북한 선교부 사역 20주년을 맞이하며"라는 6 · 25특집과 2018년 12월에 발간된 『북한 선교부 20주년 총람』을 참고하였음을 먼저 밝힌다. 영락교회의 북한 선교 역사에 대해 『만남』지 533호는 다음과 같이 약술한다.

1. **북한 선교 초창기 [1945년 교회 창립~한경직 목사 퇴임]**
   – 민족 복음화와 남북 통일
2. **북한 선교 조정기 [1971년~1997년]**
   – 민족 복음화와 평화 통일
   총회 북한 선교부를 위한 위원회 설치
   [북한 전도 대책 위원회(1970)–현 남북한 선교 통일 위원회로 명칭 변경(1996)]

3. 북한 선교 사역기 [북한 선교 센터 설립~현재]

- 민족 복음화와 복음 통일

  ① 1998년 북한 선교 센터 설립

  ② 1999년 자유 인성 경반 시작

  ③ 1999년 대북 지원 시작, 평북 도소아병원 현대화 지원

  ④ 2010년 자유인 예배부 부서 승격 기념 예배

  ⑤ 2011년 북한 선교부 제직 부서 분립

  ⑥ 2011년 뉴코리아 국제학교 개교

이러한 간단한 역사는 영락교회의 북한 선교가 한경직 정신의 핵심인 것을 잘 보여 준다. 특히 1970년 한경직 목사는 한국 교회가 주력해야 할 과제 중 하나로 북한 선교를 제시했고, 1992년 템플턴상을 받으면서 상금 전액을 북한 선교를 위해 사용하도록 헌금했다. 1997년에 이철신 목사 부임 후 1998년에 "북한 땅을 그리스도에게로"라는 표어 아래 영락교회는 북한 선교를 위한 공식적인 교회 부서인 북한선교센터를 설립했다. 이후 민족의 염원인 통일의 과제와 북한 동포의 영혼 구원, 하나님 사랑으로 선교를 통한 민족 갈등의 치유를 위해 주님의 지상 명령인 복음 통일에 응답하고자 2011년 북한선교센터는 이름을 바꾸어 제직 부서인 북한 선교부로 출범하게 되었다. 특히 자유인 예배 사역과 관련해서는 『북한 선교부 20주년 총람』에서 다음과 같이 소개한다.

50주년 기념관 8층 806호 시절
(1999년 6월 ~ 2001년 2월)

1999년 6월 6일 영락교회의 50주년 기념관 북한선교센터 사무실(806호)에서 탈북 동포 5명(2명 추가), 지도 교사(권사 포함) 6명, 사역자 3명

(목사 2명, 전도사 1명)이 '자유의 사람들'의 모임으로 성경 공부반을 시작했다. 서로 이념과 체제가 다른 세계의 사람들이 모여 언어만 서로 통용될 뿐 타민족이 되어 버린 탈북인과 교사들 사이에는 극복할 수 없는 수많은 난관이 있었다.

탈북 동포에 대한 호칭을 귀순자, 귀순 동포, 북한 이탈 주민, 탈북자, 새터민 등 여러 이름으로 불리어 혼란이 있을 때, 이철신 담임 목사의 제안에 따라 '자유의 사람'으로 부르기를 결정하였으며 '자유의 사람 성경 공부반'이라는 공식 명칭을 가지게 되었다. 성경 공부반에서 자유의 사람들을 양육하는 제1의 목적은 그들을 장차 하나님의 일꾼으로 양육하기 위함이라는 기도 제목을 가지고 정성을 다하였다. 실로 북한의 동포들에게 복음을 가장 잘 전할 수 있는 사람은 훈련을 잘 받은 전도자보다는 미리 탈북하여 말씀으로 살고 복음으로 승리한 북한 동포들의 가족과 친구일 것이다.

50주년 기념관 7층 709호 시절
(2001년 2월 ~ 2003년 12월)

소수로 출발한 자유의 사람들 성경 공부반은 인원 증가에 따라 7층의 독립된 방으로 옮기게 되었으나 찬양과 기도 이후에 이루어지는 분반 공부는 여전히 장소가 협소하여 복도로, 찻집으로, 식당으로 자리를 옮겨야만 했다. 김일성 주체 사상에 젖어 있고 극심한 환경의 변화를 극복하지 못하고 있는 자유의 사람들에게 복음을 심어 주기 위해 그들만의 성경 공부 교재가 절실하게 필요했고, 곧 교재를 출간하게 되었다. 성경 공부 위주에서 사회 적용과 사회 생활의 훈련도 겸하게 되었다. 처음 접해 보는 성경 공부에 부담을 보임에 따라 매월 첫 주는 생일 잔치 축하 날을 정하여 성경 공부를 쉬는 대신 찬양 시간을 늘리고 레크리에이션으로 마음을 열면서 친교하는 시간을 가졌다. 주일 출석을 기피하고 교회 출석에 흥미를 잃어 갔던 자유의 사람들은 점차 어머니같이 지도하시는 권사들의 헌신에 녹아들어 점차 그리스도의 사랑을 느끼게 되었다. 탈북에 대한 부담으로 사진 찍기를 기피하던 모습에서 생일 잔치 날 사진을 같이 찍자고 교사들에게 매달리는 변화도 있었다.

50주년 기념관 6층 606호 시절
(2004년 1월 ~ 2005년 12월)

주일의 인원이 30명을 넘어서고 교사까지 40~50여 명이나 되는 인원이 한 방에서 모이자니 이미 포화 상태였다. 따라서 교육부의 협조로 두 배 면적의 공간인 기념관과 6층에 있는 사랑의 교실로 모이게 되었다.

50주년 기념관 지하 소강당 시설
(2006년 1월 ~ 2009년 12월)

자유의 사람들이 성경 공부반을 찾게 되면서, 그 인원이 조금씩 증가하더니 어느덧 6층의 공간도 숨이 막힐 정도가 되었다. 매 주일 교회에서 10시 40분부터 12시 40분까지의 황금 시간에 장소를 할애받는다는 것은 소위 하늘의 별 따기라고 할 수 있었지만, 자유의 사람들이 150여 명까지 늘어나는 바람에 보다 넉넉한 소강당으로 옮기게 되었다.

처음에는 장소가 넓어 허전한 감이 있었지만, 이내 교사와 합쳐 100여 명이 소강당을 가득 채웠다. 성령께서 모두를 간섭하시어 하늘에 있는 것과 땅에 있는 것이 통일되게 하시려는 하나님의 섭리를 보게 하셨다. 젊은 자유의 사람들로 구성된 찬양팀이 예배를 돕게 되었고, 젊은 이들끼리는 매주 정기적으로 기도회를 하면서 교회 생활에 익숙해져 갔다. 이때 성경 공부반 출신으로 신학을 전공해 자유인을 위한 목회자와 전도에 힘쓰는 이들이 배출되기도 하였다. 몇몇은 북한 인권 운동에 앞장서는 이도 있었고 무역 회사 직원과 간호사로도 적응을 잘해 나갔다.

자유인 예배부
: 소강당에서 선교관으로 정착(2010년 1월 ~ 현재)

오랜 염원이던 자유의 사람 성경 공부반에서 자유인 예배부로 발전한 조직을 갖는 것이었다. 자유의 사람들은 교회에서 성경반 모임 이외에는 활동을 스스로 제한하고 있었다. 이것은 외부적인 이유보다 내부적으로 그들의 문화적인 차이에 기인하는 거부 현상으로 세례, 봉사, 교육 등에서도 분명하게 드러나는 것이었다. 자유의 사람 성경 공부반의 자유인들에게 궁극적으로 바라는 것은 남한 사회에서 하나님 말씀으로 정착하고, 평화 통일이 되는 날 평신도 선교사로서 고향에 돌아가는 것이었다. 이 때문에 교회 생활을 잘하는 것이 더욱 중요했다.

이러한 문제점을 2007년 하계 수련회에서부터 북한 선교 센터 임원과 교사 회의 중에 논의되었으며, 이것을 극복하는 방안으로 자유의 사람들이 성경 공부반 행사 이외에 영락교회의 대예배와 교구 행사에 참여할 수 있도록 독려하였다. 또한, 정책 당회에 전담 목사와 전담 전도사를 모시는 일이나 독립 예배부 설치 등으로 건의를 해 오다가, 드디어 2009년 9월에 독립 예배부 설치와 전담 목사 모시는 일이 채택 및 허락을 받게 되었다.

독립된 자유인 예배부는 통일 후 북한에 파송할 선교사를 양성하는 곳으로서 통일 예배 모형을 구현하는 곳이다. 자유인들에게 예배는 예배의 규범을 배우고 협력을 통해 예배를 실현하며, 교회 공동체를 만들어 가는 능력을 배양하는 교육장이었다. 이때 교사는 이들의 예배를 구체적으로 도와주는 일을 담당하게 되었다.

자유인 예배부는 2010년 1월 3일 소강당에서 헌신 예배를 드리고 사역자(전담 목사, 지도 목사, 지도 전도사, 훈련 전도사)와 임원(부장, 부감, 운영 팀장, 결연 지원 팀장, 지도 위원)이 오전 예배 시간 이후 청·장년부의 공부반으로 나누어서 운영했다. 장년부는 소강당에서 공부반이 이어졌지만, 청년부는 독립 장소를 구하지 못해 교회 내뿐만 아니라 외부 건물인 고당기념관과 백병원 인당관으로 옮겨 다니며 친교 모임을 갖기도 했다.

자유인 예배부의 예배 장소가 교회 구석진 지하 공간(기념관 지하 소강당)이 아닌 햇빛이 비치는 장소이기를 바랐기에, 교사들은 합심해서 2년 동안 기도했다. 이후 1여전도회의 한마음합창단의 희생적 양보로 2012년부터 선교관을 고정 예배 장소로 사용하게 되었다. 이로 인하며 예배는 오후에 드리고 교사 회의와 공부반 목회 모임을 오전으로 변경했다. 기타 교사 활동으로는 매월 첫 번째 수요일 수요 예배 후 '중보 기도회'와 매월 세 번째 주일 오후 '교사 목적 기도회'(소강당 교사실)를 운영하였다. 또한, 명절 위로 모임, 한국 문화 체험, 찬양 지도, 청·장년 여성 모임, 청년 친교 모임, 수련회 등을 운영하였다.

찬양대는 호산나 찬양팀으로 시작하여 자유인과 교사들이 연합하여 진행했고, 이후 찬양대로 발전하여 지휘자 및 반주자를 갖추게 되었으며, 찬양과 율동을 위한 찬양팀도 운영하였다. 심방은 심방팀에서 전도사(목사)와 교사가 성도의 가정을 방문하는 체계를 세웠다. 이전에 자유인들은 인사 보안 문제로 폐쇄적이었으나, 지금은 그러한 제약에서 많이 벗어나 구역 모임이나 교회 전체 행사를 참여하면서 영락교회 교인이라는 공동체 의식을 갖게 되었다.

청년들은 자유인 예배부의 수련회를 2013년 2월 초에 '청년 연합 통일 캠프'라는 이름을 가지고 영락기도원에서 자유인 청년부와 영락대학부 및 청년부 연합으로 진행하였다. 그 후 6월부터는 '영락교회 청년 연합 북한 선교 기도회'라는 이름으로 모여서 기도하다가, 2014년 통일 캠프에서 '하베로 기도회'[51]로 이름을 바꾸었다. 이것은 복음 안에서 영락교회 남북한 청년들이 하나님에 의해 이룬 하나의 짝임을 믿고 공동으로 통일의 거룩한 자리를 준비해 가자는 취지였다.

이러한 과정에서 부정적인 면도 발생하였다. 자유인들은 정착 과정 중에 발생되는 경제적 열악함으로 인해 지원금을 따라 다른 교회로 이동하였기에 한 교회에 정착하기 어려운 현상이 발생하였고, 장년부 여성 찬양 모임에서는 교회 내외 활동 과정 중 금전 이해 관계도 발생했으며, 개인별 친교 모임에서까지 금전 거래로 인한 어려움이 발생한 적도

---

51 이철신 담임 목사가 통일 사역자 훈련 교재의 이름을 위해 에스겔서 37장에서 찾을 것을 하충엽 목사에게 제안했다. 이에 하충엽 목사는 2013년 5월 26일 주일 오전에 장로회신학대학교 구약학 배정훈 교수에게 전후 상황을 설명하고 에스겔 37장에서 훈련 교재의 이름을 찾아 제안해 달라고 요청했다. 배정훈 교수는 2013년 6월 3일에 '하베로'란 이름을 제안했다. 그러나 이미 교재 연구 위원들은 별도의 과정을 통해 '소원(So One): 통일 사역자 훈련'으로 결정했다. 따라서 '하베로'라는 이름은 '영락청년 연합 통일 캠프'를 대체하는 이름으로 '영락 하베로 캠프'로 사용하게 되었다. 처음에는 '영락 남북 하베로 캠프' 혹은 '영락 남북 하베로 기도회'로 사용되다가 후에 고유 이름으로 '하베로 캠프', '하베로 기도회'로 사용되었다. 하베로는 "그의 짝, 그와 한편, 그와 연합한"이라는 뜻으로서, 하나님께서 그의 짝의 회복을 준비하실 거라고 믿으면서, 지금도 영락교회에서 한국 교회가 잃어버린 그의 짝 북한과 연합해 통일을 갈망하며, 통일 후 북한 교회를 이끌어 갈 지도자를 세우는 모임이다.

있었다. 이런 와중에 이단은 교회와 신앙의 특성을 이해 못하는 성도를 지원금으로 현혹하였다. 그러나 교사들은 자유인들을 계속된 관심과 돌봄으로써 이러한 문제들을 해결해 주었으며, 자유인의 신앙 성숙에 긍정적인 밑거름이 될 수 있도록 노력해 왔다.

이후 자유인 예배부는 예배부로서 조직과 행사의 내실화를 기하는 방향으로 발전하였고, 주일 예배를 중심으로 공부반별 나눔, 제자 양육, 말씀 훈련, 심방 활동, 문화 활동, 결연지원 등으로 세분화해 진행해 나갔다. 심방은 2014년부터 예배 참가자를 대상으로 하여 지도 교사와 교역자 중심으로 체계화되었고, 새신자 교육은 교회 체계와 동일하게 5주간 별도로 진행되었다. 아동부는 2017년부터 전담팀 교사들 중심으로 운영하고, 대학생은 캠퍼스 심방을 실시하였다. 자유인 예배부는 예배부 기관으로 인정하여 내외적인 성장을 기할 수 있는 기틀을 만들어 통일 후 남북한 통일 예배의 모형을 이루어 가게 되었다.

현재 영락교회의 홈페이지에는 "복음 통일 학교는 한국 교회와 성도들이 통일을 준비하고, 하나님이 허락하시는 통일의 때에 북한 주민들과 북한 사회를 실제 상황에서 진정으로 섬기며, 북한 교회와 북한 사회를 다시 세우는 '복음 통일 사역자'를 훈련하는 프로그램"이라고 밝히고 있다. 복음 통일 학교는 매년 1~2회 10주 내외의 교육 과정으로 개설 및 운영되고 있으며, 대학생과 청년들을 위한 '젊은이 복음 통일 학교'는 4주간의 교육 과정으로 운영되고 있다. 교육 기간 동안 매주 전문가 및 관련 목회자의 강의와 조별 토론, 기도회로 진행되며, 송악 기도처 방문을 비롯한 현장 체험 프로그램도 교육 과정 내에 포함된다. 그렇게 복음 통일 학교를 수료한 성도들은 북한 선교부의 다양한 사역에 참여하며 복음 통일의 헌신자로서 섬기게 된다.

영락교회의 대학 청년 사역이 나아가야 할 방향

　본고를 통해 1980년대에서 2000년대의 영락교회 청년 사역 되돌아 보기 위하여, 영락교회 청년 사역이 어떤 형태로 부흥하고 어떠한 청년들의 헌신과 노력이 있었는지, 그리고 영락교회 청년 사역의 문제점들을 고찰해 보면서 앞으로의 방향에 대해 제시하고자 했다. 이 내용은 대학 청년부 활동과 사역의 경험에 근거하여 영락교회 대학 청년부 주보, 만남지, 청년 보고서, 몇몇 과거 대학 청년부 리더들과의 인터뷰, 영락교회 50년사 등을 참고해 작성하였다. 이런 자료를 집대성한 필자들은 그동안 영락교회에서 자신들이 한 경험을 바탕으로 모(母)교회인 영락교회의 대학 청년 사역이 나아가야 할 방향에 대한 제안을 다음과 같은 3가지 관점에서 제시해 보고자 한다.

코로나 시대에 청년의 삶을 받아들이고
여성 대학 청년을 지원하는 제도의 모색

　영락교회를 비롯한 대부분의 한국 대형 교회들뿐만 아니라 다양한 교회들은 현재 청년을 비롯한 교인들이 감소하는 현실을 받아들여야 한다. 한국 청년들은 결혼하고 자녀를 낳기 어려운 사회 경제적인 현실에 직면하고 있다. 그 결과로 인구 급감이 이루어지고 있으며 교회 청년부의 규모가 줄어들 수밖에 없다. 영락교회에서 많은 시간을 헌신하고 봉사하도록 요구하던 사역은 교회에서 청년들을 더 지치게 하고 교회에 대한 부정적인 생각을 하게 했다. 따라서 가난한 영락교회 대학 청년들을 위한 제도적이고 경제적인 지원 장치를 새롭게 만들어 보는 것도 고려해야 할 것이다. 그리고 대학 청년들이 미래의 직업과 진로를 잘 준비하고 적절히 탐색하여 연결될 수 있도록, 전문적인 진로 직업 상담 사역자들을 청년 대학부에 제도적으로 지원하여 상담 및 알선 등의 지원을 해 나갈 필요가 있다. 더불어 현직에 종사하는 영락 청년부 출신들과의 네트워크 행사 등을 진행하여 기독교 실업, 직장인, 학자 등의 영락 선배들로부터 실질적인 도움을 받을 수 있도록 하는 방법을 모색해 볼 필요도 있다. 이제는 평신도 청년 사역자들에 대한 미래적인 보상 등을 고려하여, 더 이상 대학 청년들이 교회에 와서 희생하는 것이 아니라 오히려 위로받고 채움을 받는 제도로 바뀔 수 있도록 교회에서 많이 고민해 보아야 할 것이다.

로즈메리 레드포드 류터(Rosemary Radford Ruether, 1936~)는 "여성에 대한 차별이 존재하는 곳은 하나님의 거룩성이 사라진 곳이다."라고 하였다. 영락교회는 여성들에 대한 차별을 없애고 여성들을 보호하는 정책 제도와 문화를 만들어야 한다. 그래야 여성이 안전한 삶을 지향함으로써 하나님의 거룩성을 회복하고 확장할 수 있다. 상처받고 차별받고 있는 여성 청년들을 도와주고 그들을 지지하는 여성 사역자들이 청년 사역에 참여할 수 있도록 교회에서는 제도와 인식의 변화가 필요하다.

탈북민 가정의 대학 청년들에 대한 지원

한국은 이미 수많은 외국인들이 한국인과의 국제 결혼과 취직 등으로 한국에 다문화 사회로 들어섰다. 따라서 이제는 다양한 계층의 다문화 가정을 이루고 있는 청년들이나, 다문화 가정 자녀로서 청년기에 접어든 청년들에 대한 사역을 확장해야 한다.

특히 영락교회는 대대적으로 통일 후에 섬길 북한 지역에 대한 대대적인 사역지를 선택하도록 강구한 적이 있다. 곧 평안북도, 평안남도, 함경북도, 함경남도, 황해도 등의 이북 5도에 대한 교회 재건, 양육 사역, 찬양 사역, 가정 회복 사역, 교육, 의료, 문화 예술, 상담, 복지, 장애인, 노약자, 고아 등의 사역을 위해 영락교회 교인들이 1인 1봉사를 신청하게 한 적이 있다. 그러나 그 사역의 계획은 통일 후로 시점을 두었기에 다소 막연하고 추상적이어서 일회성의 행사로 끝이 났다. 그때 많은 자유인이 들떠서 무엇인가 통일 사역에 영락교회가 막대한 재정과 인력을 동원하여 적극적으로 나설 것이라는 꿈이 있었지만, 행사 기간이 끝나니 언제 그랬냐는 듯이 물거품처럼 사라졌다.

후속 조치를 하지 않으려면, 차라리 처음부터 기획하지 않는 편이 낫다. 공연히 사람을 들뜨게 해 작정 헌금만 엄청나게 받아 놓고서 언제 그 기금이 사용될지 아무도 모르게 잠가 놓은 북한 교회를 위한 재건 기금을 생각하노라면 그저 답답한 마음뿐이다. 차라리 자유민 지도자를 하나라도 후원하고, 그들이 북한 선교의 꿈을 이루어 갈 수 있도록 현실적으로 필요한 것을 채워 주고 인재를 양육해 나가는 것이 바람직하다.

예를 들면, 탈북 후에 사선을 넘어 우리나라에 오기까지 온갖 고생을 하여 목사가 된 김경숙 박사는, 연세대 상담 코칭 박사 학위 과정을 마쳤지만 나이가 많고 특별한 사역지가 없는 상태에서, 또 아무도 재정적으로 후원을 해 주고 있지 않음으로 인해 어려움 가운데 있다. 그럼에도 불구하고 탈북민 트라우마 치료를 위한 '2020 탈북민 정착 지원

실무자 역량 강화 및 소진 대응' 프로젝트에 관심을 두고 연세대와 함께 연세의료원 통일보건의료센터에서 탈북민을 섬기는 남북한 목회자들의 탈진 대응 및 회복 치료에 봉사자로 섬기고 있다.

김정화 전도사는 2012년 2월부터 영락교회 뉴코리아 국제학교에서 2기 학생으로 공부를 시작하면서 영락교회의 사랑에 이끌려 3월부터 자유인 예배부에서 신앙생활을 처음으로 시작했다. 2012년 여름 필리핀 해비타트 자원봉사 활동 중에 NGO 단체들과 봉사자들을 보면서 북한 땅에도 그 사랑이 흘러가고 있었음을 깨닫게 되자, 귀국한 후 하나님의 사랑으로 섬기는 사역자가 되기 위해 장신대 기독교 교육과에 지원해 신학생이 되었다. 2013년 1월부터 탈북민 청년부에서 전임 전도사를 도우며, 리더로 세워진 청년들의 신앙 양육과 사역자로서 예배부를 섬기는 훈련을 받았다. 2013년 '하베로 기도회'의 초창기 시작부터 구명회 전도사와 함께 훈련 전도사로서 영락 대학부, 청년부, 자유인 청년부 리더들과 함께 연합하여 기도하고 친교의 시간을 갖도록 하는 봉사와 섬김을 하였다. 2014년에는 탈북민 새가족반(청장년 전체) 담당 사역을 맡았는데, 새로 나오는 탈북민들에게 5주 동안 교회 안내 및 기초 신앙 교육을 하였다. 당시에는 주일마다 새로 나온 자유인들이 마음을 열고 편하게 대할 수 있도록 상담 사역을 위주로 진행했지만, 대학 기독교 교육과를 졸업하고 바로 신학대학원으로 진학하면서 2017년 1월부터는 교육 전도사 직분으로 신설된 자유인 아동부를 담당하였다. 아동부는 탈북민들의 자녀(대부분 한부모자녀, 미혼모자녀, 결손자녀)와 남한 성도의 자녀들로 구성되어, 1부는 예배를 드리고 2부는 음악, 미술, 도예 활동 등을 하면서 부모들이 영락교회에 부담 없이 참여하도록 섬기는 사역이었다.

이렇게 장신대 대학부 기독교 교육과와 신대원를 마치고 일반 대학원 석사 과정 신약학을 공부 중인 김정화 전도사도 영락교회로부터 재정 지원이 전혀 없다. 김경숙 박사처럼 영락교회가 자유인 상태에서 첫 교회요 모교회인데, 15년 가까이 그리고 10년 가까이 본교회에서 신앙 생활하고 성장해서 목사가 되고 전도사가 되었지만, 현재 계속되는 사역과 학업을 감당하기에 너무나도 힘든 상황에 있다. 경제적인 수입이 없으니 생활고가 날로 심각하다. 그동안 모교회로 정들었던 영락교회에도 눈치가 보여서 출석하지 못하고 전전긍긍하는 모습이 너무나도 안타깝다. 누가 이들을 사랑으로 돌봐 주고 통일 후에 북한 교회 재건을 위한 지도자로 세우기 위해 필요한 재정적인 지원을 해 줄 것인가?

영락 대학 청년 출신의 해외 선교사, 신학생, 신학자 및 목회자에 대한 제도적 지원

영락교회가 영락 대학 청년부 출신의 해외 선교사, 신학생, 신학자, 및 목회자들을 외면하였던 사례들은 너무나도 많다. 영락청년부는 교회적인 차원에서 이들이 다시 품어 주는 모교회의 모습을 회복할 수 있도록 제도적이고 인식적인 변화를 추구해야 한다. 그리고 그들의 리더십 및 학문적인 역량을 인정하고 지원하며 활용하는 방법을 모색해서 그들이 마음껏 영적인 고향에 돌아올 수 있도록 문을 열어 주고 기회를 주어야 한다. 그리고 앞으로 대학 청년부에서 훈련되었던 청년들이 다음 단계로 들어갈 수 있도록 제도적 경제적 지원을 도와야 한다.

영락교회에서 10년 20년을 헌신하고 봉사한 대학 청년부의 인재들이 저마다 훈련을 받고 다시 모교회로 돌아왔을 때, 예전처럼 사역을 맡기고 봉사할 터전을 마련해 주는 일은 영락교회에서 찾아보기 어렵다. 교회는 신학을 전문적으로 한 사람만 사역하는 곳이 아니다. 누구나 모교회를 위해서 봉사하고 헌신할 수 있는 길을 열어 주어야 한다. 그래서 이제 평신도 전문인이 본교회에서 봉사와 사역을 대학 청년부 시절에 감당했던 것처럼, 다시 돌아와서 시작할 수 있는 기반을 만들어 주어야 한다. 그러나 한경직 정신을 이어받아 많은 하나님의 은혜를 체험하면서 성장한 영락 대학 청년 출신이 다시 대형 교회인 영락교회로 돌아가서 제도적으로 봉사하는 길을 열어 주기보다는, 최소한도로 영락교회가 모교회이니만큼 네트워크를 만들어서 관심을 기울여 주는 것이 우선적으로 필요한 일이다. 그 후 필요한 일은 차차 어떤 모양을 띠게 될 것이다.

예를 들면, 1993년 서강대학교 생명 과학과를 졸업하고 성경을 배우고서 하나님의 존재를 경험하고 싶어 3월에 영락교회 청년부에 등록하여 신앙생활을 시작하고 1994년 7월 영락교회 세례 교인이 된 유정자 박사는, 1999년 영락교회 선교부를 통해서 우즈베키스탄(카즈흐스탄 포함) 단기선교사로 파송될 때까지 청년 5부, 청년회 임원, 방송선교부 활동, 화요 선교 모임 리더, 국악 찬양 창립 멤버 등 교회에서 다양한 활동과 하기 봉사 및 해외 봉사 등 많은 청년 평신도 사역에 참여하였다. 2000년부터 2013년까지 영락교회 선교 현장 영어에서 영어 찬양 인도자로 국제 예배 성경 리더로 다양한 사역을 감당하다가 2004년 도미 2005.1.~2008.6. 파사디나 풀러신학교에서 M.Div 취득하고, 2010.9~2013.5. 클레어먼트 신학대학원에서 M.A. 취득 후

2014.9~2019.5. 클레어먼트 대학원대학교에서 종교(여성)학 철학 박사학위를 취득하였다.[52] 무수히 많은 목회 및 선교 훈련, 최고의 신학 교육과 박사학위를 받고 15년 만에 한국에 돌아왔지만 2년이 넘도록 여성 사역자로서의 처절한 한계들을 경험하고 있으며, 사회와 교회에서 자신의 역할과 위치를 찾기 힘든 현실을 직면하면서 이 글을 공동 집필하는 데 참여하였다.[53]

고등부 시절에 임원을 하면서 많은 일에 열중하다 보면, 일의 목적도 모르고 하는 경우가 많다는 말을 들은 기억이 아직도 뇌리에 생생하다. '영우'지를 만들어 인쇄소에 가서 가리방으로 긁고 등사지에 밀던 일이 머리를 스친다. 그 모든 원고는 다 어디에 갔는가? 영우지 머리말에 한경직 목사의 백두산 천지 못의 비유가 생각난다. "왼쪽으로 흐르면 압록강이 되고, 오른쪽으로 흐르면 두만강이 된다. 인생도 마찬가지이다. 선택을 잘해야 한다. 복과 저주가 앞에 놓여 있는데, 올바로 선택해야지 머뭇거리다가는 서해와 동해로 영영 멀어진다." 이렇듯 젊음을 바쳐 헌신한 귀중한 사역에 관한 생생한 발자취와 자료들이 영락교회 도서관과 한경직목사기념관 사업 속에 잘 모아서 디지털화될 필요가 있다.

---

52 15년간의 유학 시절에 다양한 이민 교회와 미국 교회에서 청소년 사역 및 어린이 사역을 감당했고 다양한 선교 아웃리치 프로그램과 커뮤니티 사역들도 감당했다. 현 한양대학교 글로벌 다문화 연구원의 연구위원으로 소속되어 있고, 미국에서 2014년 출판한 영문서인 Breaking the Glass Box: A Korean Woman's Experiences of Concientization and Spiritual Formation 있다.

53 이 글을 준비하는 동안 필자들은 한경직기념도서관과 역사 자료실을 몇 차례 방문하였지만, 대학 청년부에 관한 자료는 거의 전무한 상태였다. 대학 청년부의 주보, 청년지, 하기 봉사 및 해외 선교 봉사들에 대한 자료들을 열람할 수 있는 곳은 한계가 있었고, 아예 한경직기념도서관에 존재하지 않았다. 대학부 자료는 김천곤 집사가 소개하여 현재 106대 대학부 윤예지 부회장의 안내로 대학부실에 비치된 자료를 1시간 정도 뒤적인 것이 전부이고 필요한 내용이 부족하였지만, 필자들이 영락교회 출신이라 기억에 의존하여 간신히 글을 써 나갈 수 있었다. 더욱 안타까운 것을 사족으로 달자면, 지인의 도움을 받아 본교회 교인이자 장신대 교수라고 신분을 밝히면서까지 청년부 회장에게서 청년부실의 자료 협조를 위한 약속을 받았지만, 갑작스레 자료의 외부 유출이 어렵고 꼭 필요하면 행정실을 통해 공식적인 절차를 밟으라는 거절로 되돌아 왔던 일도 있었다.

소기천

- 장로회신학대학교 신학과(Th.B)
- 연세대학교 대학원(Th.M)
- 장로회신학대학교 신학대학원(M.Div)
- 클레어먼트신학교(M.A.T.S)
- 클레어먼트대학교(Ph.D)
- (현) 장로회신학대학교 신약학 교수
- (현) 국제Q학회(IQP) 연구 위원 및 집필 위원
- (현) 한국 개혁신학회 부회장
- (현) 한국 교회 정론 대표
- 『예수 말씀의 전승 궤도』(대한기독교서회, 2000)
- 『하나님의 사랑과 세계선교』(장로회신학대학교출판부, 2001)
- 『신약성서개론: 한국인을 위한 최신 연구』(공저, 대한기독교서회)
- 『예수말씀 복음서 Q 개론』(대한기독교서회, 2004)
- 『훅스 & 에벨링: 해석학의 역사와 새로운 해석학』(살림, 2006)
- *Jesus in Q* (Wipf& Stock, 2017)

유정자

- 서강대학교 생명 과학과 (B.S.)
- 풀러신학대학원 (M.Div)
- 클레어몬트신학대학원 (M.A.)
- 클레어몬트대학원대학교 (Ph.D.)
- 미국 종교학회(AAR) 유색 인종 여성 신학회 연구 위원
- 한양대학교 글로벌 다문화 연구원 연구 위원
- 전남대학교 종교와 문화 연구소 연구원
- *Breaking the Glass Box: A Korean Woman's Experiences of Conscientization and Spiritual Formation* (Wipf and Stock Publisher, 2014)
- *Reclaiming Women's Leadership in Early Christianity: Mary Magdalene, Macrina, and Melania the Younger* (Jesus Sayings Hub, 2022)

내수동교회 대학부,
그 역사와 부흥의 요소들

박지웅

　"내수동교회 대학부의 역사는 하나님 나라의 역사다." 필자가 과거 내수동교회 대학부에서 성장하면서 선배들에게 자주 들었던 말이다. 이것은 단지 우리가 속한 대학부에 대한 인간적 자긍심의 표현이 아니다. 하나님께서 당신의 백성들을 모아서 공동체를 이루시고 그 속에 당신의 손길들을 나타내신 것을 우리가 '하나님 나라 역사'라고 한다면, 우리가 속한 내수동교회 대학부 역시 하나님께서 친히 인도하시며 이끄신 '하나님의 역사'였다고 믿는 것이다. 과연 그러했다. 내수동교회의 역사를 더듬어 보면, 하나님께서 친히 하신 일이요, 친히 이끄신 역사라는 것을 고백하지 않을 수가 없다.

　한국 교회의 침체, 특히 청년 사역의 침체를 경험하고 있는 현 세대가 지금의 정체를 뚫고 일어날 수 있는 디딤돌이 필요하다면, 필자는 내수동교회의 역사가 또 하나의 디딤돌이 되어 줄 것이라고 확신하는 바이다. 필자는 1980년대 후반부터 내수동교회 대학부의 일원으로 몸을 담았다. 사실은 대학부의 학생이기 이전에 내수동교회에서 중등부와 고등부를 졸업했고, 내수동교회 대학부 이후에는 내수동교회 대학부 전임 사역자로 사역했다. 그리고 이후에는 곧바로 내수동교회 담임목사로 오늘까지 사역을 해오고 있기 때문에, 대학부의 과거와 오늘을 오랫동안 가장 가까이에서 경험하고 있는 입장이다. 필자는 대학부의 역사를 간략하게 정리한 후에 대학부의 주요 활동과 부흥의 요인을 고찰해 보려고 한다.

내수동교회 대학부 역사와 활동들

지역 교회에서 젊은이 사역이 활발하게 일어나기 전, 대부분의 한국 교회는 청년회 구성 연령이 광범위했다. 대학 초년생과 높은 연령의 청년들이 혼재하고 있었기에, 집중적인 신앙 양육의 성격보다는 친목회의 개념이 많았다고 할 수 있다. 내수동교회 대학부 역시 1974년 여름 이전에는 대학부로 존재하지 않았고, 청년회라는 이름의 광범위한 모임이었다. 1974년 10월 13일에 7명이 발기인이 되어 대학생들의 모임이 시작되었다. 1975년 4월 박희천 목사(현 내수동교회 원로 목사)가 부임하면서 대학생들의 모임은 큰 힘을 얻었다. 1976년 3대 회장 오정현(현 사랑의교회 담임 목사)이 세워지고, 1976년부터 짧은 기간이었지만, 송인규 전도사(합동신학대학원 은퇴 교수)가 수준 높은 신앙 강의를 해 주었다. 이렇게 초창기 대학부는 오정현 간사의 리더십과 송인규 전도사의 신앙 강의, 두 가지 트랙으로 기초를 다지게 되었다.

이 당시 대학부의 방향과 비전을 정리한 것은 다음과 같다.

"이 땅의 젊은이들이 진정한 의미의 비전 없이 말초적인 환희와 세상 재미에만 몰두할 때, 우리는 예수의 젊은이로서 우리의 비전을 생각해 본다. 대학부 형제 자매들이 먼저 겸손으로 서로를 잘 섬길 수 있도록 허리를 동이고, 제도나 조직보다는 하나됨, 더욱 의뢰하는 순수한 삶(이를 위한 경건 시간의 절대적 필요)을 기초로 한다. 그리하여 오늘날 여러 가지 삶의 양태가 있지만, 그 중에서도 그리스도 앞에서 가장 열매 맺는 삶이란 무엇인가를 생각해 볼 때, 우리의 해답은 '사람을 낚는 어부'라는 것이다 … … 우리의 첫 번째 비전은 주변 선교에 있다. 그 방법은 직장이나 대학에서 불신자에게 1대1로 복음을 전하고, 그가 예수님을 영접하면 말씀으로 양육하면서 주일 예배 외에 정기적으로 교제를 나누는 것이다. 이것이 'One Man Vision'이다. … 이런 사명을 가진 자를 우리는 '증인들'이라고 한다. 우리의 두 번째 비전은 세계 선교이다. 이것은 꼭 외국 선교만을 말하는 것이 아니고, 대학부를 졸업한 후 직장 등에서 제자 삼는 일을 계속하며, 또 우리의 힘으로 선교사를 파송하며 주의 복음을 땅끝까지 전파하려는 목적이다."

이와 같이 증인들을 소개하는 글과 증인들 헌장이 거의 완성되었다. "우리는 땅끝까지 이 세상 끝날까지 그리스도의 증인들이다"라고 하는 이 구호는 40여 년이 지난 지금도 여전히 외치고 있는 우리들의 구호가 되고 있다.

대학부는 매주 주일 집회를 주일 오후 시간을 이용해서 가졌다. 복음 성가 30분, 성경 암송, 전도사의 신앙 강의, 성경 공부(네비게이토 단계별 성경 공부 1~7권)를 6주 코스로 진행하였다. 한 가지 특별한 것은 내수동교회는 이 당시부터 주일 저녁 예배가 없었다는 사실이다. 오늘날에도 주일 저녁 예배를 엄수하는 교회가 있지만, 내수동교회는 정책적으로 주일 저녁 예배(혹은 오후 예배)를 하지 않았고, 담임 목사(박희천 목사)의 예배 후 조직 신학 강의로 신앙을 도왔다.

이렇게 했던 이유는 먼저 교인들 중 멀리서 오는 인원들이 많은 것이 한 가지 이유였다. 그러나 또 한 가지 중요한 이유는 젊은이들에게 자유로운 오후 시간을 주기 위한 목적이 있었다. 오후 예배나 저녁 예배가 있다면, 대학생들이 자유롭게 모일 수 있는 터전이 없어진다는 것이었다. 오후 예배가 소중하지만, 그보다 더 중요한 것이 대학생들을 키우는 일이라고 생각했다. 이것은 당시로서 결코 쉽지 않은 결정이었고, 대학생들을 키우려고 하는 교회의 남다른 열정을 엿볼 수 있는 대목이다.

또 한 가지 숨겨진 이야기가 있다. 오정현 간사의 사역에 대해서 박희천 담임 목사의 지원이 어느 정도로 적극적이었는지를 짐작케 하는 내용이다. 당시만 해도 선교 단체의 성경 공부 교재를 개 교회에서 도입해서 사용하는 것이 결코 쉽지 않았다. 선교 단체의 위상에 대하여 교회가 조심스러워하는 부분이 많았기에 선교 단체의 교재를 교회가 전격적으로 도입한다는 것은 결코 쉬운 문제가 아니었다. 자칫 노회 차원의 신학적인 문제 제기가 일어날 수도 있는 사안이었다. 오랜 시간이 지난 후에 당시를 회고하면서, 박희천 목사는 본인이 이 모든 것을 막아서서 책임을 지겠다는 각오를 했다고 술회한다. 노회에서 처벌을 받아야 한다면 자신이 달게 받겠다고 하는 각오까지 했다는 것이다. 박희천 목

| 1978년 대학부 섬김의 날

사의 조용한 리더십, 그 속에 담긴 청년들에 대한 사랑과 열정, 이것이 대학부를 세울 수 있는 큰 원동력이었다는 것을 짐작케 하는 부분이다.

대학부 부흥의 원년은 1978년 여름 수련회였다. 경기도 송추 천우사기도원에서 열린 제7회 여름 수련회는 "요한의 아들 시몬아 네가 나를 사랑하느냐"라는 제목으로 4박 5일간 진행되었다. 당시 한국 교회의 대학부 운동의 시초라고 해도 과언이 아닌 성도교회의 대학부를 지도하시다가, 미국에 유학을 마치고 갓 돌아오신 옥한흠 목사님을 강사로 모시게 되었다. 이때 요한일서 강해를 통해 정말로 살아 계시고 너무나 좋으신 하나님을 발견하게 되면서 수많은 헌신의 다짐이 속출하게 되었다. 한마디로 놀라운 성령의 역사를 경험하게 된 것이다.

당시 대학부 주보 '증인들' 135호에는 "우리는 수련회 광(狂)은 아니지만, 수련회가 획기적이고도 신선한 문제 해결의 광장, 특별한 팀웍의 연단을 준다는 의미에서 수련회 예찬을 할 수 있다." 이런 고백이 있을 정도였다. 현재 삼일교회 담임 목사인 송태근 목사는 "그 당시 수련회를 기억하면서, 옥한흠 목사의 설교 내용이 40년이 지난 현재도 거의 기억에 남을 정도였다."라고 할 만큼 그 영향력은 대단했었다고 할 수 있다.

1978년의 수련회는 부흥의 원년이라고 해도 과언이 아니다. 수련회에서 받은 은혜의 여파를 몰아서 대학부는 특별한 행사를 기획했다. 바로 제1회 "생명, 교제, 기쁨의 날"(일명 생교기) 이었다. 1978년 9월 25일에 있었던 이 행사는 복음 전도 잔치였다. 여름 수련회에서 받았던 은혜의 물꼬가 이곳으로 흘러가도록 기획되었던 것이다. 받은 은혜는 선교적인 동력이 되어 흘러 나갔다고 말하기에 적합한 행사였다고 할 수 있다. 이날 내수동교회는 유래없는 젊은이들이 모여들었다. 400명 이상의 젊은이가 모여들어서, 이 당시로서는 어려운 주변 지역에서 소문이 날 정도의 놀라운 일이 되기도 했다. 대학부는 이 은혜의 물결에 힘입어 수십 명의 학생들이 150명가량의 규모 있는 대학부로 변모하게 되었다.

1981년까지 오정현 간사의 사역이 있은 후 1981년에서 1983년 4월 말까지 오정호 전도사(현 대전 새로남교회 담임 목사)가 사역을 이어받게 되었다. 오정호 전도사는 오정현 간사의 동생으로서 이전 대학부의 구성원이었으므로 대학부의 방향과 분위기가 단절되지 않고, 그대로 이어지게 할 수 있는 적임자였던 것이다. 1981년과 1982년 수련회에 이동원 목사(현 지구촌교회 원로 목사)를 모시게 되었고, 초창기의 열정과 비전은 고스란히 대를 이어서 연결되었다.

1980년대 초반을 지나면서 대학부는 1세대들의 자리를 2세대들이

| 1981년 11월 4일 오정현 간사(사랑의교회 담임)가 사역을 마치고 오정호 전도사(대전 새로남교회 담임) 대학부 사역을 시작함. 끝줄 왼쪽에서 4번째가 박성규 목사(부전교회 담임)

이어가는 상황이었다. 1983년 4월까지 오정호 전도사가 사역하고, 당시 내수동교회 학생이었던 박성규 전도사(당시 총신대 4학년, 현재 부산 부전교회 담임 목사)가 사역을 이어받게 되었다. 사역의 내용은 변함없이 잘 계승이 되었지만, 당시 사회적인 분위기는 대학부 구성원들로 하여금 고민을 하도록 만들기에 충분했다고 할 수 있다. 광주 민주화 운동의 여파와 군사 정권의 분위기 아래서 대학부의 영적인 분위기는 이전과 같을 수가 없었다. 대학부는 순수한 복음 전도와 세계 선교의 비전과 함께 '신앙과 삶의 일치'라고 하는 중요한 과제를 안게 되었다.

한마디로 성숙과 양육에 대한 더욱 강한 목마름이었다. 신앙인으로서 이 세상 속에서 어떻게 살아가야 하는가 하는 질문과 고민이었다. 1983년 7월에는 자매 양육 모임이 이루어지게 되었다. 이러한 양육에 대한 관심 대두는 대학부 성경 공부만으로는 더 이상 영혼을 먹이는 데 온전한 역할을 하지 못한다는 진단에서 나온 것이다. 또한 '증인 라브리'(대학부 학생들의 생활 공동체)가 계속적으로 강조되고 발전되어서, 이들 생활 공동체가 자체적으로 수련회를 가지는 등의 성숙을 위한 몸부림이 계속되었다. 프란시스 쉐퍼의 정신을 깊이 추구하는 분위가 강했고, '비전'이라는 이슈보다는 '삶'과 '성숙'이라는 이슈가 더욱 호소력을 가졌다고 할 수 있다.

대학부 교육 내용이 영혼들을 먹이는 데 부족하다는 인식을 하면서, 더욱 더 양육 모임이 많아지고 그 열정이 높아지는 분위기였다. 그 가운데 시작했던 일명 '창세기 모임'은 양육 받았던 2학년 학생들이 1학년 후배들을 양육함으로써 보다 진전된 모임의 형태를 띠게 되었다.

'창세기 모임'은 주목할 점이 있다. 공식적인 모임은 아니었지만, 비공식적이며 자발적인 모임으로서 상당한 영향력을 가졌다고 할 수 있다. 왜냐하면 이 모임 속에서 양육되었던 구성원들 중에서 후일 대학부 사역을 이어가는 중요한 역할을 감당하는 사람들이 배출되었고, 교회뿐 아니라 사회적으로 귀한 역할을 감당하는 일꾼들이 많이 배출되었기 때문이다. 창세기 모임의 멤버들 중에는 이동화(현 동아시아신학원장), 화종부(내수동교회 대학부 목사. 현 남서울교회 담임), 이관형(내수동교회 대학부 목사. 현 대구내일교회 담임)등이 있다.

창세기 모임은 귀한 열매를 만들기는 했지만, 공식적인 대학부 양육체계 속에서 나온 모임이 아니었기 때문에, 당시 대학부 지도력에 부담을 줄 수 있는 소지도 분명히 있었다. 그래서 대학부 공식 모임과 창세기와 같은 비공식적인 모임이 서로의 관계 설정을 놓고서 갈등이 생기기도 했다. 그러나, 비록 창세기 모임이 비공식적인 모임이기는 했어도, 이를 통해서 대학부의 미래를 열어 가는 귀한 일꾼을 만들고, 결국 그 일꾼들이 대학부 속으로 깊숙이 들어가서 대학부를 세우게 되었으므로, 하나님께서 이 모임을 귀하게 사용하셨다고 말할 수 있다.

추후에 다시 언급하겠지만, 하나님께서는 대학부의 역사 속에 창세기 모임과 같은 자발적인 모임들을 많이 사용하셨다. 이런 모임들이 기존 질서와 갈등을 만드는 것은 문제가 되지만, 갈등이 아닌 지원과 보충을 이루어서 결국 대학부를 세웠다는 것을 생각하면, 하나님의 일하시는 중요한 방편이었음을 생각해야 한다. 이후에도 대학부를 세우는 중요한 방편들 중에 바로 이와 같은 자발적인 모임들이 우후죽순처럼 많이 일어나게 되었다는 것은 매우 고무적이다. 질서를 깨뜨리지 않으면서도, 학생들 중심의 자발성이 꽃을 피우게 되었던 것이다.

| 1984년 뒷줄 왼쪽부터 김성상 집사, 김봉선 장로, 박성규 목사(부산 부전교회 담임)

1984년 여름 수련회는 천마산수양관에서 증인들의 영적 방향을 크게 좌우하는 시간이 되었다. 수련회에서의 강의는 한마디로 '구원 그 이후', '성숙으로 나아가자'는 모토였다. 박영선 목사(현 남포교회 원로 목사)을 모시고 수련회를 가지면서 대학부의 고민은 점점 더 삶의 문제로 집중하게 되었다. 초창기의 비전에 여전히 붙들려 있던 증인들에게는 이러한 삶의 문제에 대한 고민들이 영적 부담을 주기도 했다. 왜냐하면 그들에게는 삶의 문제에 대한 고민 속에서 옅어져 가는 열정을 회복해야 할 부담이 있었기 때문이다. 그러나 또 다른 한편에서는 비전과 구호보다는 삶의 내실을 채워야 한다는 문제 의식 때문에 이러한 수련회의 도전이 보다 더 적실하게 다가오게 되었다. 하여튼 이 시기를 통과하면서 대학부는 과거와 현재와 미래를 놓고서 고민하지 않을 수 없었다. 초창기 열정을 상실한 것이 아닌가 하는 고민과 함께, 현재의 사회 문제들 속에서 그리스도인들은 어떤 대답을 내놓아야 하는지에 대한 고민을 함께 해야만 했다.

1987년는 우리나라 사회적으로도 특별한 해였지만 대학부로서도 특별한 해였다고 할 수 있다. 사회적으로는 6 · 29선언이 있었고, 민주화 열풍이 거세게 불었다. 대학생들은 이런 사회 분위기 속에서 그리스도인의 정체성을 어떻게 정립해야 할지, 또한 사회 속에서 그리스도인의 역할이 무엇인지 고민하지 않을 수 없었다. 심지어 1987년 여름 수련회를 앞두고, 이런 국가적인 중요한 시기에 대학생 크리스천들이 수련회를 가는 것은 합당치 않다는 고민을 하면서, 수련회를 취소하자는 목소리까지 나오게 되었다.

이런 상황에서 벌어진 1987년 여름 수련회는 특별한 시간이었다.

정근두 목사(현 울산교회 원로 목사)를 모시고, 누가복음 19장 '세리 삭게오'에 대한 말씀을 중심으로 복음의 핵심과 본질을 강하게 도전하는 말씀을 들었다. 그곳에 모인 학생들은 "이 말씀이 바로 칼이라"고 말할 정도로 날카로운 복음의 원색적인 전달 앞에서 엄청난 도전을 받게 되었다. 큰 회개의 역사가 있었다. 동시에 믿는다는 것은 순수 복음만 강조할 것이 아니라, 사회 속에서 우리의 정체성을 동시에 질문해야 한다는 소위 '지성파'의 도전이 있었다. 대학부는 내적으로 보이지 않는 분열이 있는 것처럼 보였다. 그러나 강한 원색적인 복음의 도전 앞에서 대학부는 다시금 영적인 각성을 경험했던 것이 사실이다. 이 시기를 우리는 부흥의 원년(1978년)과 함께, 제2의 부흥기라고 생각했다.

수련회가 끝나고 난 뒤 증인들은 우리 스스로의 영적인 빈곤을 깊이 발견했다. 그래서 자발적인 기도 모임이 일어나기 시작했다. 영적 침체를 극복하고 더 큰 은사를 체험한 형제 자매들이 자발적으로 모여들기 시작했다. 그들은 함께 모여 장시간 깊은 기도에 빠져들었다. 1년여간 지속된 기도회 속에서 그들은 공의로우시며 두려운 하나님을 발견했고, 이를 통하여 대학부의 영적 부흥에 대한 소망이 불일 듯이 일어나게 되었다.

당시 주변의 지역 교회 대학부에서는 대학부 학생들의 사회 문제 관심과 교회 당회의 생각에 갈등이 일어나서, 큰 문제가 일어나기도 했다. 심지어 모 대학부는 깨어지기도 했다. 왜냐하면 이 당시 대학생이라면 사회적인 불의와 모순의 문제를 갈등하지 않을 수 없었고, 그리스도인이 침묵하고 있는 것에 대해서 신앙적인 용납을 할 수 없다고 생각했기 때문이다. 한마디로 교회마다 기성 세대와 젊은 세대가 몸살을 앓고 있었던 것이다. 그러나 내수동교회는 부흥의 힘, 성령의 감동으로 아주 자연스럽게 그 갈등의 문제들을 극복해 가고 있었다. 대학부는 또다시 성령의 역사를 통해서 위기를 넘어가게 되었다.

1987년 여름 수련회 이후 대학부는 적잖은 변화를 겪었다. 예전의 대학부 집회는 훈련 중심의 집회였다. 가령 설교가 아닌 5분 메시지의 형태로 역동적인 삶을 이끌어 내는 간단한 메시지 형태였다. 그러나 화종부 목사는 대학부의 집회를 예배 형식의 집회로 바꿀 필요를 느꼈다. 긴 본문 설교, 강해 설교 중심의 예배 형식으로 변화를 주었다. 이후 대학부 집회는 현재까지 상당한 분량의 설교 중심의 집회가 되었다.

1988년 화종부 전도사에 이어 이관형 전도사(현 대구내일교회 담임 목사)가 사역을 하면서, 대학부는 좀 더 실천적인 노력을 하려고 애를 쓰는 대학부로 변모했다. 당시 난지도 반석교회는 유년 주일 학교를 세울 수 없는 형편이었는데, 본 교회 대학부가 그곳을 책임지고 섬기게 되었다. 그리고 이관형 전도사는 대학부 사임 이후 아예 반석교회 사역자로서 봉사를 하기도 했다. 이것은 부흥의 은혜가 현장을 통해서 실천되어야 할 필요성을 느꼈기 때문이라고 할 수 있다. 이와 같이 대학부는 '받은 복음'의 은혜를 실천하여 드러내고 흘려보내야 한다는 강한 필요성을 느꼈던 공동체였던 것을 알 수 있고, 하나님께서 이를 기뻐하셨다는 것을 알 수 있다.

1991년 8월 이관형 전도사가 사임한 후 화종부 목사가 두 번째 대학부 사역을 감당하게 되었다. 두 번째 사역자가 된 후에는 보다 더 설교 중심의 대학부, 즉 복음의 본질에 충실한 대학부, 인간 죄성과 하나님의 구속 은혜에 집중하는 대학부로 나아가게 되었다. 이 시기에 대학부는 처음으로 200명이 넘게 되었고, 내실 있는 공동체로서 튼튼해진 시기였다.

1993년 화종부 목사의 사역이 마친 후, 전용호 전도사가 사역을 이어받으면서 대학부는 보다 기도 중심, 말씀 중심으로 충실하게 다졌다. 1993년 여름 수련회 강사로 오신 김서택 목사(현 대구동부교회 담임 목사)는 하나님 말씀의 영광의 놀라움을 깊이 있게 맛보게 해 주었다. 김서택 목사는 그 이후에도 1996년, 1997년, 그리고 그 이후에도 대학부의 수련회 강사로 섬겨 주셨다. 전용호 목사의 사역 기간 동안 대학부는 소그룹을 담아낼 수 있는 중그룹 제도를 만들어서, 보다 더 깊이 있는 양육에 힘을 썼다고 할 수 있다.

1998년 여름 전용호 목사가 사임하고 박지웅 전도사(필자)가 사역을 이어받았다. 이 당시 대학부는 영적으로 뜨거운 분위기가 그대로 유지되는 상황이었다. 필자는 대학부 사역을 시작하면서 비상한 성령의 역사가 대학부에 있다는 것을 느낄 수 있었다. 그 이유를 다시 언급하겠지만, 대학부에 중보 기도로 헌신했던 지체들의 노력과 열매가 있다는 것을 알았다. 이로 인하여 대학부는 숫자적으로 계속 부흥을 경험하게 되었고, 300명이 넘는 대학생들이 모이는 대학부가 되었다. 대학부의 집회 장소인 내수동교회 옥상 다락방은 건축 구조상 200명 정도 이상을 수용하는 것이 불가능했는데, 340명 가량의 학생들이 모이면서 장소적인 고민을 하지 않을 수가 없었다. 결국 대학부는 1부와 2부, 2개의 대학부로 나뉘어지게 되었고, 대학 1부는 곽인섭 전도사(현 백석대학교회 담임 목사), 대학 2부는 박지웅 전도사(필자)가 맡게 되었다.

2004년 필자가 내수동교회 담임 목사가 되었고, 얼마 있지 않아

1 · 2부의 대학부가 다시 하나로 합치게 되면서 대학부의 성장은 주춤하게 되었다. 이것은 2000년대 이후 대학가의 심각한 영적 침체 현상과 맥락을 같이 한다고 할 수 있다. 대학가의 선교 단체들이 성장을 멈추고 규모가 반토막으로 줄어드는 상황에 내수동교회 대학부도 함께 고민을 하지 않을 수가 없었다. 이 당시에는 벌써 지역 교회 고등부의 영적동력이 약화되면서 지방에서 유입되는 대학생들의 수가 현격하게 줄어들게 되었고, 서울의 대형 교회들에서 이미 청년 대학부의 규모가 커지는 상황이었다. 그 결과 이전에 '앉아서' 신입생들을 받아들이던 내수동교회 대학부가, 이제는 '직접 찾아다니면서' 전도하지 않으면 안 되는 대학부가 되었다.

대학부는 전통적으로 학생 중에 한 사람이 세워져서 전담 사역자 역할을 했다. 필자 역시 대학부에 소속된 '구성원(학생)'으로서 대학부 사역을 이어받았다. 이것은 어쩌면 하나님께서 나에게 주시는 하나의 사명처럼 받아들인 일이었고, 물리칠 수 없는 과제로 생각했다. 또 내가 맡은 시간을 내가 사역자로서 책임진다는 책임감도 작용했다. 그런데 이후에 대학부는 외부에서 유입되는 사역자가 사역을 이어가게 되었다. 양육된 후배가 없는 것도 이유가 되지만, 새로운 시대에 맞는 옷으로 과감하게 갈아입어야 할 필요성 때문이기도 했다. 그렇게 조영민 목사(현 나눔교회 담임 목사), 이춘열 목사(현 성만교회 담임 목사), 홍성표 목사(현 싱가포르 나눔과섬김 청년 담당)의 사역이 이어지면서, 현재는 대학부 출신의 사역자 박정욱 목사(전 사랑의교회 대학부 담당)가 사역을 잇고 있다.

감사한 것은 현재도 대학부 속에 면면히 흐르는 선배들의 전통이 그대로 남아 있어서 후배들의 영성을 형성하고 있다는 사실이다. 가령 현재도 대학부는 여름 겨울 수련회를 4박 5일을 고집하고 있다. 그리고 수련회 프로그램은 극단적인 단순함을 추구하여 '말씀, 기도, 성경 공부, 휴식' 이 외에는 없다. 그리고 이에 대한 불평도 전혀 없다. 요즘 세대에 4박 5일 수련회가 흔하지 않다. 그러나 대학부에서는 이것이 당연시 되고 있는 것을 보면, 이것은 선배들의 전통이 만들어 준 열매가 아닌가 싶다.

또한 여전히, 자발적인 선배들의 헌신과 사랑이 대학부를 지탱시키는 힘이 되고 있다. 이것 역시 좋은 전통의 열매라고 생각한다. 대학부에 대한 헌신도가 커서 자발적으로 간사로서 섬기되, 오랜 시간을 섬긴 후에 졸업을 하는 사람들이 이어지고 있다. 선배가 후배를 책임진다는 분위기가 자연스레 형성되어 있는 것 또한 좋은 전통의 결과인 것 같다. 이러한 좋은 자발성 위에 열정과 능력이 부어진다면, 다시 한 번 부흥의 역사를 맛보게 될 것이다. 감사한 것은 현재까지 대학부의 아름다운 공동체성이 면면히 이어지고 유지되고 있다는 점이다.

대학부의 부흥의 요인

필자는 간략한 대학부의 역사를 개관하면서, 오늘까지 이어오는 대학부 역사를 통해 우리 속에서 일하신 하나님의 역사를 되짚어 보았다. 그렇다면 대학부의 역사를 통해서 대학부가 부흥하게 된 요인이 무엇이 있었는지를 몇 가지 짚어 보고자 한다.

| 1982년 여름 수련회, 강사 이동원 목사, 왼쪽이 대학부 교역자인 오정호 전도사, 끝줄 우측에서 두 번째가 박성규 목사

성령 운동

대학부의 부흥의 핵심은 무엇보다 성령의 강권적인 역사, 즉 성령운동이었다는 것을 알 수 있다. 부흥의 원년이라고 했던 1978년의 부흥, 일명 송추 수련회 부흥은 한마디로 강력한 성령의 역사였다. 강사 옥한흠 목사는 당시 미국 유학을 마치고 귀국하여 사랑의교회를 개척하기 직전이었다. 미국에서 네비게이토선교회의 영향을 받고 제자 훈련에 대한 깊은 확신을 가지고 있었기 때문에, 내수동교회 대학부 수련회 주 강사로서 당신이 확신했던 제자 훈련의 가치를 깊이 있게 소개하고 싶어 주려 했음은 매우 당연한 일이었다.

옥한흠 목사는 1978년("네가 나를 사랑하느냐")뿐 만 아니라, 1979년("성장으로 나아가라"), 1980년("우리가 생명을 보았다"), 3년 연속으로 여름 수련회를 인도했다. 즉, 내수동교회 초창기 대학부의 형성에 지대한 영향을 미치셨다는 것을 짐작할 수 있다. 그러므로 내수동교회 대학부는 제자 훈련의 가치를 깊이 인식하고, 양육 체계를 세움에 있어서 소그룹 제자 훈련으로 그 골격을 세운 것이 사실이다. 그러나 필자는 그 속에 담긴 내용과 힘이 무엇이었는지를 주목하고자 한다.

제자 훈련은 그릇과 같았다. 그런데 정작 그 그릇에 담은 내용과 힘은 '성령 운동'이었다고 말할 수 있다. 1978년 당시를 우리는 내수동교회 대학부의 부흥의 원년이라고 평가한다. 실제로 1978년 송추에서 열린 4박 5일의 대학부 수련회를 통하여 수많은 간증과 변화가 있었다. 조현직 선교사(현재 연변과기대 교수)는 수련회 때 성령님의 감동으로 작사 작곡한 "오 주여, 내 주여"를 불러서 자신도 울고 청중도 울리는 일이 일어났다고 회고한다. 당시 대학부의 부장이었던 이상하 장로(현재 내수동교회 원로 장로)는 당시의 상황을 이렇게 술회한다.

1970년대 말 내수동교회 대학부에서 신앙생활을 했던 분들에게는 '송추의 추억'이 있다. …… 사실 우리 대학부의 여름 수련회 때마다 성령의 역사가 일어났었다. 그러나 78년 송추 수련회에서 일어난 성령의 역사는 이전보다 훨씬 강했다. 성령의 급하고 강한 바람이 참석자들을 휩감았다. 당시 옥 목사님은 사자후 같은 예언적 메시지를 선포하면서 수련회에 참가한 150여 명의 청년들에게 주님의 사람으로 평생 살아갈 것을 당부했다. 말씀을 들으면서 한 사람, 한 사람씩 모두 깨져 갔다. 모두 모여 "그러면 우리는 앞으로 어떻게 살아야 합니까?" 라고 말하면서 결단의 시간을 가졌다. 나는 수련회 기간에 오전에는 회사에서 근무하고, 오후에는 기도원에 가서 학생들과 합류했다. 첫날 기도원에서 봤던 모습이 평생 잊혀지지 않는다. 모든 학생들이 울고 있었다. 가슴을 치면서 회개하는 모습도 보였다. 눈이 퉁퉁 부었지만 너무나 평안한 학생들을 보면서 충격을 받았다.

저녁에 우리는 세족식을 벌였다. 서로 울면서 발을 씻겨 줬다. 그것은 위대한 섬김의 장면이었다. 나를 내려놓고 평생 남을 위해서 살겠다는 결단의 시간이었다. 수십 명의 학생들이 내 발을 씻겨 줬다. "장로님, 감사합니다. 우리를 위해서 헌신해 주셔서 정말 고맙습니다. 장로님 마음을 헤아리지 못한 채 제대로 살지 못했던 것을 회개합니다." 울면서 내 발을 씻겨 주는 아이들을 바라보며 나는 하염없이 눈물을 흘렸다. 그리고 나 역시 한 명, 한 명 아이들의 발을 씻겨 줬다. 눈물과 콧물이 범벅이 된 채 우리는 얼싸안고 대성통곡을 했다. 그날 밤에는 팔이 아파서 제대로 잠을 잘 수 없을 정도였지만 마음은 날아갈 것 같았다. 당시 학생들은 모두 영적으로 깨어났다. 죄악을 고백하고 평생 주님을 좇는 삶을 살기로 작정했다. 오정현 목사나 오정호 목사 등 당시에 참석했던 모든 사람의 마음속에 '송추의 추억'은 아름답게 각인됐다.[1]

대학부의 부흥의 원년이라고 했던 1978년 송추 수련회는 한마디로 '성령의 나타나심'이었다. 물론 송추 수련회 이후에 내수동교회 대학부는 제자 훈련에 열정을 가지고, 열심히 제자 훈련을 했던 공동체였던 것이 사실이다. 그러나 그 제자 훈련이라는 그릇 속에 담겨진 실제의 핵심과 본질은 '성령의 나타나심'이었다. 따라서 내수동교회 대학부의

---

1 이상하, "역경의 열매," 『국민일보』 2006년 12월 24일, http://news.kmib.co.kr/article/viewDetail.asp?newsClusterNo=01100201.20061224100000401

성장과 부흥의 핵심은 '성령 운동'이었다고 말할 수 있다. 성령의 불이 내수동교회 대학부에 떨어졌던 것이다.

1978년 송추 수련회에서 성령의 불을 체험했던 대학부는 변하기 시작했다. 수련회 이전에 30명에 불과하던 출석 인원은 수련회 이후 50명을 넘었고, 그 다음 해 100명, 또 그 다음해 150명을 넘는 양적 배가 운동이 일어났다. 이 당시 담임 목사였던 박희천 목사의 말을 들어 보자.

> 합동측 교회 중에서 가장 교인이 많은 충현교회도 학생이 50~60명이었던 시절이었다. … 오정현 학생은 1981년까지 3년 동안 대학부 책임자로 일하다가 미국 유학을 떠났다. 그때 대학부 학생의 숫자는 150명이었다. 당시 내수동교회 전체 교인이 450명이었는데, 3분의 1이 대학생이었다. … 1993년 교인들의 나이 분포를 조사했을 때 30대 이하가 63퍼센트였는데, 1995년에는 65퍼센트로 상승했다. 한국 교회에서는 상당히 드문 케이스일 것이다. 우리 교회에 젊은 사람들이 많이 출석하는 것에 큰 보람을 느꼈다.[2]

'성령 운동'은 부흥의 원년에만 일어난 일이 아니었다. 그 이후 대학부의 역사가 이어 오는 중요한 순간순간마다, 성령의 체험과 강하신 역사는 반복적으로 일어났다. 특히 공동체가 영적으로 무거워지면서 정체되고 침체되었을 때, 그 때마다 공동체를 회복시키고 일으켰던 힘은 '성령의 강하신 역사'였다.

앞서 말한대로 1987년 6월 29일은 민주화 운동이 일어나던 당시,

---

2 박희천, 『내가 사랑한 성경』 (서울: 국제제자훈련원, 2016), 102-105쪽.

6·29선언이 발표되던 시기였다. 공동체 속에서 시국에 대한 염려와 기독 청년의 역할에 대하여 서로 의견이 분분하며 마음이 갈라지게 되면서 젊은이들은 영적인 침체와 갈등을 경험하게 되었다. 이 당시 수련회 강사로 오신 정근두 목사(현재 울산교회 담임 목사)는 복음의 본질과 하나님의 사랑을 강하게 전했는데, 대학부는 이 수련회를 통해 강력한 회개 운동을 경험했다. 이것은 한마디로 '성령의 나타나심'이었고, '성령 운동'이었다. 그리고 공동체는 다시 한번 도약할 수 있게 되었다.

2000년 필자가 대학부 전도사로서 사역할 당시였다. 당시 하나님께서 대학부 공동체의 죄를 질책하셨고, 그 가운데 공동체의 중추적인 역할을 감당하던 한 형제가 죄를 고백하고 공개적으로 회개를 하면서 대학부 안에서 회개 운동이 일어났다. 필자는 당시 대학부 사역자로서 강력한 회개 운동을 체험했었다. 마치 대학부의 지붕이 한 순간에 날아가는 것과 같은, 그러한 강력한 느낌을 받을 정도로 모든 학생들이 울부짖으면서 회개를 하는 현장을 목도했다. 죄를 지은 것은 우리였지만, 하나님께서는 그 죄를 회개하는 과정에서 합력하여 선을 이루시어, 강력한 성령의 역사를 경험하게 하셨던 것이다. 그 이후 대학부는 200명 정도에서 300명이 넘는 수적 성장을 경험하게 되었다. 성령께서 강력하게 임하시고 전면에 등장하셔서 사역을 주도하신 사건이었다. 강력한 성령 운동이었다.

내수동교회 대학부의 부흥과 성장은 그 출발부터 성령 운동의 열매였다. 그리고 지금까지 걸어온 길도 한마디로 말하자면, 성령 운동의 역사였다. 공동체적인 위기를 경험하는 고비의 순간마다 다시금 살리시는 성령의 역사가 있었고, 바로 그 성령의 운동이 다시금 대학부로 하여금 새로운 역사를 향해 걸어가게 했다. 이러한 관점에서 미래적인 전망을 한다고 할 때, 우리는 성령 운동이라는 초점을 떠나 대학 청년부의 미래를 그려볼 수 없다. 오히려 더욱더 '성령 운동'의 본질에 집중하는 것이 우리가 나아갈 길이라고 믿는다. 그리고 이는 내수동교회의 청년 사역에만 한정되는 것이 아니라, 오늘날 침체된 한국 교회의 청년 사역이 집중해야 할 초점이라고 확신한다.

기도 운동

내수동교회 대학부가 부흥의 역사를 경험한 시간들을 되돌아보면, 어김없이 기도 운동이 그 중심을 이루었다. 우선 성령 운동의 모판과 같은 역할을 했던 여름과 겨울의 수련회를 생각해 보자. 내수동교회는 전통적으로 수련회를 준비하면서, 가능한 많은 횟수의 준비 기도회를 가져왔다. 적어도 10회 이상 준비 기도회를 가지면서 더 많은 시간의 초점을 기도에 맞추도록 하며 기도에 집중해 왔다.[3] 그 결과 수련회 준비 기도회 때마다 많은 은혜를 경험하는 일들이 일어나고, 수련회가 시작하기 전 이미 마음 밭이 준비되어 있는 것을 경험했다. 필자 역시 내수동교회 대학부 시절에 수련회 준비 기도회를 참석하고 인도하면서 성령의 역사를 체험한 적이 여러 번 있다. 1990년도 여름 수련회(강사 김남준 전도사, 현 열린교회 담임 목사) 당시 수련회에 대한 갈급함과 열정이 부족

---

[3] 전규택도 청년 대학부의 수련회의 방향성을 제시하는 글에서 수련회 준비에 공동체의 역량을 집중하라고 권면하면서 다양한 기도회를 통해 수련회를 위한 기도에 집중할 것을 강조한다. "준비 기도회", "실제 기도회", "연결 기도회", "순(組)별 기도회", "24시간 연속 기도회", "기도 합주회", "집중 기도회", "심야 기도회", "새벽 기도회", "팀별 기도회"가 그것들이다(전규택, "청년 대학부 수련회의 새로운 방향성 모색," 『교육 교회』, vol. 227, no. - [1995]:188–189).

하다는 성령의 책망을 받고, 수련회 전날 모든 리더들이 한 자리에 모여서 장시간 회개 기도를 했던 기억이 생생하다. 성령의 잔치를 위하여 우리의 마음이 준비되지 못한 것을 생각하면서, 울면서 회개하던 기억이 지금도 생생하다.

그리고 수련회가 마친 후 비공식적으로 자연스럽게 모인 기도 모임 역시 대학부 성장에 지대한 역할을 했다. 1987년 여름 수련회가 끝난 뒤, 몇 명의 학생들(엘더와 리더들)이 자연스럽게 모여서 기도 모임을 가졌다. 이 모임이 얼마나 진지하고 뜨거웠던지 오전 10시 정도에 시작한 모임이 식사 시간도 건너뛰고, 오후 늦은 시간까지 계속되었다고 전해진다. 이 기도 모임 속에서 각양 성령의 은사들이 나타났다. 예언의 은사, 방언의 은사, 영 분별의 은사 등이 나타났고, 대학부의 죄와 음란함 등을 책망하시는 성령의 음성을 기록으로 남기기도 했다.

내수동교회 대학부의 역사는 결코 평탄하지 않았다. 항상 사단의 시험과 공격이 있었고, 영적인 부침의 현상을 주기적으로 경험했다. 그러나 어려울 때마다, 항상 함께 모여 합심 기도 모임을 만드는 것이 그 해답이었다. 1990년대 말에는 공동체의 위기를 느끼면서, 몇몇의 자매들이 자원하여 매일 오전 10시에 모여, 오후 3시 정도까지, 장시간 공동체를 위하여 중보 기도하는 모임이 생겨났다. (이 모임은 2년 이상 지속되었다.) 이 모임이 시작된 이후 시간이 허락되는 학생들이 자발적으로 모여들기 시작했다. 필자가 기억하기로는 이 기도 모임의 열매가 두고두고 나타났었다. 필자가 대학부 사역을 시작하면서, 영적인 힘을 느낀 것은 바로 이 기도 모임을 통한 열매였다는 것을 확신한다. 대학부가 양적으로 성장했던 시기도 바로 이때였다.

대학부는 자발적으로 기도 모임을 만드는 일이 많았다. 나라가 어려울 때에는 나라를 위한 중보 기도 모임을 만들었다. 공식적인 기도 모임이었던 화요일 저녁 기도 모임이 있었지만, 비공식적인 기도 모임이 이쪽저쪽에서 일어났다. 마치 사사 시대에 사사가 일어났던 것처럼 어느 누군가가 영적인 부담을 지고 기도 모임을 만들면, 자원하는 영혼들이 모이기를 기뻐했다.

성령 운동의 모판 - 수련회 운동

성령 운동은 특별한 성령의 불씨가 점화될 수 있는 기회를 필요로 한다. 모판이 필요하다는 것이다. 이런 차원에서 대학 청년 사역의 부흥을 위하여 반드시 필요한 모판과 같은 것이 '수련회'라고 할 수 있다. 필자는 내수동교회의 역사를 생각할 때, 수련회가 그 모판 역할을 했다고 생각한다. 우리는 수련회를 정말로 목숨처럼 소중하게 여겼다. 수련회를 참석하지 않으면 마치 죽을 듯이 수련회를 중요하게 여겼다. 그리고 그 수련회 때마다 성령의 불길이 다시 타올랐다. 청년들의 집회, 특히 일상을 떠나서 하나님 앞에 독대하는 시간이 성령 운동을 위해서 절대적인 비중을 차지한다고 생각한다.

시간 확보

여름과 겨울에 각각 4박 5일의 수련회는 대학부 사역의 기둥과도 같은 역할을 감당했다. 최근 교회 청년 사역의 현장들을 보면, 청년들이 시간을 만들기가 어려워 수련회로 말씀 기도 집회를 여는 것이 힘들다는 하소연이 꽤나 들린다. 2박 3일 정도의 집회도 쉽지 않다는 반응이다. 그것도 휴일을 끼워 넣어야만 겨우 3박 4일을 기획해 볼 수 있다는 것이다. 하지만 내수동교회 대학부는 지금도 여전히 여름과 겨울에 4박 5일의 수련회를 고집한다. 이렇게 하는 이유는, 과거 역사를 통해 배운 바 4박 5일의 시간이 반드시 필요하다는 인식이 있기 때문이다. 성령 운동이란 성령께 기회를 드려야 가능한 것이므로, 성령께 시간을 드리고 그분께 집중하며 잠길 수 있는 시간을 확보하는 것이 중요하다고 생각하기 때문이다. 이러한 정책은 앞으로도 고스란히 이어갈 생각이다.

프로그램의 단순화

4박 5일의 수련회는 성령의 역사를 기대하는 시간이므로, 가능한 한 단순한 프로그램을 만드는 것을 기본 원칙으로 한다. 수련회는 근본적으로 성령 하나님을 만나는 시간이다. 복잡한 프로그램은 집중력을 분산시킬 수 있기 때문에, 1987년 이후 내수동교회 대학부는 수련회의 단순화 원칙을 지금까지 고수하고 있다. 오전과 저녁에 두 번의 말씀 집회를 연다. 그리고 점심 식사 후 성경 공부와 낮잠의 시간을 가지는 것이 전부다.

수련회 참석을 위한 에너지의 총동원

수련회를 참석시키기 위한 노력과 집중은 수련회 전 약 두 달간의 공동체 전체의 목표가 된다. 마치 참석만 하면 모든 것이 끝나는 것처럼, 한 사람이라도 더 참석을 시키기 위해서 모든 에너지를 집중하는 분위기다. 이런 분위기 속에서 참석하지 않으면 안 되겠다는 무언의 기류가 형성되고, 이것은 대학부의 전통이 되어 지금까지도 이어지고 있다. 수련회 참석을 위해서 한 사람 한 사람 집요하게 권고한다. 몇 주 전부터 한 사람 한 사람의 참석 여부를 일일이 모두 다 체크한다. 그리고 그 사람의 참석을 위하여 여러 사람이 헌신하겠다고 작정한다. 이러한 분위기가 수련회에 대한 사모함과 열정을 배가하는 것 같다. 이 애착은 고스란히 영적 갈급함이 되어 성령의 소낙비를 경험케 했다. 한국 교회의 대학부 사역의 미래를 생각할 때, 제언하고 싶은 것은 이것이다. 성령 운동은 반드시 불꽃을 점화시키는 기회가 필요한데, '함께 모이는 집회' 즉 수련회의 역할이 절대적이라는 사실이다.

제자 훈련에 기초한 소그룹 운동

구슬이 서말이라도 꿰어야 보배라고 했다. 내수동교회에 성령 운동과 기도 운동이 부흥의 구슬과도 같았다면, 이 구슬을 꿰는 역할은 제자 훈련을 기초한 소그룹 운동이었다. 故 옥한흠 목사가 제자 훈련의 목회 철학을 준비하고 귀국해서 곧바로 내수동교회 대학부 수련회를 인도해 주었다는 것에 중요한 의미가 있다고 생각한다. 이 수련회에서 성령의 운동만 일어난 것이 아니라, 확실한 제자 훈련 철학을 전수받았다. 이후에 내수동교회 대학부는 철저한 소그룹 운동에 집중했다. 초창기부터 오늘 현재에 이르기까지 네비게이토 교재를 사용하고, 또 새로운 교재를 사용하며 변천의 과정을 겪었지만, 변함이 없는 것은 제자 훈련을 통해서 한 사람 한 사람을 말씀으로 채워지는 사람, 예수님의 제자로 만드는 것이다.

| 왼쪽에서 박성규 목사, 오정현 목사, 송태근 목사, 내수동교회 담임인 박지웅 목사

교회의 전폭적인 지원

청년 사역은 교회의 전폭적인 지원이 없이는 지속성이 불가능하다고 확신한다. 특히 담임 목사의 전적인 애정과 사랑이 없이는 불가능하다. 잠깐 반짝하고 일어날 수 있을지는 모르나, 그것이 지속되고 세대를 넘어 계승될 수 있도록 교회의 지원이 필요하다. 그것도 전폭적인 지원이 필요하다.

내수동교회 대학부의 사역을 돌아 보건데, 청년들을 위한 가장 큰 지원은 바로 교회가 울타리가 되어 준 사실이다. 아울러 학생들의 자발성이 가능한 한 응집될 수 있도록, 보이지 않게 지원하고, 격려해 준 것이다. 학생들이 자발적으로 시도해 보고 싶어 했던 것은 결과와 열매에 상관없이 한 번 시도해 볼 수 있도록 장을 열어 주었다. 앞서 언급한 대로 초창기 시절, 오정현 간사는 당시 네비게이토 선교 단체의 성경 공부 교재를 전폭적으로 대학부에 도입하고자 했다. 이 당시를 박희천 담임 목사는 이렇게 회상한다.

> 나는 오정현 간사가 하는 일은 99.9% 허락했습니다. 당시 네비게이토의 SCL 교재를 교회에서 사용하는 것은 교회에서 경계하는 일이었어요. 이제 와서 하는 이야기지만, 사실 노회 재판부에서 재판을 받을 각오를 하고 시작한 일입니다. 내가 SCL이 뭔지 알았나요? 오정현 간사가 하는 일이 믿음으로, 신앙으로 하는 일이라는 걸 아니까 허락했지요! 오 목사의 인격을 믿고 한 일이니까요. 재정도 그래요. 오정현 간사가 한다면 박박 긁어서 쓰게 해 주었죠! 행정적으로 재정적으로 지원을 받으니까, 그만큼 성장할 수 있었다고 생각해요. 내가 간섭했으면 어림도 없는 이야기입니다.[4]

현재 내수동교회 대학부는 항상 저녁 식사를 교회에서 하고 흩어지는데, 최근까지는 자발적으로 식사 준비를 해서 식탁의 교제를 해 왔다. 그러나 근래에 교회의 권사님들이 학생들을 사랑하는 마음으로 저녁 식사 봉사를 해 주고 계신다. 이것은 일종의 자원하는 사랑이다. 대학 청년 사역의 가치와 소중함에 관해서 교회적인 인식이 형성되는 것이 필요하다고 생각한다. 단지 개교회의 부흥을 위해서 필요하다는 생각 정도로는 부족하다. 한국 교회의 생명이 달려 있다는 생각을 하고, 밑 빠진 독에 물 붓기를 하는 심정으로 집중할 필요가 있다. 청년들이 자유롭게 호흡하고 숨 쉴 수 있는 분위기를 만들어 주는 것이 무엇보다

---

4 박희천, 『쉴만한 물가』 (서울: 내수동교회 소식지, 2006), 9쪽.

필요하다.

생활 공동체

청년 사역을 활성화하기 위하여 교회 내에 학사를 운영하는 경우가 있다. 그러나 학사 운영이 신앙적인 성령의 기폭제 역할을 하기보다는 단순한 기숙사 운영의 차원으로 그치게 되는 사례들을 종종 보게 된다. 내수동교회는 1970년대 말부터 생활 공동체를 운영했다. 이것은 교회가 운영하는 것이 아니라 학생들의 자발적인 모임이다. 우리의 신앙이 생활 속으로 침투해 들어가지 못하면, 신앙은 공허한 이론에 불과할 것이라는 생각 때문이었다. 그래서 함께 먹고 자고, 그렇게 함께 살면서 생활을 공유하는 가운데 신앙을 증명해야 한다는 목표가 있었다. 이 목적과 열정으로 시작되다 보니, 생활 공동체는 대학부 공동체를 발전시키는데 중추적인 역할을 했다. 대학부를 섬기는 핵심 맴버들이 생활 공동체에서 24시간 생활을 공유했기 때문에, 늘 함께 기도하며 대학부의 사역을 공유했다. 이를 통해 대학부 사역은 탄력을 받게 되었다. 동시에 청년 신앙 운동이 생활과 분리되지 않고, 생활 속에 뿌리내리는 것이 중요하다는 각성을 심어 주었다.

그동안의 대학부 역사를 볼 때, 생활 공동체는 항상 순기능만 했던 것은 아니다. 생활 공동체 내의 관계가 어려워질 때 폐쇄되는 진통도 겪었고, 상처받은 구성원들이 교회를 떠나는 아픔도 겪었다. 그러나 신앙적인 목적으로 뭉치고 힘을 제대로 쓸 수만 있다면, 생활 공동체는 성령 운동이 일어나게 하는 중요한 윤활유와 같은 역할을 할 수 있다. 생활 공동체는 삶을 공유하는 것을 통해, 신앙의 치열함을 가르쳐 주고 더욱 더 성령 하나님을 의존하는 법을 배우게 해 주었다. 그런 의미에서 단순히 학생들의 편의를 위한 학사로서의 목적보다는, 성령 운동의 산실로서의 역할을 할 수 있는, 신앙적인 목적이 분명한 생활 공동체를 세우는 것도 청년 사역의 부흥을 위한 중요한 대안이 될 수 있다고 생각한다.

자발적인 모임의 분위기

젊은이들의 환경이 예전과 달라져서 바빠진 것은 사실이지만, 그래도 미혼의 시기인지라, 자기 시간을 스스로 쪼개서 통제할 수 있는 여유를 가지고 있다. 그러므로 방학과 같은 자유의 시간이 주어질 때, 젊은이들이 시간을 낭비하지 않고, 훈련과 신앙을 위해 모일 수 있도록 힘쓰는 것이 중요하다. 교회는 이 점을 놓치지 않아야 한다.

내수동교회는 방학 중에 다양한 특별 소모임을 만들어서 함께 모이기를 힘썼다. 대학부 초창기를 되돌아보면, 공휴일은 무조건 자유를 반납해야만 할 것 같은 분위기였다고 할 정도로, 지독스럽게 모이기를 힘썼다. 틈만 나면 모이고, 매일 모이고, 자발적으로 모이는 분위기였다. 모이기를 사모하는 분위기를 만드는 것은 청년 사역의 부흥을 위하여 중요한 문제라고 생각한다. 성령 운동은 모이기를 힘쓰는 곳에서 일어나기 때문이다.

초창기 '창세기 모임'이 대학부 역사의 초석을 놓는데, 지대한 공헌을 했던 것은 이미 언급한 그대로이다. 그 이후에도 자발적으로 모이기를 힘썼다. 대학부의 질서를 존중하면서도, 누가 시키지 않아도 한 사람 한 사람이 일어났다. 마치 사사 시대에 하나님께서 성령의 마음을 사사들에게 부어 주신 것처럼, 내수동교회 대학부는 누구든지 일어날 수 있었다. 그리고 의기가 투합된 사람들은 영적인 에너지를 발산했다.

...

내수동교회의 역사를 보면서 필자는 '하나님 나라의 역사'라는 확신을 가진다. 하나님께서 이 작은 공동체의 40여 년의 역사를 통해서 신실하게 일하셨다. 내수동교회 대학부의 역사를 보면서 필자는 하나님을 배웠다. 하나님께서 어떠한 분이신지, 하나님께서 무엇을 기뻐하시는지, 하나님께서 오늘도 우리에게 무엇을 기대하시는지를 배웠다. 이 작은 공동체의 역사를 이끄신 분은 그분이었고, 그분의 손이었다.

"해 아래는 새것이 없다"(전 1:9)고 했다. 필자가 진단하고 제시한 것들은 전혀 새로운 대안이 아니다. 어쩌면 우리가 이미 다 알고 있는 것을 다시 한번 반복한 것에 불과하다고 해야 할 것이다. 그럼에도 불구하고 우리에게 필요한 것은 신선한 아이디어가 아니라, 확고한 방향이라고 믿기 때문에 우리는 다시금 본질에 충실해야 한다.

내수동교회 대학부에 주신 성령의 역사가 다시금 절실하다. 아니 더크고 웅장하고 강력한 성령의 역사가 이 땅의 교회에 절실히 필요하다. 특히 젊은이 사역이 침체의 시간을 통과하고 있는 지금에, 성령의 역사를 믿고서 일어나는, 열정을 품은 작은 공동체들이 절실히 필요하다. 이삭이 부친 아브라함 시대의 우물을 다시 팠던 것처럼, 이 땅의 하나님의 사람들이 과거 부흥의 수맥을 정확히 다시 찾아내고, 희망의 미래를 열어 나갈 것을 간절히 바란다.

참고문헌

Lloyd-Jones, David Martyn. 『부흥』. 서문강 옮김. 서울: 생명의말씀사, 1990.

박희천. 『내가 사랑한 성경』. 서울: 국제제자훈련원, 2016.

_____ . 『쉴만한 물가』. 서울: 내수동교회 소식지, 2006.

전규택. "청년 대학부 수련회의 새로운 방향성 모색." 『교육교회』. vol. 227, no.- (1995): 185-
192.

이상하. "역경의 열매." 『국민일보』 2006년 12월 24일. http://news.kmib.co.kr/article/
viewDetail.asp?newsClusterNo=01100201.20061224100000401

박
지
웅

- 고려대학교 졸업
- 총신대학교 신학대학원을 졸업
- (전) 내수동교회 대학부 교육 전도사
- (현) 내수동교회 담임 목사
- 『믿음의 눈을 뜨라』 (생명의말씀사, 2014)
- 『엘리야는 길을 안다』 (더드림, 2015)

Part 2
한국 교회
대학부 선교 단체 이야기

한국 CCC에 대한 회고와 전망

윤승록

모든 사람이 복음을 듣게 되고 어떤 사람이 예수님을 알게 될 때까지
(Until everyone hears the gospel and someone knows Jesus.)

'CCC란 무엇인가'라는 질문에 대해 CCC의 창설자인 빌 브라이트(William R. "Bill" Bright, 1921~2003) 박사는 다음과 같이 말했다. "우리는 사람들에게 전도하고, 그들을 믿음 안에서 양육하고, 또한 그들이 다시 다른 사람들에게 전도

빌 브라이트, 빌리 그래함, 김준곤

하고 양육하고 파송하는 일들을 오는 세대 속에서 계속함으로, 전 세계적인 그리스도의 몸이 주님의 지상 명령을 성취하도록 돕기 위해 하나님에 의해 부름을 받았다." 이 정의는 CCC의 정체성과 관련하여 7개의 중요한 요소를 보여 준다. 하나님의 부르심; 적극적인 전도; 제자를 양육하는 것; 승법 번식을 위해 파송; 교회와 모든 선교 기관과의 협력; 기도의 중요성; 지상 명령 성취를 돕는 것이 바로 그것이다.

회고(Retrospect)

태동기

학생 자비량 운동(Student Volunteer Movements)이 쇠퇴해 가던 1930년 대 말 거대한 연합 선교 운동이 주도하던 세계 선교는 위기와 함께 새로운 도전을 맞게 된다. 이것은 유럽과 아시아에서 일어난 제2차 세계 대전과 그 이후의 세계 질서의 재편과도 맞물려 있는 도전이었다.

1940년이 시작되자 전문성을 가지고 특정한 계층을 대상으로 한 현대 선교가 서서히 싹트고 있었다. TWR(트랜스 월드 라디오), Navigator(네비게이토), Wycliffe Bible Translation(세계 성경 번역 선교회) 등이 새롭게 그 선교 사역을 시작했다. 그리고 1950년 빌 브라이트 박사에 의해 대학생 선교회(Campus Crusade for Christ)가 UCLA에서 시작된다.

이 사역은 놀라운 성장을 보여 곧 미국 전역으로 사역을 확장하게 되었다. 나아가 국제 사역을 시작하려고 하는 시점에 한국에서 풀러신학교로 공부하기 위해 와 있던 김준곤 목사를 빌 브라이트 박사가 만나게 된다. 그리고 해외 사역의 첫 시작을 한국에서 하자고 요청했고, 김준곤 목사는 이 요청을 받아들여 학업을 중단하고 한국으로 돌아와 1958년 한국 대학생선교회(한국 CCC)를 시작하게 된다. 그리고 '오늘의 학원 복음화는 내일의 세계 복음화'(Win the campus today, win the world tomorrow)라는 표어 아래 1958년 10월 서울, 광주, 대구, 전주 그리고 1959년 대전, 공주, 1960년 부산 등으로 사역을 펼쳐 나가게 된다. 초창기에는 CCC를 이용해 이념적 사회 변혁을 시도하려고 했던 일단의 대학생들도 참여하였으나, 이후 영적 운동의 진행 속에서 자연스럽게 사라지고 전도, 육성, 그리고 파송이라는 본연의 사명에 전념하게 된다. 1964년 7월 경기도 '입석 수양관'에서 첫 대학생 여름 수련회를 가지면서 지금까지 매년 여름이 되면 전국의 대학생들이 함께 모여 불신자들에게는 복음을 들을 수 있는 기회를, 그리고 기존 신자들에게는 집중적인 양육과 훈련을 받는 'CCC 여름 수련회'의 전통이 서게 된다.

또한 1964년 7월 의대, 간호대 그리고 약대생들을 중심으로 '의료선교회'(CCC Medical Society; 약칭 Agape) 운동이 시작된다. 민족을 하나의 사회적 유기체로 보는 CCC의 관점에 따라 학원 사역의 진보와 함께 1965년 김준곤 목사는 국가 및 국회 조찬 기도회를 시작하게 된다.

1968년 8월에는 졸업생들 모임인 '나사렛 형제들' 운동이 시작되며, 같은 시기에 '순'(筍) 모임과 '사랑방' 운동이 시작된다. 1969년에는 전군 신자화 운동도 적극적으로 참여를 전개하게 된다. 이 기간에 활동한 졸업생들로는 하용조 목사, 홍정길 목사, 두상달 장로, 정정섭 장로, 주수일 장로, 이건오 박사, 전용태 장로, 이무석 교수 등이 있다.

성장기

1971년 1월 김준곤 목사는 CBS방송을 통해 '민족 복음화 운동'을 선언한다. 이것은 한국 대학생선교회 역사에 매우 중요한 전환점이 된다. 이러한 맥락 가운데 1972년 7월 '춘천 성시화 운동 전도 대회'를 가지면서, 한국 교회에 더 가까이 다가서서 빌 브라이트 박사가 말한 대로 교회가 지상 명령 성취를 돕는 일에 적극적으로 참여하게 된다.

1974년 8월 'Explo'74'(엑스플로 74)가 여의도 광장에서 개최되어

323,419명이 낮에는 사영리 전도 훈련을 받고, 저녁에는 매일 밤 1백만 명이 참석하는 전도 집회에 참석함으로써 한국 교회에 전도의 기폭점을 만들게 된다. CCC의 자체 조사에 의하면 74년 엑스플로 '74 즈음에 2백여만 명이던 한국의 기독교인 숫자가 1년 뒤 75년 여름에는 4백여만 명으로 증가한 것으로 나타났다. 그리고 1977년 7월 충북 심천에서 대학생 여름 수련회를 가질 때는 3,000명 이상이 참석함으로 학원 선교에 새로운 동력을 가지는 기회를 갖게 된다.

1978년 1월 처음으로 학원과 민족을 위한 '원단 금식 수련회'를 가짐으로써 현재까지 매년 연말에 1만 여명의 대학생들이 민족과 학원 그리고 세계 선교를 위해 금식하며 기도하는 전통이 시작된다.

1980년 8월에는 여의도 광장에서 "80 세계 복음화 대회"(나는 찾았네: I found it.)를 가지면서 10만여 명이 선교사로 헌신하게 되는데, 이것은 한국 교회가 70년대의 영적 · 경제적 성장의 바탕 위에 본격적으로 세계 선교에 참여하는 전기가 된다. CCC는 1983년 손세만 간사를 홍콩으로, 그리고 1985년 구원준 간사를 일본으로 파송함으로 해외 선교의 문을 열게 된다. 이 기간에 활동한 졸업생들로는 박성민 목사, 김윤희 박사, 김인중 목사, 박국양 박사, 황성주 박사, 최연현 박사, 노제현 박사, 홍종인 교수, 최영택 박사, 조원민 박사, 김재철 회장, 조권엽 권사, 김재환 교수, 정인수 전 국제 CCC 부대표 등이 있다.

확장기

1990년 7월과 8월 한 달에 걸쳐 필리핀의 수도 마닐라에 교회를 개척하고자 하는 목적으로 국제 CCC가 주최하고 필리핀 CCC가 주관하여 미국, 한국을 비롯 약 7개국이 함께 진행한 국제적인 연합 선교인 'Manila New Life Project'에 한국 CCC는 3,000명의 대학생들이 단기 선교로 참여함으로써 최초로 한국 교회에 단기 선교(short-term mission trip)를 소개하게 된다.

1991년 파키스탄 카라치에 '선한사마리아병원'(Good Samaritan Hospital)으로 의료 선교팀을 파송하고, 1997년 2월 개원 예배를 드림으로써 의료 선교 사역을 시작한다.

1995년 5월 "전 교회가, 전 복음을, 전 세계에"(Whole Church, Whole Gospel, Whole World)라는 구호 아래 'GCOWE 95'(Global Consultation on World Evangelization; 95세계 선교 대회)와 'SM2000'(Student Mission; 대학생 미션 2000)을 서울 횃불선교회관에서 개최하고 전세계 기독교 지도자들 4500명을 초대하여 세계 선교 전략을 세우는 일을 돕는다.

1999년 7월에 진행된 'Explo '99 인천 대회'는 전국 단위가 아닌 한 도시에서 개최한 전도 대회로서, 인천의 227개 교회에서 사영리 전도 훈련을 실시하고 매일 밤 5만여 명의 인천 지역 교회 성도들이 참여하는 새로운 형식의 지역 교회 중심 '도시 선교 대회'의 문을 연다. 1990년 대 말 처음으로 학생 '자비량 단기 선교사'(Short term Internationals: STINTers)들을 선교지에 있는 장기 선교사를 돕기 위해 파송한다.

성숙기

2000년 필리핀 마닐라에 '선교사 훈련원'(Agape International Training Center: AIT)을 개원함으로 체계적인 선교사 훈련을 실시하게 된다. 2000년 7월 여름 수련회에서 북한 동포들을 돕기 위해 '북한 젖염소 보내기 운동'을 결의하여 북한에 젖염소를 보내는 일을 시작한다. 국제 CCC는 2003년 박성민 목사를 한국 대학생선교회 2대 대표로 임명하고, 2004년 한국 CCC가 파송했던 200여 명의 해외 선교사들이 경기도 이천에 있는 ㈜알로에 마임 연수원에서 제1회 선교사 대회를 갖는다.

2007년 7월 'CM 2007'(Campus Mission)을 부산 벡스코(Bexco)에서 개최해 전세계 130여 개국 학원 간사 및 학생들 16,000명이 참석하여 미개척된 우선 대학(Priority Campus) 6,000개에 대한 개척 사역을 결의하고 학원 선교사 파송을 하게 된다. 2008년 11월 한국 CCC 50주년 기념식을 가지며,

2009년 9월 한국 대학생선교회 창설자인 김준곤 목사가 소천함으로 2세대 지도자 중심의 새로운 변화를 맞는다. 2009년 GAiN(Global Aid Network) Korea를 만들어 본격적으로 제3세계에 대한 구호 사역 특히 우물 파기와 학교 세우기를 시작하게 된다.

민족 복음화 운동

한국 CCC는 60년대 격변의 시기에 아시아 일대의 부흥의 기류와 맞물려 급속히 성장을 하게 된다. 이 과정에서 특히 3중 헌신을 표하게 되는데 '주님께 헌신, 민족의 입체적 구원에의 헌신, 형제들에의 헌신'이 바로 그것이다. 이것은 모든 CCC가 취하고 있듯 학원에서 시작하여 그 민족 전체를 하나의 유기체로 보고 영적 교구로 삼는 것을 의미한다. 졸업생 모임은, CCC 사역의 중심이라고 할 수 있는 학원에서 나아가 사회의 각 계층을 향한 선교의 다양한 패러다임을 창출해 내게 된다. 가정 선교 사역(Family Ministry), 교수 선교회(Faculty Ministry), 음악 선

교회, 스포츠 선교회(AIA), 태권도 선교부(TIA), 의료 선교부(Agape), 교사 선교회(TIM), 코칭 사역, 변혁적 지도력 세미나(TLGS), 창조과학회, 그리고 각종 직장 선교회 사역 등이 바로 그것이다. 한국 CCC는 교회와의 연합의 중요성을 강조했는데, 졸업생들은 모두 교회에 소속해서 그곳에서 주어진 역할과 사명을 감당하도록 했다. 나아가 민족 복음화의 불씨와 핵심 행동 요원이 되도록 사명감을 가르쳐 왔다. 이러한 맥락에서 '엑스플로 74'와 '80 세계 복음화 대성회' 그리고 'GCOWE 95'와 'CM 2007'이 진행되었다.

해외 선교

한국 CCC의 해외 선교 사역은, 철저하게 선교 현지의 각 나라 CCC 사역에 함께 하여 그 나라의 사역을 돕도록 되어 있다. 독자적인 사역은 허용되지 않고 사전에 파송하는 국가와 받아들이는 국가 사이에 충분한 사전 의사 소통이 선행되어 파송되는 선교사들은 무슨 일이든 현지 국가에서 필요한 영역으로 여기고 요청하는 일에 우선적으로 헌신하여 사역한다.

현재 한국 CCC는 약 40여 개 국가에서 300여 명의 간사들이 협력 선교 사역을 해 나가고 있다. 한국 CCC는 한국 합동 교단과 협력 선교 협정을 맺고 있는데 합동 교단의 선교부인 GMS에서 파송된 선교사들이 원할 경우 현지 CCC와 연결해서 협력 사역을 할 수 있도록 돕고 있다.

전망(Prospect)

전망 01

2003년 국제 CCC의 총재가 된 Dr. Steve Douglas는 그 시기 운동의 정체에 부딪친 CCC에 대한 전반적인 평가를 진행한다. 이때 한국 CCC 역시 새로운 대표가 된 박성민 목사에 의해 전반적인 운동의 재평가를 진행한다. 영적 운동의 지속성 여부는 전임 사역자의 헌신과 지원과도 밀접한 관계가 있는데 비록 일부 국가와 지역에서 전임 간사에 대한 지원이 증가하고 있으나 전세계적으로 전임 간사에 대한 지원이 정체 내지는 감소되고 있는 것이 직접적인 원인이기도 했다. 한국도 이 시기 전임 간사 지원 문제에 있어서 정체 상태에 있었다.

그 결과 CCC 운동의 내적 문화, 특히 5가지 영역에서 새로운 문화 변화(Culture change)를 강화하기로 결정했다. Local ownership(지역과 현장 사역의 소유권), Shared leadership(공유된 지도력), Value driven(가치가 이끄는 사역), Learning environment(학습 환경), Kingdom perspective(하나님 나라 관점)가 바로 그것이다. 이러한 문화 변화는 새로운 조직 변화와 새롭게 정의된 사명으로 이어져서 5개의 중요한 사역 영역이 재확인 된다. 학생들이 이끄는 사역(Student-led Movement), 평신도 지도자들이 이끄는 사역(Leader-led Movement), 교회가 이끄는 사역(Church-led Movement), 가상 공간에서의 사역(Virtually-led Movement), 역량 강화하기(Capacity Accelerated Movement)가 그것이다. 한국 CCC 전임 간사들은 이 일들이 사역 현장에서 일어나도록 촉매 역할을 하는 데 역량을 키워 나가고 있다.

전망 02

적극적인 전도(aggressive evangelism)는 CCC의 가장 중요한 부르심 중의 하나이며 또한 영적 유산이다. 그러나 한국만이 아니라 국제적으로도 선교 환경이 급격히 변하고 있으며 이러한 변화에 대해 어떻게 대응해야 할지에 대한 노력을 기울이고 있다.

한국의 학원 사역에 있어서 1970~80년대에 전도 영접율은 25~30%이던 것이 1990년대부터 감소하기 시작하여, 2000년대 접어 들어 10%에도 미치지 못하게 되었다. 복음에 대한 무관심은 대학 캠퍼스뿐만 아니라 사회 전반적인 도전이 된지 오래였다. 이것은 거시적으로 19세기부터 시작되던 영적 대부흥이 현저하게 둔화되고 있음을 말하며 작게는 한국과 중국을 포함한 동아시아에서의 사회적, 그리고 영적 환경의 변화를 보여 주는 것이었다.

이에 인터넷을 이용한 전도와 양육 사역이 새롭게 강화되어 국제 CCC의 'everystudent.com' 사이트에는 매년 수백만 명의 불신자들이 방문해 복음을 듣고 있으며, 영접을 결단한 사람들에게는 수백 명의 자원 봉사자들의 수고를 통해 컴퓨터에서 자동적으로 6차례 정도의 양육을 할 수 있도록 성경 공부 교재를 제공한다. 한국은 사영리를 'sand art'를 이용한 동영상으로 제작하여 사용하고 있는데, 효과가 크다. 이 동영상은 스마트폰이나 갤럭시 패드에서도 사용이 가능하며, 이미 'sand art' 사영리는 주요 외국어로도 번역이 되어 선교지뿐만 아니라 한국에 와 있는 외국인 유학생에 대한 전도에도 도움을 주고 있다. 그리고 7분 미만의 짧은 전도 영상(Short film project)들을 제작해서 복음을 전하고 있으며, 고전적인 영화 '예수'(Jesus film)를 짧은 만화 영상으로도 만들어 활용하기 위해 노력하고 있다. 그럼에도 대면 전도를 완전히 대체할 수 있는 것은 없기에, 비록 어려워진 환경이지만 대면 전도의 기회를 최대한 극대화하고자 하고 있다. 우연히 하는 전도(random evangelism)도 필요하나 관계를 지속하며 갖는 관계 전도의 결과와 효과가 크기 때문에 이러한 기회를 갖기 위해 다양한 전략을 세우고 있다. 즉, 많이 뿌리되 선택을 잃어 버리지 않고자 하고 있다.

전망 03

'아시안 미션'(Asian Mission)이 '학원 복음화 협의회'와 함께 조사한 바에 의하면 교회 고등부를 졸업한 그리스도인들이 대학에 진학해서 선교 단체에서 활동하기를 원하는 비율은 남자 대학생은 53%, 여자 대학생은 50% 정도인 것으로 조사되었다.(한국 대학생의 의식과 생활에 대한 조사 연구; 학원 복음화 협의회; 2012년)

미국 남침례교단(Southern Baptist)의 'Lifeway Reseach'가 미국 교회에서 주일 학교 고등부를 졸업한 18세에서 23세 학생 1,023명에 대한 조사 결과에 의하면, 고등학교를 졸업한 이후 약 70%가 교회를 떠났으며 그 중 34%는 30세가 되었을 때도 교회로 돌아 오지 않았다. 책임자인 Ed Stetzer는 "교회가 사역하는 방식에 변화가 필요하다."라고 말한다(인용 출처: Closing the back door; The need for Christian education; by Dr. Randy Douglass; October 21; 2009; normangeisler.com). 조사 결과들이 보여 주는 것처럼 십대 청소년 선교의 중요성은 한국 교회의 미래와도 깊은 연관성이 있다. 한국 CCC는 십대 선교의 중요성을 인식하고서 오랫동안 십대 선교회를 통해 청소년 사역을 해 왔으며 교회와의 협력으로 고등부를 위한 3,000명이 참석하는 여름 수련회 등을 진행해 오다가 잠시 중단했으며 다시 사역 준비를 하고 있다. 팽배해지고 있는 청소년들의 심각한 성적 윤리 문제 등 청소년 층에 대한 새로운 복음적 대안을 제시하며 전도 및 양육하는 일에 지역 교회와 협력하고자 한다.

전망 04

한국 CCC는 그 역사성에 있어서 한국 교회와의 협력과 섬김과 깊이 관련되어 있다. 민족 복음화 운동, Explo 74, 80 세계 복음화 대성회(나는 찾았네 운동), 대교회 사영리 전도 훈련과 양육 훈련과 이를 위한 '새생명 훈련원'(New Life Training Center) 운영, Explo 99 인천 대회, 비록 코로나로 인해 중단되었으나 경기 북부 교회와 함께한 2020 통일 선교 대회 등이 그것이다. 한국 교회의 성장과 한국 CCC의 성장은 늘 동반되어 왔다. 지금 다시 한국 교회와 함께 하기 위해 Power to Change(P2C)라고 하는 교회와 함께하는 사역을 시작했으며, 많은 경력 간사들이 새롭게 조직을 갖추어 교회와 평신도들을 위해서 위에 언급한 다양한 사역들을 통해 한국 교회의 역량 강화를 돕고자 협력 사역을 진행해 나가고 있다. 특히 통일을 준비하기 위해 그동안 '북한 젖염소 보내기 운동'과 '통일 봉사단'을 운영해 왔다. 통일이라고 하는 역사적, 문명사적 도전 앞에서 CCC는 탈북 대학생 사역으로 통일 이후의 북한 재건의 영적 사회적 일군을 키우는 일과 북한 재건에 있어 CCC의 역할을 위한 중·단기 계획 수립 및 실행을 위해 7개국 CCC와 관심 있는 교회들이 함께하는 협의회 모임을 1년에 한 차례 가지고 있다.

전망 05

변하는 시대 가운데 국제 CCC와 한국 CCC 모두 가장 중점으로 여기는 것은 전임 간사들의 지도력 개발이다. 지도력 개발 문제는 CCC 운동의 지속성 여부와 깊은 관계가 있기 때문이다. 한국 CCC가 국내외에서 개최하는 다양한 간사 지도력 개발을 위한 수련회, 세미나, 지도력 개발 프로그램 등은 모두 장기적인 계획 하에 잘 조직된 프로그램이다. 이 일을 위해 시간과 재능 그리고 자원의 30% 이상을 사용하고 있다. 한국 CCC가 지향하는 지도력은 '고결한 지도력'(leader of integrity)을 목표하고 '영적 지도력'을 기반으로 하는 '팀 지도력', 정보와 기술 습득, 창의성과 동역하는 능력을 의미한다. 젊은 간사들을 대상으로 하는 '차세대 지도자 학교'(Emerging Leaders School)와 EAST(East Asia School of Theology)와 AGST(Asia Graduate School of Theology)와 공동으로 중견 간사들의 지도력 개발을 위해 진행하고 있는 목회학 박사 과정(D.Min) 그리고 한국 내 우수한 신학교들과의 협력을 통해 간사들을 위한 다양한 교육과 훈련을 병행하고 있다. 격변하는 세계 질서와 어려워지고 있는 선교 환경 속에서 한국 CCC의 현재를 가능하게 하고 미래에 대한 기대를 갖는 이유 중 하나는, 이러한 지도력 개발의 중요성을 CCC의 최고 책임자들이 잘 인식하고 있다는 것이고, 사역의 우선 순위에 있어 일관되고 지속적으로 이 일에 헌신과 투자를 하고 있다는 것이다. 이를 위한 재정 개발을 위해 헌신된 유능한 인력 개발에도 힘을 기울이고 있다.

전망 06

2014년 동아시아 간사 수련회에서의 윤승록 목사

전망 07

미국 CCC는 해외 선교 사역에 있어서 오랫동안 인적 · 물적 자원의 80% 이상을 담당해 왔다. 1980년대 이후 국제 사역의 중요한 한 축이 된 한국 CCC는 미국이 져 온 짐을 함께 나누어 지기로 하고 자원의 일부를 감당하기로 결정했다. 그리하여 한국 CCC의 모든 전임 간사들은 자신들이 모금한 재정의 일부를 해외의 국가들과 해외 선교 사역을 위해 일정액 헌금해 오고 있다. 1990년대 말부터 한국 CCC는 '주요한 선교사 파송 기지'(Major missionary sending base)가 되는 목표로 사역을 진행해 왔다. 현재 37개국에 320명의 전임 선교사가 사역하고 있으며, 1년간 이들을 돕는 학생 자비량 단기 선교사가 매년 200백여 명씩 파송되고 있다. 또한 'A6 Project'를 통해 미개척된 해외 대학교에 간사와 학생들로 구성된 개척 선교팀을 3~6개월 파송하고, 해외 캠퍼스에 제자된 순장들을 세워 현지 국가와 연결해 주는 새로운 형태의 단기 선교 사역을 계속하고 있다. 현재까지 24개국에 380개 캠퍼스가 개척이 되었는데, 그중 80개는 현지 국가가 도전을 받아 개척한 숫자이다. CCC는 선교에 있어서 팀 사역을 강조하면서 '파송하는 국가'와 '파송받는 국가'가 함께 상승 효과를 가질 수 있도록 원칙을 명확하게 정해 놓고 있다.

선교사들은 자신들의 영적 재능뿐 아니라 현지 CCC의 다양한 선교 자원 개발도 함께 돕고 있으며, 현지 간사들과 제자들이 한국의 신학교와 일반 대학교에 와서 자신을 개발할 수 있도록 또한 돕고 있다. 그 목적은 잘 준비된 현지 사역자들이 향후 그들의 나라에서 지도력의 위치에서 운동을 세워 나갈 수 있도록 하기 위함이다. 한국 CCC의 해외 선교 원칙은 바로 이러한 '호혜 선교'(win-win mission)를 추구하는 것이다. 2007년부터 해외 선교에 있어서 새로운 패러다임 전환을 해 나가는 선교만이 아니라 한국에 유학 온 15만여 명의 외국인 유학생들을 위해서, 선교지에서 돌아온 38명의 선교사들 중심으로 이루어진 '외국인 유학생 사역팀'(Bridge Internationals)이 활발히 전도와 양육, 그리고 훈련 사역을 전개하고 있다. 현재는 300여 명의 유학생들이 양육을 받고 있다.

...

지난 60년 동안 사역을 하며 국내에서 그리고 선교지에서 사고와 질병으로 세상을 먼저 떠난 전임 간사들과 사모들 그리고 그들의 자녀들과 학생들을 추억해 본다. 한 세대를 넘기고 명멸해 간 많은 선교 기관들 속에 CCC가 지금까지 그 사명을 감당할 수 있었던 것은 하나님의 은혜이다. 국제 CCC는 70년의 역사 속에서 빌 브라이트 박사, 스티브 더글러스(Steve Douglas) 박사에 이어 이제는 제3대 총재인 스티브 셀러스(Steve Sellers)가 이끌고 있다. 한국 CCC는 김준곤 목사 이후 박성민 목사로 이어져 벌써 60여 년의 기간 동안 "오늘의 학원 복음화는 내일의 세계 복음화" 그리고 "민족의 가슴마다 피 묻은 그리스도를 심어 이 땅에 푸르고 푸른 그리스도의 계절이 오게 하자"라는 표어 하에 시대적 복음 사명을 수행해 오고 있다. 변하는 시대에도 처음 부르심을 좇아 잃어버린 사람들을 하나님께로 인도하고, 삶을 변화시키는 제자화와 재생산하는 지도자들을 세우며, 영적 운동에 필요한 모든 자원에 있어서 자립하는 현장 사역들이 되어 다음 세대에도 지속될 수 있도록, CCC는 기본을 잊지 않고자 한다. 모든 사람들이 그들의 주위에서 그리스도 예수를 진실되게 따르는 제자 어느 누군가를 볼 수 있도록 모든 사람에게 복음을 전하고 그중 어떤 사람은 그분을 알고 따르는 제자가 되게 하는 것, 즉 '영적 운동을 모든 곳에서 일으키는 것'(Movement Everywhere)을 위해, CCC는 늘 기도하며 주어진 역량을 다할 것이다.

윤승록

- 공주 사범대학 국어 교육학과 졸업(1977년)
- (전) 한국 CCC 선교국장
- (전) 국제 CCC 동아시아 대표
- (현) CCC 아시아 리더십 파운데이션 대표

캠퍼스와 세상 속에
하나님의 나라를! IVF
: 한국 IVF 운동의 스케치[1]

송
인
유

　필자는 1970년부터 3년간은 학생으로서, 또 1974년부터 1983년까지 10년간은 간사(및 총무)로서 한국 IVF 운동에 관여했다. 대학교 3학년 [1970년] 때 여름 수련회에 참석한 것을 계기로 IVF 모임에 나가기 시작했고, 그로부터 몇 개월 동안의 성경 공부와 고민 끝에 그리스도인이 되었다. 군대 생활(1971년 2월 17일~1972년 10월 31일)을 마치고 4학년에 복학하면서 다시금 IVF 회원으로 각종 프로그램에 참여했다. 그러나 IVF 활동의 중심으로 이끌린 것은 1974년 대학 졸업과 동시에 간사로 지망하면서부터였다. 그 후 미국으로 유학을 떠나기까지 10년 동안 IVF 간

---

1 이 글은 한국 IVF의 역사와 정신 혹은 그 조직과 발전을 체계적·포괄적으로 서술하는 일을 목표로 삼고 있지 않다. 만일 그런 내용을 기획했다면, 최소 2명 정도의 다른 IVF 관련자가 함께 집필에 참여했어야(아니면 필자가 혼자서라도 긴 시간을 투자하여 리서치를 수행했어야) 한다고 생각한다. 그러나 주어진 여건과 형편을 고려할 때 그런 방안은 거의 채택이 불가능했다. 따라서 필자가 IVF 운동과 관련하여 개인적으로 경험하고 이해한 바를 소개하는 데 역점을 두고자 한다.

사(1974~1977년)와 총무(1977~1983년)로서 책임을 감당했다.

한국 IVF 운동의 유래

IVF라는 명칭은 Inter-Varsity Fellowship의 약칭인데, 'Varsity'는 예전에 영국 등지에서 'University'를 부르던 말이다. 따라서 '대학 간 교우회' 정도로 이해하면 된다. 어떤 경우에는 그리스도인의 색깔을 명시하기 위해 Inter-Varsity Christian Fellowship (대학 간 크리스천 교우회)라고 표기하기도 했다.

그런데 이 모임이 한국, 필리핀 그리고 미국에서는 IVF 혹은 IVCF로 통하지만, 다른 나라로 가면 사뭇 명칭이 달라진다. 예를 들어, 일본의 경우에는 KGK(Kirisutosha Gakusei Kai, キリスト者学生会)로, 말레이시아나 싱가포르에서는 FES(Fellowship of Evangelical Students, 복음주의 학생회)로, 독일에서는 SMD(Studentenmission in Deutschland, 독일 학생 선교회)로, 그리고 인도에서는 UESI(Union of Evangelical Students of India, 인도 복음주의 학생 연합회)로 불리고 있다. 이것은 네비게이토선교회가 세계 어디를 가도 네비게이토선교회(Navigators)로 통용되는 것이나 대학생선교회(Campus Crusade for Christ, CCC)가 동일한 명칭 아래 활동하는 것과 크게 차이가 난다.

국제 복음주의 학생 연합회 (IFES)의 출현과 배경

왜 IVF 모임은 이렇게 나라마다 다른 명칭을 사용하는가? 이것은 IVF 모임이 시작된 역사 혹은 계기와 연관이 된다. 동시에 이것은 자연스럽게, IVF의 국제 조직인 IFES(International Fellowship of Evangelical Students, 국제 복음주의 학생 연합회)의 출현 배경을 설명하는 일로 연결이 된다.

대학생과 캠퍼스 운동의 첫 물결은 로버트 와일더(Robert P. Wilder, 1863~1938)의 창설로 이야기되는 학생 자발 운동(Student Volunteer Movement for Foreign Mission, SVM)에 집중되어 있다. 1886년부터 시작된 이 운동은 1920년 정도까지 절정을 이루다가 차차 약해지기 시작했다. 그 이유 중의 하나는 그 당시 팽배하던 신학적 자유주의와의 야합 때문이었다. 이제 하나님께서는 또 다른 식으로 새로운 학생 운동의 역사를 준비하고 계셨다. 그 작은 징조가 1934년 9월 노르웨이의 오슬로에서 열린 작은 학생 모임을 통해 나타나기 시작했다.[2] 참석자들은 스칸디나비아 반도와 영국의 복음주의 학생들이었는데, 의미심장한 것은 이 모임에 참여한 세 명의 강사들이었다. 가장 나이가 많은 이는 바로 로버트 와일더였다. 그는 SVM의 쇠락을 아픈 마음으로 지켜보고 있었는데, 새로운 시대의 학생들이 복음적 신앙으로 단합을 나타내자 큰 관심을 가지고 독려했다. 또 한 인물은 와일더 다음 세대의 지도자로서, 이미 노르웨이에서 신학자이면서도 복음적 열정을 지

---

2 이 이후에 묘사된 발전 모습은 주로, Douglas Johnson, ed., *A Brief History of the International Fellowship of Evangelical Students* (Lausanne: The International Fellowship of Evangelical Students, 1964), 11-95쪽의 내용을 간추린 것이다.

닌 것으로 명성이 자자하던 오 헬레스비(Ole K. Hallesby, 1878~1961)였다. 그는 한 때 자유주의적 견해에 빠져 있었으나 1902년 복음주의 신앙으로 회심하면서 노르웨이의 루터파 교회와 학생층에 큰 영향을 미쳤다. 마지막 인물은 가장 젊은 세대에 속하는 하워드 기니스(Howard Guinness, 1903~1979)였다. 그는 본래 영국 출신의 의사였으나 학생 운동에 부름을 받고 영국과 캐나다에서 사역을 감당했다.

후에 되돌아볼 때 1934년의 수련회는 유럽과 북미의 복음주의 학생들을 자극하고 연결하는 끈이 되었고, 두 번째 학생 운동의 흐름을 주도하게 되었다. 1946년에 학생 운동의 지도자들은 보스턴에서 실행자 협의회로 모였는데, 이때 비로소 국제 단위의 조직체 구성이 하나님의 뜻이라고 확신하게 되었다. 그리하여 이미 그 전부터 복음주의적 신앙으로 모이던 나라들(영국, 노르웨이, 캐나다)과 막 전국적 모임을 시작하던 국가들(미국, 호주, 뉴질랜드, 스웨던 등)이 최초로 IFES의 회원국으로 가입했다. 그 이후 여러 나라(아프리카의 몇몇 나라들, 인도, 일본, 프랑스, 독일, 말레이시아, 멕시코, 네덜란드, 필리핀, 스위스 등)의 복음주의 학생 운동들이 IFES의 회원국으로 지원해 받아들여졌다.

이처럼 IFES에는 대부분의 경우 이미 특정 국가들에 기존해 있던 복음주의 학생 운동이 가입하는 느슨한 연합체이기 때문에, 각국의 학생 운동 명칭이 서로 다를 수밖에 없었던 것이다.

한국 IVF의 시작

그러면 한국 IVF는 언제 시작되었고 또 어떤 계기로 IFES에 가입하게 되었는가? 한국 IVF의 정확한 시작점을 찾는 일은 쉽지 않다. 이 작업이 제대로 수행되려면, 1960년대 이전 기독 학생 · 청년 활동에 대한 소상한 탐구가 있어야 하고[3], 특히 6 · 25 전쟁 후 학생 · 청년 운동의 갈래가 일목요연하게 정리되어야 하기 때문이다. 그러나 사안을 간소화시켜 알아보고자 하면, 1960~70년대 IVF 사역의 최선에 섰던 김영철 목사의 설명이 빛을 비추어 준다.[4]

한국 IVF의 전신이라고 볼 수 있는 모임은 두 가지였다. 하나는 미국에서 공부하던 중 IVF 운동에 참여했던 황성수 박사의 '기독 학생 동지회'가 있었다. 그는 1950년대 초 IFES와 국제적 관계를 가지면서 문서 출판을 했고, 또 IVF와 유사한 형태의 조직도 구상했다. 또 하나는 '한국 복음주의 협의회'(NAE)의 총무 조동진 목사가 조직한 '한국 대학생 복음연맹'(IVESF)이었다. 그는 황성수 박사의 기독 학생 동지회가 정치적 색깔을 띠고 있다고 느껴 별도의 운동체를 구성한 것이었다.

그러나 한국 IVF의 본격적 출발에 결정적 역할을 한 이는 이정윤 선생이었다. 그는 한국 복음주의 협의회의 협동 총무였는데, 1954년에 IVF 운동의 본고장인 영국 (더욱 정확히는, 스코틀랜드)에 가서 공부할 기회를 얻었다. 그는 1955년 3월에 귀국하기까지 학업에 매진함과 동시에 학원 복음화 운동을 위한 훈련도 함께 받았다. 특히 영국 유학 때부터 '한국 대학생 복음연맹'(IVESF)을 IFES에 가입시키려고 애썼는데, 이러한 노력이 결실을 맺어 1956년 캐나다 온타리오 주에서 개최된 IFES

---

3 한국에는 이미 20세기 초기부터 교단별 및 초교파적인 청년 운동이 있었고, 해방 이후에도 크고 작은 운동들이 생겨났다. 이 시기의 학생 운동을 일별한 자료로서, 유재덕,「기독청년 학생운동의 방향성」(서울: 도서출판 정인, 1994), 16–48쪽. 및 Zoh, Byoung–Ho, *A History of the Christian Student Movements in Korea, 1884-1990: Democritization and Evangelization* (Seoul: Tanggulshi, 2004), 21–93쪽을 참조하라.

4 한국 IVF 초창기의 사정은 다음의 내용을 참조한 것이다. 김영철,「지성사회 복음화 50년」(서울: 한국기독학생회출판부, 2009), 60–68쪽.

총회는 드디어 한국 IVESF를 정회원국으로 받아들였다. 그리하여 이정윤 선생은 한국 IVF의 초대 총무가 되었다.

초기 활동의 어려움

한국 IVF는 1956년부터 1970년에 이르기까지 그 활동이 지지부진했다. 또 사역의 전개에 있어 한국적 취약점을 극복하지 못함으로써 IFES의 창설 정신이나 기본 방침과도 맞지가 않았다. 이렇게 실망스런 사태가 빚어진 데는 최소 네 가지 이유가 있는 것으로 여겨진다.

첫째, IVF를 포함한 한국의 학생 운동은 복음주의자들의 연합이라는 보다 높은 이상과는 아무 상관없이 전개되었다. 학생 운동은 한국 내에서 교단별(SFC나 SCE의 경우)로 발전하기도 하고, 한 명의 지도자를 중심으로 한 미국의 운동[Youth for Christ, Campus Crusade for Christ (후에는 Cru로 명칭 변경), Navigators]이 수입되기도 했으며, 반대로 아예 토착화된 형식(Universtiy Bible Fellowship, JOY 등)으로 발전되는 등 다양하고 복잡하기 짝이 없었다. 만일 신학적 성격만을 고려한다면 이 모든 단체들은 복음주의 학생 운동에 해당된다고 할 수 있을 것이다. 그러나 실제상으로는 IVF를 포함해 모든 학생 운동들이 독립적으로 — 또 어떤 경우에는 분파적으로 — 사역을 전개했다.

둘째, 상당수의 그리스도인들은 한국인으로서의 긍지와 주체 의식이 결여된 상태로 사역에 임하고 있었다. 아시아와 아프리카의 몇몇 국가들은 서구의 속국으로 있다가 해방되었기 때문에, 서구에 대항하여 자국 민족에 대한 긍지나 자부심을 드러내기가 일쑤였다. 그러나 한국은 반대로 일본의 압제에 시달리다가 해방된 터라 미국과 서방 국가들

| 1970년 7월 필자가 처음 참석한 전국 수련회

에 대해 막연한 동경심과 사대주의적 의존성을 나타내고 있었다. 그리하여 대학생 운동들도 어떤 서구 단체와 연줄이 닿아 있느냐를 중요시했고, 또 그에 따라 단체로서의 프라이드가 형성되곤 했다. 이것은 특히 IVF 같은 경우, 모든 회원 국가들이 동등하다는 국제적 방침과 정신에 어긋나는 바였다.

셋째, 학생들의 자발성이 장려되거나 학생 운동의 특징으로 자리 잡지 못했다. 많은 IVF 운동들은 IFES 가입 전이나 후나 학생들의 자발성과 주도적 자세로 널리 알려져 있었다. 그러나 한국의 경우에는 이런 진취적 기상을 찾아보기 힘들었다. 무엇보다도 권위주의적 사고 방식이 사회·문화 전반에 스며 들어 있었고, 이것은 기독교계의 경우에도 예외가 아니었다. 대부분의 사역과 활동은 단체의 지도자나 '윗분'들의 주도적 역할에 매여 있었고, 꼭 필요하지 않은 사안에서나 영역에서도 그들의 감독과 지시를 받아야 했다.

넷째, 학생 운동의 기본 골격에 해당하는 활동 프로그램이나 훈련 자료가 미미한 수준에 머물러 있었다. 이 역시 한국 IVF에게는 치명적인 일이었다. 다른 학생 단체들 — 네비게이토선교회, CCC, UBF 등 — 은 자신들이 교육하고 양육할 대상에 대해서 일사불란한 훈련 체계와 자료를 확보하고 있었다. 네비게이토나 CCC는 영어로 된 자료를 번역하면 되었고, UBF는 성경의 각 권에 대한 성경 공부 자료[창세기, 마가복음 등]와 소감 쓰기, 목자와의 1:1 훈련 등이 갖추어져 있었다. 그러나 IVF는 그런 통일된 교재나 자료가 부재했다. 각 나라의 특성과 필요에 따라 스스로 자기 것을 계발해야 했는데, 이런 면에서 전혀 준비와 개발이 되지 않고 있었던 것이다.

필자가 경험한 IVF 사역

간사 초년생의 몸부림: 1974~1976년

필자가 1974년 초년병 간사가 되었을 때에는 이런 모든 어려움이 겹쳐 있던 시기였다. (물론 당시에는 무엇이 어려움인지조차 알지 못했다.) 동시에 호칭은 '간사'라고 하는데도 전혀 훈련이 되어 있지 않았다. 간사로 임명은 받았지만 Quiet Time조차 무엇인지 알지 못하고 있었고, 존 스토트의 『기독교의 기본 진리』는 네비게이토 사역자에게서 소개 받았으며,

| 1974년 7월 간사 1년 차의 여름 수련회

성경 지식과 설교 경험이 일천한 관계로 간사 첫 1년 동안에는 설교 한 번 제대로 해 보지 못했다. 간사 초기 1~2년간 사역의 부담이 너무 크고 힘든데다 아무 것도 할 수 없다는 무력감에 짓눌려, 여러 번 하나님 앞에서 울고 매달렸던 기억이 지금도 생생하다.

돌이켜 보면, 그 당시 필자 자신의 성장이 IVF 사역의 발전과 맞물려 있었다고 할 수 있다. 하나님께서는 두 가지 사항을 통하여 학생 사역에 대한 필자의 눈을 뜨게 만드셨다. 첫째, IVF 간사로서 단기적으로나마 훈련을 받은 경험이 기폭제로 작용했다. 둘째, IVF 자료 — 특히 영국 IVF의 소책자·잡지·단행본 등 — 에 천착함으로써 학생 운동에 대한 자기 주도 학습(self study)을 시도할 수 있었다. 이제 이 두 가지 사항을 좀 더 세밀히 살펴보자.

간사 훈련의 유익

필자는 1976년 4~5월 동안에 IFES 동남아 지역의 간사 훈련에 참여했다. 첫째는 말레이시아의 카메론 하이랜드(Cameron Highlands)에서 약 20명 정도로 기억되는 초임 간사들이 모여 3주간의 훈련을 받는 프로그램이 있었다. 이때 중국계 미국인으로서 IFES 간사였던 에이다 럼(Ada Lum)에게서 '전도 성경 공부 교재 만드는 법'을, 동남아시아 지역 총무 마갈릿(Dr. Isabelo Magalit)에게서 '강해 설교법'을, PFCS(파키스탄 IVF)에서 사역하는 IFES 미국인 선교사에게서 '간사의 라이프 스타일'에 관해 배웠다. 이 가운데 앞의 두 가지는 필자의 개인적 성숙에만 영향을 미친 것이 아니고 향후 한국 IVF의 사역에도 지대한 공헌을 한 셈이 되었다. 왜냐하면 훈련이 끝나고 나서 필자는 몇 년 사이에 『행복에의 초대』라는 전도 성경 공부 교재를 만들 수 있었고, 학생들에 대한 설교에 있어서 필자 나름대로의 자신감과 설득력을 확보할 수 있었기 때문이다.

또 하나는 말레이시아에서의 간사 훈련 후 필리핀 IVCF의 간사 수련회에 참석해서 보고 들은 것이 큰 도전과 자극으로 작용했다. 당시 필리핀 IVCF는 전임 간사만 20명이 넘었던 것으로 생각이 드는데, 아시아 국가로서는 꽤 규모가 크고 활발한 운동체였다. 그런 큰 규모의 간사들이 1주간 넘게 함께 수련회를 가진다는 것 자체가 당시 필자에게는 매우 부러운 일이었다. 필자도 그 수련회에 참석하여 여러 가지를 배웠지만, 그 중에서도 가장 강한 인상을 받은 것은 간사들을 위한 자기 학습용 도서 목록이었다. 그 당시의 자료가 분실되는 바람에 정확히 알 수는 없지만, 아마도 간사에게 필요한 분야를 약 7~8가지로 나누고 각 분야마다 학습할 책자가 몇 권씩 간단한 해설과 함께 소개되었던 것 같다. 지금 그런 자료를 보면 한 번 훑어보고 그냥 넘어가겠지만, 당시 난생 처음 그런 자료에 접한 필자로서는 경이감에 사로잡혀 그 내용을 수없이 반복해 읽고 또 읽었다. 귀국해서 필자는 비슷한 도서 목록표를 작성한 후 학생 리더들이나 간사들에게 훈련용으로 배부하곤 했다.

문서를 통한 자가(自家) 양육

대부분의 선교 단체에서는 선배나 간사(사역자)를 통해 정해진 훈련 프로그램에 따라 양육을 받는다. 필자는 학생 때에도 또 간사가 되고 나서도 그런 혜택을 누리지 못했다. 따라서 스스로 자라나야 했고, 도와 줄 사람이 없다 보니 어쩔 수 없이 대학생 사역과 관련해 쓰인 글과 자료에 의존하게 되었다. 1974년 당시 IVF 사무실의 책장에는 영국 IVF나 IFES 본부에서 출간한 책자들, 소책자와 팸플릿, 정기 간행물이 꽂혀 있었다. 또 갓 번성하기 시작한 미국 IVP의 책자들과 HIS라는 대학생 잡지 등도 한쪽 자리를 차지하고 있었다. 필자는 너무도 굶주린 나머지 이런 자료들을 허겁지겁 읽어 삼키기 시작했다.

그리하여 Quiet Time 훈련을 받지 않았지만 Quiet Time이라는 팸플릿을 읽고 즉시 QT를 시작했고, 전도 훈련을 따로 받지 않았지만 존 스토트의 『그리스도인이 되는 길』이나 마쓰미 토요토미의 『참 사랑은 그 어디에』, 혹은 존 알렉산더의 『편견 없이 기독교를』을 참조하여 복음 전도의 얼개를 구성했으며, 양육 훈련 또한 참여한 적이 없지만 마이클 그리피스의 『영적 갓난 아이를 격려하려면』이나 존 스토트의 『개인 전도』에 나오는 내용에 따라 갓 믿은 이들을 양육할 수 있었다. 이외에도 앤더슨의『부활의 증거』, 케파 셈팡기의『형제를 위해 깨어지는 삶』, 로버트 멍어의『내 마음 그리스도의 집』등의 소책자와 오 할레스비의『기도』, 존 스토트의『기독교의 기본 진리』, 월터 트로비쉬의『나는 너와 결혼하였다』, 마이클 그리피스의『나를 받으소서』, A. N. 트리턴의『세상 속의 그리스도인』등의 책자들은 필자의 신앙 형성과 학생 지도에 깊은 영향을 미쳤다. 아무도 양육해 주는 이가 없었지만, 실은 문서를 통해 수많은 멘토들의 양육을 받았던 것이다.

개척자의 정신으로: 1977~1983년

　간사 생활 시작 3년이 한편으로 체계가 잡히지 않은 좌충우돌의 혼란기로 여겨지기도 했지만, 또 한편으로는 반드시 거쳐야 하는 혹독한 성격의 광야 훈련이기도 했다. 그런 훈련의 단계를 거치면서 인내, 적응력, 창의성, 진취적 기상 등이 함양되었고, 어떤 열악한 환경과 상황이 닥친다고 해도 하나님을 의지하는 가운데 돌파를 강행하는 저력이 형성되었다. 만일 필자가 조직과 훈련 시스템이 이미 자리 잡혀 있는 학생 운동 단체에서 사역했다면, 양처럼 순하기는 했을지언정 앞에서 언급한 자질은 결코 획득되지 못했을 것이다. 그리하여 1977년부터는 모임 · 글쓰기 · 훈련 · 리더십 · 문서 운동 등 사역 전반에 걸쳐 착안한 아이디어를 실행해 봄으로써, 시행착오 가운데서나마 본격적으로 사역자로서의 관록을 키워 갈 수 있었다. 이와 관련하여 다섯 가지 방면에서의 활동이 떠오른다.

정기 간행물의 시작

대학생 사역이 효과적으로 이루어지려면 문서 운동의 중요성을 간과해서는 안 된다는 것이 필자의 깨달음이요 소신이었다. 따라서 각 사역 분야마다 정기 간행물의 발행을 추진했다. 학생들 같으면 『대학가』, 학사들의 경우에는 『학사 회보』, 의대생 사역이 시작되면서는 『작은 누가들의 세계』의 창간이 그에 해당된다. 정기 간행물 가운데 가장 야심찬 프로젝트는 『복음과 지성』이었다. 원래 IVF는 「새사람」이라는 소식지가 있었는데, 이것을 쇄신하고 격상시켜 한국 IVF의 모토인 "지성 사회 복음화"를 도모하려는 것이었다. 각 정기 간행물은 사역 대상의 처지에 맞는 기사들(번역이든 한국인 기고든)을 실어 신앙의 성장을 꾀하고, 또 받아 보는 이들끼리의 소식 전달과 교제의 장을 마련하는 데 최선을 기울였다.

글쓰기에 진력함

1970년대 중반에는 크리스천 대학생들이 읽기에 적합한 문서나 책자가 매우 부족했다. 물론 사용 가능한 자료들이 전혀 없었던 것은 아니지만, 이들은 하나같이 영미 출간물의 번역이어서 한국 실정에 잘 들어맞지 않았다. 이런 상황에서는 짧은 내용이라도 한국인에 의한 글쓰기가 군급(窘急)히 요구되었다. 아무도 이런 상황을 심각하게 받아들이지 않는 것 같아서, 그냥 필자라도 글을 써야겠다고 결심하고 실행했다.

필자가 그 무렵 시도한 글쓰기의 프로젝트는 세 가지였다. 우선, 각종 정기 간행물에 그 당시 필요하거나 문제 되는 내용을 기고하는 것이었다. 어떤 경우에는 하나의 주제를 가지고 여러 번에 걸쳐 연재를 하기도 했다. 그리고, 이렇게 정기 간행물에 실은 글들을 모아서 소책자 혹은 중책자로 문서화하는 일이었다. 그 당시 발간된 소책자들 가운데 『행복은 당신에게도』, 『오염된 사랑 이야기』, 『어인 일로 이 아픔이』, 『만날 때와 헤어질 때』 등이 여기에 해당했고, 중책자로서 『참된 복』, 『검은 상처의 트루스』, 『"죄 많은 이 세상"으로 충분한가?』도 그랬으며, 심지어 『나의 주 나의 하나님』 역시 연재물을 묶어 책자화한 케이스였다.

또한, 성경 공부 교재를 개발하는 데도 주력했다. 그 결과 『행복에의 초대』, 『새로운 삶의 길』, 『푯대를 향하여』, 『복음과 함께 고난을 받으라』 등이 책자화되었다.

출판부의 설립

학생들을 대상으로 하여 문서 운동을 활발히 펼치려면 출판부를 설립하는 일이 필수적임을 깨닫게 되었다. 당시에는 오늘날과 달리 출판사를 설립하는 일이 매우 까다롭고 복잡했다. 그러나 지속적 노력의 결과 1978년에 한국 기독 학생회 출판부(InterVarsity Press)를 인가 받았다.

물론 출판부를 설립하기 전에도 책자들은 '마스터 인쇄' 방식에 의해 상당수가 출간되었지만, 이제는 정식 인쇄에 의한 출간물이 선보이게 된 것이었다. 필자의 기억으로는, 처음 인쇄된 두 종의 책자가 성경 공부 교재 『One-to-One』과 『새로운 삶의 길』이었던 것으로 생각된다. 그 이후로 많은 소책자와 성경 공부 교재 그리고 문고판 서적들이 줄을 이어 간행되었다.

캠퍼스 모임의 혁신

이 시기에 일어난 변화 가운데 결코 잊지 못할 일은 캠퍼스 모임의 구조적 전환이었다. 전통적으로 학생 활동은 주일 오후 3시의 회관 모임에 집중되어 있었다. 1976년 8월부터는 주일에서 토요일로 모임 시간을 바꾸었지만, 아직도 회관 중심이었다. 그러다가 1977년 2학기를 기점으로 소위 '본부 모임'을 폐지하고, 각자의 캠퍼스를 활동의 거점으로 삼도록 크나큰 변화를 시도했다.

무엇이 이런 급진적 변화를 촉구했는가? 이것은 1976년의 전국 여름 수련회가 남긴 쓰디쓴 경험과 맞물려 있다. 그 해에는 여름 수련회의 인원 동원 목표를 395명으로 잡았는데, 실제 참석 수는 65명에 불과했다. 강사비 지급조차 어렵게 된 재정 상황뿐만 아니라 앞으로 과연 IVF 운동에 미래가 있을 것이냐 하는 의혹과 불투명성 때문에 모든 IVF 관련자들은 불안과 고민에 휩싸였다.

그리하여 자구책으로 나온 것이 당분간 '전국 규모'의 유명무실한 수련회를 삼가고 명확한 목표 중심의 소규모적 수련회를 개최한다는 것이었다. 그러나 필자는 이 차제에 IVF가 지향해 온 캠퍼스 미션의 구조를 완전히 바꾸어야 한다고 생각했다. 즉, 본부 중심의 정기 집회에서 캠퍼스 중심의 전략적 활동으로 패러다임 자체의 전환이 요구된다는 것이었다. 그러한 아이디어의 전달과 결의를 위해, 1977년 8월의 여름 집회는 각 캠퍼스의 리더들 38명을 대상으로 한 캠퍼스 전략 수련회로 탈바꿈을 시도했다.

이제 각 캠퍼스는 Disciple Group(DG)이라는 소그룹을 중심으로 활동하게 되었다. DG는 이중 구조의 모임을 갖게 되는데, 하나는 자체

멤버들의 훈련과 교제를 위한 DG 고유의 모임이요, 또 하나는 1~2명의 전도 대상자를 포함하는 Search Team(ST) 모임이었다. 하나의 DG는 보통 7~8명으로 구성되고, 이들이 전도 활동을 목표로 그룹당 2~3개 ST를 운영한다는 것이 기본 골격이었다. DG의 중요성은 아무리 강조하여도 지나치지 않기 때문에, DG에 들어오려면 8가지 항목의 내용에 동의하고 선서하도록 문턱을 높였다. 그 항목은 다음과 같다.[5]

1. **Lordship of Jesus Christ**: 나는 내 생활 전 영역에서 그리스도를 주인으로 모시고 복종하며 캠퍼스 증인으로서의 소명에 순응한다(롬 10:9; 빌 2:11).
2. **Quiet Time**: 나는 매일 일정한 시간 말씀을 읽고 기도함으로써 하나님과의 친밀한 교제를 누린다(행 17:11; 막 1:35).
3. **Fellowship**: 나는 모든 모임에 참석함으로써 그리스도의 지체된 다른 형제 자매와 더불어 삶의 기쁨과 슬픔을 함께 나눈다(히 10:24-25; 고전 12:26; 롬 12:15).
4. **Study**: 나는 지력과 사고를 동원하여 부끄럼 없는 증인으로 훈련 받기를 게을리하지 않는다(딤전 4:15; 딤후 2:15).
5. **Evangelism**: 나는 한 주일에 최소 한 번씩은 불신자에게 그리스도를 소개하고, 일 년에 최소 한 명씩을 그리스도께 인도해 성숙한 그리스도인이 되게 한다(행 8:35; 골 1:28).
6. **Local Church**: 나는 반드시 지역 교회를 정하며, 소속한 지역 교회에 규칙적으로 출석하고 성실히 봉사한다(행 2:42).
7. **Stewardship**: 나는 나의 재능, 재물, 시간, 정력이 대여 받은 것임을 자각하고 물질적, 정신적으로 헌신한다(롬 14:8; 고후 8:2).
8. **Mission**: 나는 아직도 복음화되지 않은 세계에 대해 책임이 있음을 인정하고 나를 향한 주님의 뜻을 간구한다(행 1:8; 16:9-10).

---

5 김영철, 『지성 사회 복음화 50년』, 292-293쪽.

이후로 학생들은 각자의 캠퍼스를 미션의 현장으로 여기게 되었고, 이로써 각 캠퍼스의 복음화 운동은 크게 활성화되었다.

다양한 전문 영역의 복음화를 시도함

한국 IVF는 1980년대까지 "지성 사회 복음화"를 외쳐 왔다. (후에는 "캠퍼스와 세상 속에 하나님의 나라를"로 바뀌었다.) 그런데 '지성 사회'라는 의미를 참으로 심각히 받아들인다면, 캠퍼스만으로 지성 사회를 다 망라한다고는 말할 수가 없을 것이었다. 그리하여 필자는 캠퍼스 이후의 영역, 특히 전문직에 속한 이들의 복음화 또한 마음에 두지 않을 수 없었다. 결국 교수 · 의사 · 법조인 · 교사 · 신학생 · 간호사 등의 복음화까지도 꿈을 꾸어야 한다는 뜻이었다.

이 전문 영역 가운데 가장 먼저 팔을 뻗은 대상은 의대생들(치대생, 한의대생 포함)이었고, 이들을 위한 전국 수련회의 개최가 최초로 수행한 과제였다. 1979년에는 경희대 IVF 멤버들 가운데 의대생 · 한의대생들이 주축이 되어 최초의 전국 수련회를 준비하기 시작했는데, 그런 노력의 결실은 1980년 2월 과천 영보수녀원에서의 모임으로 나타났다. 이것이 오늘날 한국 누가회(Christian Medical Fellowship, CMF)의 태동이다.[6]

또 다른 전문 단체로서 기독 교사회(Teachers' Christian Fellowship, TCF)가 있다. 이 단체 역시 IVF 학사들 가운데 교사들이 주축이 되어 모임을 시작했고, 동료 교사들에 대한 전도와 양육, 기독교적 교육의 실현, 학교 현장에서 하나님 나라를 구현하는 일 등에 사역의 초점을 맞추고 있다.

---

6 CMF는 처음에 IVF와 함께 사역을 했으나 여러 가지 복합적 이유 때문에 1980년대 중반 이후 독립된 단체로 분립되어 활동하고 있다.

그 당시 필자는 상기 두 모임 외에 기독 간호사 모임(Nurses' Christian Fellowship, NCF)과 신학생 모임(Theological Students' Fellowship, TSF)에도 관심이 있었다. 그런데 간호사들의 경우 기존의 '대한 기독 간호사 협회'가 이 방면의 사역을 계속하고 싶다고 하여, 한국 IVF는 간호사 사역은 따로 하지 않기로 결정했다.[7] 또 신학생 모임은 1980년대 초기에 몇몇 신학교 학생들을 대상으로 2~3차 강연과 토론회를 가졌으나, 필자가 유학을 떠나는 바람에 중단되고 말았다.

이후의 IVF 운동
: 성장, 갈등, 재정비

필자는 1983년 10월에 미국으로 유학길에 올랐다. 미국에 머물던 13년 동안(1983~1996년)에 2년(1985, 1987, 1989, 1991, 1993, 1995년)마다 한 번씩 여름 방학을 이용하여 수련회에 참여한 것을 제외하면, 한국 IVF와는 거의 무관히 지냈다. 또 1996년 귀국 후에도 합동신학대학원대학교에서의 교수 활동에 전념하느라 2008년 정도까지 IVF 사역에는 관여하지 않았다. 따라서 한국 IVF가 1983년 이후 지금까지 어떤 식으로 활약을 벌였는지(아니면 어려움을 겪었는지) 필자로서는 자신 있게 말하기가 힘들다. 물론 IVF 사역과 활동에 대해 전혀 무지하다는 말은 아니다.

---

7 이것은 1981년경 김수지 박사와 필자 사이에 합의한 내용이다.

그러나 그 앎은 국외자로서의 객관적 정보이지 내부 참여자의 경험적 지식은 아니다. 어쨌든 이후에 소개하는 내용은 다른 이들의 증언과 공식 문건이나 자료에 의존한 것이다.

수적 규모의 확장

1980년대 이후 IVF 모임은 여러 면 ―전임 간사의 수효, 활동하는 캠퍼스의 수효, 학생 회원들의 수, 수련회 참석 인원, 책자 판매량 및 수입, 사역의 분야 등― 에서 크게 신장된 모습을 나타내었다. 이 가운데서 학생 회원과 활동 대학 수에 대한 통계 수치만을 일별하도록 하자.[8]

년도	학생 회원	활동 대학 수
1980	100	?
1985	1,270	36
1989	2,465	?
1991	2,349	?
1992	2,250	?
1993	3,306	85
2000	5,689	142
2005	6,449	150
2006	7,215	163
2007	7,636	159
2010	6,284	163
2012	5,462	149
2014	4,415	155
2015	3,806	151

---

8 한국기독학생회, 『캠퍼스와 세상 속의 하나님 나라 운동: IVF 60년』(서울: 한국기독학생회출판부, 2016), 179쪽에 나온 내용 중 필요한 항목만을 소개했다.

상기 통계를 보면 1980년에는 회원이 100명이었는데, 1985년에는 무려 12배를 넘어 1,270명으로 늘어났다. 그 이후 회원의 수효는 꾸준히 상승세를 나타내었다.

6개대 사태

한국 IVF 운동의 역사에 있어 가장 쓰라리고 가슴 아픈 사태는 1991년에 발생한 6개대 이탈 사건일 것이다. 후일 이 사태에 대한 간략한 논평을 소개하면 다음과 같다.

한국 IVF는 "서울지역 6개대 사태"로 표현되는 가슴 아픈 사건과 함께 90년대의 문을 열었다. 과거 10여 년 간 캠퍼스 복음화의 구체적인 전략을 실현해 가면서 복음 전도와 사회적 책임의 총체적 통합을 위해 쉴 새 없이 달려왔으나, IVF 내의 내재적인 갈등이 증폭되고 있었다. 80년대 후반부터 그리스도인의 사회적 책임 문제가 급격히 고개를 들면서 신학적, 사회적 관점 차이가 구성원들 사이에서 나타나기 시작했다. 이것을 해결하는 과정에서 구성원간 해결 노력들이 벽에 부딪히면서 서울의 6개 대학 지부가 IVF를 떠났다 [이들은 92년 이후로 "한국기독학생연합회"(약칭 한기연)로 활동하고 있다]. 이 사태가 진행되는 동안 전국적으로 성장하던 IVF의 운동 역량이 약화되는 어려움을 겪었다. 이후로 IVF는 체제를 재정비하고 그 동안 상대적으로 소홀히 했던 복음 전도와 지부 세우기에 집중하면서 다시금 괄목할 만한 성장을 하고 있다.[9]

---

9 한국기독학생회 자료 개발부, "부록: 한국 IVF 운동의 역사," 『IVF 역사와 정신』, 피터 로만, 강인호 · 이강일 · 이희정 역 (서울: 한국기독학생회, 1999), 351쪽.

| 1999년 7월 제15차 IFES 세계 총회

사태의 발단과 발전은 상기 인용문에 묘사된 것보다 훨씬 더 복잡하지만,[10] 어쨌든 이 사건은 복음주의 학생 운동의 본질과 특징이 무엇인지를 성찰하게 만드는 뼈아픈 (그러나 동시에 귀중한) 계기로 작용했다.

IFES 총회의 한국 개최

IFES는 1947년 이래 대체로 4년마다 대륙을 순회하면서 총회를 개최해 왔다. 1995년에는 케냐의 나이로비에서 아프리카 최초의 총회가 열렸고, 1999년 15회 총회는 아시아에서 열리도록 되어 있었다. 한국 대표단은 1995년 총회에 참석하여 4년 후 총회의 한국 개최 의지를 국

---

10 이 사태와 관련하여 좀더 깊이 있는 기술 (및 성찰)을 위해서는, "부록 1. 1991년 6개대 사건," 『캠퍼스와 세상 속의 하나님 나라 운동: IVF 60년』, 170–177쪽을 참조하라.

제 본부에 전달하였다. 그리하여 1996년 6월에 열린 IFES 국제 실행 위원회에서는 마침내 한국을 1999년 IFES 세계 총회 개최국으로 결정하였다.

사실 당시의 상황만 고려한다면 세계 총회 유치는 한국 IVF에 벅찬 짐이었다. 한국 IVF는 그 때까지 아시아 대회조차 치룬 적이 없었고, 곧 닥칠 IMF 구제 금융 사태(물론 1996년에는 전혀 예측하지 못한 일이었지만) 때문에 압박감이 심할 터였기 때문이다. 그러나 그런 위기 상황을 겪으면서도 세계 총회는 아무 탈 없이 만족스럽게 치러졌다. 제15회 세계 총회의 내역은 다음과 같다.

- **주제**: 예수 그리스도, 역사의 주, 미래의 주
- **주강사**: 존 스토트
- **참가국 및 인원**: 140개국 647명
- **기간**: 1999년 7월 15~24일
- **장소**: 용인 현대 인재 개발원

이로써 한국 IVF는 국제 세계에서도 번듯한 위상을 차지하게 되었다.

2006년: IVF 창립 50주년

2006년은 IVF가 창립된 지 50년째 되는 해였다. 11월에 열린 기념 대회에서는 "비전 2010"이라는 문서를 작성하고 선포했다. 그 내용은 다음과 같다.

| 2006년 11월 한국 IVF 50주년 기념 대회

- **비전**: 캠퍼스와 세상 속의 하나님 나라 운동
- **사명**: 캠퍼스 복음화, 기독 학사 운동, 세계 선교
- **학생 운동의 목표**: 캠퍼스 복음화

  모든 대학에 IVF 공동체를 세워 대학인에게 복음을 증거하고 그리스도의 제자로 훈련시키며 캠퍼스 문화를 변혁한다.
- **중장기 사역 목표**: "2010~123" 운동

  2010년까지 1만 명의 멤버십을 확보하고, 2천 개의 역동적인 소그룹을 만들며, 공동체의 멤버십 30퍼센트를 새벗으로 구성한다.
- **핵심 가치**

  1. 복음주의 정신
  2. 사람을 키우는 사역
  3. 동역하는 공동체
  4. 기독교적 지성
  5. 현장 중심의 자발성
  6. 총체적 복음 사역

2006년만 해도 IVF 운동의 관계자들은 장래의 사역과 관련하여 장

밋빛 꿈을 꾸고 있었던 것 같다. 그러나 현재 돌이켜 보면, 비전문을 만들고 공표하느라 들떠 있던 그때부터 이미 IVF 운동은 서서히 내리막길로 접어들고 있었다.

한국 IVF 운동의 기여

한국 IVF는 한국의 기독교에 대해 어떤 기여를 했는가? 만일 IVF 운동이 존재하지 않았다면 어떤 점들이 아쉬움으로 남았겠는가? 사람마다 견해가 다르겠지만, 필자는 세 가지 방면에서 기여가 있었음을 밝히고 싶다.

통전적 제자도의 구현

상당수의 캠퍼스 운동이나 청년 사역은 제자도를 협소한 의미로 받아들여 영적 재생산 활동이나 교회 성장의 효과적 수단 정도로 격하시키곤 한다. 이에 비해 IVF는 제자도를 기독교적 성숙으로 이해하는 가운데, 균형 잡히고 전체 국면을 아우르는 식의 제자도를 부르짖어 왔다. 그리하여 바람직한 제자도는 하나님과의 관계 · 공동체에서의 관계 · 세상과의 관계를 함께 아울러야 한다고 강조했고, 그리스도인 개인의 발전에 있어서도 지 · 정 · 의의 측면을 총체적으로 고려하는 통전적 안목을 촉구했다. 예를 들어, 학생들의 경우 학교 공부와 캠퍼스 사역은 모두가 하나님의 일임을 강조했고, 두 가지의 배합과 균형은 오직 하나님의 부르심과 개인의 은사에 따라 차이가 날 뿐임을 역설했다.

기독교적 지성의 부각

첫 번째 사안과 맞물려 있는 것이 기독교적 지성(Christian mind)이다. 한국의 그리스도인들은 무교적 영향을 받아 대체로 영성과 지성을 상극적 특징으로 오해하곤 했다. 이런 실정에서 IVF는 올바른 영성에는 언제나 지성적 요소가 건강하게 자리 잡고 있음을 (또 자리 잡아야 함을) 누누이 지적해 왔다. 물론 그렇다고 하여 메마른 지성주의나 지성 만능론을 내세우는 것은 아니었다. IVF가 1980년대 이후 기독교 세계관 운동의 중심에 선 것도, 그리스도인의 성숙에 있어서 책 읽기와 비판적 사고가 필요함을 역설한 것도, 더욱 중요하게는 IVP를 통한 문서 운동에 총력을 기울인 것도, 실은 기독교적 지성을 중시하기 때문이었다.

지역 교회와의 협조

학생 단체 사역을 강조하다 보면 은연 중에 지역 교회에 대한 참여를 회피하게 되기가 십상이다. IVF 역시 이 점에 있어서 교회와 갈등이나 마찰을 겪었고, 늘 바람직한 결과를 도출한 것은 아니었다. 그러나 IVF 관련자들의 의식에는 캠퍼스 활동이 교회의 선교적 팔(missionary arm)이라는 기본 신념이 녹아 들어 있었기 때문에, 궁극적으로는 교회 협조적 자세를 견지할 수 있었다. 이미 학생들의 제자 그룹 서약서에는 지역 교회에의 참여와 봉사가 한 항목으로 명시되어 있었고, 학사들 역시 대학 졸업과 동시에 지역 교회에의 능동적 참여를 암묵적 책임 사항으로 받아들였던 것이다. 이런 정책이 비록 그 당시에는 IVF에 불리한 것 같았으나, 돌이켜 보면 이 점만큼 하나님의 나라에 기여한 바도 없었구나 하는 생각이 든다.

암울한 시대의 전망

2008년을 정점으로 하여 한국 IVF는 여느 학생 단체와 마찬가지로 침체기에 접어들었다. 수적 퇴조가 모든 것을 설명하는 것은 아니지만, 이 점이 동시에 질적 저하 —학생들의 IVF 참여 기피 현상 및 유약한 모습의 학생 리더십 형성— 와도 연계되어 있다. 2016년 IVF 창립 60년을 맞이하여 발간된 책자에서, 당시 IVF 대표였던 김종호 간사는 학생 운동의 현실과 전망을 다음과 같이 다소 우울하게 설명한다.

> 지금처럼 세상이 빠르고도 본질적으로 변해 가는 시대는 일찍이 없었습니다. 근본과 표면이 동시에 격변하는 중입니다. IVF 운동도 전에 없던 도전과 혼란 속에 지난 10년간 수많은 고전을 해 왔습니다. 규모는 2007년과 비교했을 때 반 토막 났고, 앞으로 우리가 해야 할 역할에 대해 심각한 질문을 던지고 있습니다(강조는 인용자의 것).[11]

그는 이 발언을 통해 IVF가 직면한 암울한 실태를 적나라하게 드러내어 주었다.

그런데 이러한 침체적 상황은 꼭 IVF만의 문제는 아니었다. 이미 2014년에 대학생 및 청년 사역 전문가들이 모여 발표한 어느 선언문에는, 캠퍼스 생태계의 급격한 변화가 아래와 같이 묘사되어 있다.

---

11 『캠퍼스와 세상 속의 하나님 나라 운동: IVF 60년』, 10쪽.

1. 신자유주의 경제 체제하에 양극화가 심화되면서 청년 대학생들은 자신이 원하는 일자리를 얻지 못할 것이라는 불안감으로 압박을 받고 있다.
2. 대학은 자유와 진리라고 하는 본래적 가치를 고수하기보다 정부와 기업의 큰 영향력 아래 존재하게 되었으며, 학령 인구의 감소와 취업 경쟁률의 압박 등으로 인해 구조 조정과 생존 경쟁으로 내몰리고 있어 대학생들에게 가치를 심어 주는 일을 소홀히 하고 있다.
3. 오늘날의 대학생 청년들은 이전 세대와는 확연히 달라진 시대적 환경 차이와 부모 세대의 기대에 부응하지 못하는데서 오는 좌절감을 겪고 있으며 정체성을 확립하고 자기 주도성을 배양하기 어려운 상황에 놓여 있다.[12]

이와 같은 진단도 학생 운동의 전문가가 아닌 이들은 내리기 힘든 것이지만, 더욱 곤란한 것은 이런 상황에 대한 대응책이 신통치 않다는 것이다. 아직껏 대학생 선교 단체들은 근 10~15년 동안 계속되는 젊은 세대의 급격한 변화를 따라잡지 못하고 있다. 아니, 따라잡기는커녕 오히려 더욱 뒤처지고 있다.

게다가 2020년을 강타한 코로나 사태는 학생 사역에 더더욱 어려운 환경을 초래했다. 대면해서 자유롭게 말하고 관계를 맺는 일이 제약을 받자 거의 모든 캠퍼스 활동은 정지 상태 —마치 리모컨에 의해 TV의 장면이 얼어붙어 버린 것처럼— 에 빠져 버렸다.

IVF 사역에 미래는 있는가? 누구도 예측을 할 수 없는 처지이다. 필자 역시 학생 운동의 현장에서 물러난 지가 오래되었기 때문에 더군다나 더 무어라고 말하기가 힘들다. 이런 식으로 글을 마치고 싶지 않지만, 이것이 현실이고 당면한 실상이니 어찌 하겠는가?

---

12 "족자포럼 선언문," 「제1회 족자 포럼: 캠퍼스 선교의 생태계 변화와 뉴패러다임」(미간행 자료집, 2014), 1쪽.

물론 모든 희망을 다 버리자는 말은 아니다. 어쩌면 하나님은 이런 열악한 상황을 통해 학생 운동 관련자들의 구태의연한 과거 답습적 태도를 일소하시고, 동시에 새로운 일들을 준비하고 계신지도 모른다. 그런 의미에서 우리는 하나님을 바라보며 학생 운동의 현장에 하나님의 나라가 힘차게 임하기를 소망해야 한다. 한국의 IVF 운동이 그러한 하나님의 주권적 역사에 사로잡혀 사용될 수 있을까? 글쎄, 역시 필자로서는 무어라고 명확히 답하기가 힘들다. 다만, IVF를 통해 회심을 경험하고 기독교 사역의 기본을 배운 사람으로서는 그렇게 되기를 마음으로부터 소망한다.

송인규

- (현) 한국교회탐구센터 소장
- 건국대학교에서 축산학
- 총신대학교
- 미국 칼빈신학교에서 신학
- 시러큐스대학교에서 철학(Ph.D)
- 한국 IVF 총무
- 합동신학대학원대학교 조직신학
- 새시대교회 설교자 사역
- 『나의 주 나의 하나님』, 『세 마리 여우 길들이기』, 『예배당 중심의 기독교를 탈피하라』, 『더불어 사는 삶을 위하여』, 『복음과 지성』, 『고립된 성』, 『잃어버린 자아를 찾아서』, 『한국 교회와 여성』, 『급변하는 직업 세계와 직장 속의 그리스도인』(이상 IVP), 『아는 만큼 누리는 예배』(홍성사),

SFC, 조국과 교회가 낳은 학생 신앙 운동

김동춘

SFC는 다른 학원 선교 단체와는 달리 교회에서 시작된 선교 단체이다. 그래서 파라처치(Para-church) 운동이라기보다는 로컬처치(Local-church)와 파라처치의 연합 운동이라고 할 수 있다. 엄밀하게 말하면, 로컬처치의 자양분으로 캠퍼스 선교 운동을 하는 파라처치 운동인 것이다. 물론 한국 교회 전체로 볼 때는 특별히 고신 교단 교회들이 지원을 한다는 점에서 제한적일 수 있지만, 한국 교회가 학원 선교를 직접적으로 감당하는 좋은 모델이 될 수 있다. 게다가 SFC는 학생 리더십을 그 운동의 주체로 삼는 학생 자발 운동, 민족과 역사적 배경에서 시작된 총체적 복음주의 운동, 종교개혁의 후예로 자처하는 개혁주의 운동이라는 특색을 가지고 있다.

필자는 SFC를 고등학생 때 로컬처치 운동으로 접했다. 이후 대학 초기에 청소년과 대학생들의 교회 연합 운동을 위해서 활발하게 활동하다가, 군대 전역 후 마침내 캠퍼스 운동에 눈을 뜨게 되었다. 그 이후 학원 복음화를 위해 청춘을 다 바쳤다고 할 수 있을 정도로, 캠퍼스 간사로 10년 정도 활동하다가 해외 SFC를 세우기 위해 직접 뛰어들어 또한 10년의 세월을 보냈다. 이후 본부의 선교 사역부, 전국 총무, 전국 대표에 이르기까지 간사로서는 30년, SFC 운동을 위해서는 40년의 세월을 보냈다. 지금은 지역 교회 담임 목사이지만 여전히 이 운동의 지도 위원 역할을 하면서 밀어 주고 있으니 "한 번 SFC는 영원한 SFC"인 것이다.

SFC, 조국과 교회의 역사 가운데 시작되다

학생신앙운동(SFC) 전국 대회를 개최하게 된 동기

이 폐허로 화한 땅 덩어리 속에서도 새 생명은 움직인다. 조국과 교회의 현실을 보고 비관하고 물러설 자는 물러서라. 그러나 그 옛날 이스라엘 민족을 홍해 앞에서 살리신 전지 전능하신 여호와 하나님은 지금도 살아 있다. 이제 한 음성이 하늘로부터 들리리니 신앙 동지여! 굳게 일어서라! 하늘로 귀를 기울이라! 참된 주의 음성을 피로 짓밟힌 이 제단과 피로 물드린 조국의 가슴 속에 전할 자 누구냐? 사랑하는 신앙 동지여! 실로 내 자신이 아닐 수 없다. … (중략) … 동지여! 우리는 철석같이 믿음과 힘과 열로 단결하여야 한다. 그리하여 이 전국 대회로 하여금 그리스도의 파숫군, 그리스도의 전달자, 죄와 세속주의와 권력에 타협하지 않는 아— 실로 이 비참한 암흑천지 속에서 영원히 빛나는 진리의 등대가 되어야 한다. 동지여! 굳세게 믿음으로 일어서라![1]

SFC는 Student For Christ의 약자로, 한국식 이름은 "학생신앙운동"이다. SFC는 해방 이후부터 많은 곡절을 거치면서 잡초처럼 이 땅에 뿌리내렸고, 많은 선배들과 학생 운동원[2]들의 헌신을 통해 자라오다가, 교회의 회복과 도전, 그리고 세계 복음화를 위해 하나님께서 한국 땅에 조직하신 개혁주의 학생신앙운동이다.

역사 속에 태동한 운동

교회사를 돌아보는 거의 모든 사람들은 '세계 복음화'를 위한 교회의 선도적인 움직임마다 학생들이 결정적인 역할을 수행했다는 사실을 인정한다. 뿐만 아니라 하나님의 뜻이 상실되어 있는 상태에서 교회가 새롭게 힘을 얻고, 복음화에 추진력을 얻게 된 것도 바로 학생들의 꿈(VISION)과 기도와 노력 때문이었다. 다시 말하면 교회가 새롭게 일어서야 할 때에 하나님은 학생들을 사용하신 것이다.

---

1 1952년 7월 24일 SFC 전국 대회 개최 동기문
2 SFC는 학생들이 자발적으로 조직한 운동체로, '회원'이란 말 대신 '운동원', '임원'이란 말 대신 '위원', '총회'란 말 대신 '대회'란 이름을 사용한다. 본래 '학생신앙운동'이란 신토불이 한글 이름을 사용하다가 선교 단체가 한국에 활성화 되면서 'SFC'라는 이름을 사용하게 되었다.

해방과 6.25 속에서 태어난 운동

조국 광복 후 한국 사회는 친일 청산으로 소용돌이쳤다. 한국 교회의 과제는 신사 참배라는 치욕적인 사건의 청산이었다. 신사 참배의 반성경적인 결정들과 행위로 무너진 조국 교회를 바라보며 회개하던 가운데, 성령의 도전을 받은 몇몇 학생들이 정기적으로 기도회를 갖게 되었는데, 그 기도회를 모닥불 기도회로 지칭하였다. 그때가 1947년이다.

학생들은 기도하는 중에 세 가지 방향으로 기도 제목을 모으기 시작했다.

첫째는, 학업 충실이었다. 학생의 본업은 학업이라고 인식한 것이다.

둘째는, 복음 전도였다. 학교를 전도 구역으로 정하고 불신 친구들을 그리스도 예수 앞으로 인도하고 싶었던 것이다. 그래서 그들은 기도할 때마다 저들의 말이, 행동이, 실력이 이 복음 전도를 위해 잘 사용될 수 있도록 기도했다.

셋째는, 교회 봉사였다. 그들은 어른들처럼 물질로써 주님의 교회를 섬길 수 없었으므로, 시간과 몸을 바쳐 섬겼다. 교회당 청소와 화단 정리, 주일 학교 후배들을 지도하고 안내하는 일, 심지어는 신발장에 신발 넣어 주는 일로 섬겼다. 한마디로 지극히 작은 일에 충성하는 밀알 운동을 전개했던 것이다.

이런 기도 모임은 1948년에 와서 '학생신앙운동'이라는 이름으로 영적 각성과 부흥의 산실이었던 수양회를 통하여 전국적으로 확산되기 시작했다. 수양회를 통해 회개 운동, 기도 운동 뿐만 아니라 학생들은 성경 공부 그리고 전도 운동에도 불을 지폈다. 1949년과 1950년에 있었던 두 차례의 부산 시내 전도 대회는 부산 지역 전체를 대상으로 한 것으로, 각 교회가 지역을 나누어서 맡아 3개 초등(국민)학교에서 연합으로 전도 집회를 가졌다. 한마디로 학생들은 부산에 거하는 모든 이들에게 예수 그리스도를 심어 주려는 열심으로 가득 차 있었다.

1952년 7월 26일 학생들은 한국 전쟁으로 너무나 참담해진 조국을 아파하면서, 6년 동안 잠잠히 활동해 오던 SFC를 전국 조직으로 확산하고 조국과 교회를 품고서 전국 SFC를 창립하게 된다. 이 운동은 해방과 6·25전쟁이라는, 조국 역사에 있어서 가장 큰 격동기에 태어났다. 일제 치하에서의 신사 참배에 대한 회개 운동과 해방 이후의 교회와 신학 재건 운동이 진행되는 한국 교회사의 중요한 한 시기에 이 운동이 시작된 것이다. 1953년 8월, SFC의 비전과 정신이 되어 오는 강령이 채택되면서 마침내 SFC의 틀이 완성되었다.

● SFC 강령 ●

우리는 전통적 웨스트민스터 신앙고백서 및 대·소교리문답을 우리의 신조로 한다. 우리는 개혁주의 신앙과 생활을 확립하여 세상의 빛과 소금이 됨을 우리의 목적으로 한다. 우리의 사명은 다음과 같다.
　　　– 개혁주의 대한 교회 건설과 국가와 학원의 복음화
　　　– 개혁주의 세계 교회 건설과 세계의 복음화

우리의 생활 원리는 다음과 같다.
　　　– 하나님 중심　　– 성경 중심　　– 교회 중심

로컬처치 운동에서 파라처치 운동으로

교회 연합 운동과 함께 학원 운동을 전개해 오던 이 운동은 1970년대에 접어들면서 학원을 향한 본격적인 운동을 전개하기 시작했다. 1970년대 말부터 전임 SFC 사역자들이 헌신하게 되고 대학과 고교에서 학원 복음화를 위한 운동이 가속화되기 시작했다. 1983년에는 대학 SFC 대표자들이 모여 〈학원 SFC 선언문〉을 발표했다.

● **학원 SFC 선언문 (1983년 2차 대학 SFC 대표자 모임)** ●

오라! 우리가 여호와께로 돌아가자! 학원으로 부름 받은 SFC 운동원들이여! 나의 사랑, 나의 어여쁜 자여! 일어나서 함께 가자! 언제까지 우리가 방관과 비판으로 일주해야 하겠는가? 학원의 어둠을 밝히는 빛, 부패를 방지하는 소금, 이것이 바로 우리의 사명이 아닌가? 하나님께서 우리 학생 신앙 운동에 보여 주신 보다 큰 비전인 국가와 세계의 복음화라는 시대적 소명 앞에 엄숙히 무릎을 꿇으며, 이제 이 모든 일을 인하여 주 앞에 언약을 세워 기록하고 아래와 같이 결의한다.

…(중략)…

3. 부정적 사고방식과 도피주의, 이기주의가 팽배한 학원에서 우리는 이 민족주의를 책임져야 할 세대임을 자각하고 밝고 건전한 사고를 소유하여 학원의 풍토를 변화시킨다.

4. 학원에서 생활의 순결로 도덕적 모범을 보인다. 이를 위해 신앙 양심에 위배되는 제반 행위를 하지 않고 무질서하고 무절제한 생활을 배격한다.

…(중략)…

6. 이 모든 일들이 우리의 모든 생애를 바쳐 해 나갈 것임을 인식하고, 크고 작은 영역에서 강령의 구체적인 구현이 이루어지도록 기도하며 준비한다.[3]

---

3 전국 대학 SFC 대표자 일동, 『학생신앙운동 40년 사료집』, 1983년 5월 20일, 257–258쪽.

시대를 품는 운동으로

1980년대 중, 후반에 캠퍼스는 소용돌이쳤다. 단순한 복음 전도를 넘어 기독교 세계관으로 이 시대를 품으려는 움직임들이 일어났다. SFC는 제7차 대학 대표자 모임에서 '학신협'(대학 학생신앙운동 협의회)을 결성시켰다. 학신협은 학생신앙운동 언약문을 채택하면서 사회 참여에 대한 입장을 정리하였다.

● SFC 언약문 (1989년 7차 대학 SFC 대표자 모임) ●

"암담한 캠퍼스와 조국 그리고 교회의 현실을 바라보면서 안타까움과 눈물로 하나님께 기도하지 않을 수 없습니다. 하나님의 공의로운 주권과 그리스도의 푸른 계절은 어디에 있는지요? 수많은 사상과 이데올로기들의 각축장이 되어져 버린 캠퍼스, 교세 확장에만 혈안이 되어 있는 교회들, 무질서와 타락, 불의 속에서 허덕이는 우리의 조국. 40년 전 우리의 선배들은 아픈 오늘의 현실을 눈물과 가슴으로 이어왔건만 지금의 우리는 어떠합니까? 이제 여기에 하나님의 거룩한 나라를 위해 젊은 우리들의 가슴을 모읍시다."[4]

SFC 언약문은, SFC의 정체성과 방향성을 새롭게 정리했다는 점에서 의의가 있는데, 특히 3항에서는 역사 참여의 입장을 밝혔다.

3. 복음화와 변혁 운동: 세상의 빛과 소금임이 이미 확인되고 선포되어진 우리는 세상 속에서 '복음화'의 사명을 감당해야 함을 믿는다.

---

4 "제7회 대학 SFC 대표자 모임에 즈음하여", 『핸드북』, 1쪽.

복음화는 구조적인 변화나 개혁에 앞서는 원리로서 영혼의 회개와 변화 없이는 사람이 지향하는 어떠한 유토피아도 불가능한 것임을 안다. 그러나 우리는 지금 현재 세상에서 고통당하고 신음하는 이웃이나, 사탄의 도구로 사용되는 이웃에 대하여 예수 그리스도의 십자가를 전할 뿐 아니라 공의의 하나님을 나타내고 선포하는 데 까지 나아갈 것이다. 이러한 복음화를 기저로 하는 변혁 운동을 기독교의 정신인 사랑과 화해, 선포와 순교의 방법으로 우리는 끝까지 준행해 갈 것이다.[5]

이러한 언약문의 내용은, 1980년대 중반 이후 개혁주의적 역사 참여에 대해 고민하던 운동원들이 캠퍼스에 강령 실천을 위한 모임들을 결성하고서 지역 안에서의 연대와 전국적인 연합 모임을 조직하고 운동하였던 경험들이 반영된 것이다. 학신협은 이후 활발하게 캠퍼스와 사회적 현실에 참여하는 운동을 전개하는데, 그 중의 하나가 대학 문화 5적 추방 운동 및 컨닝 추방 운동이다.

"대학 문화 5적 추방 운동"은 대학 내에 만연한 이기주의, 과소비, 컨닝, 음란 퇴폐, 도덕성 상실을 추방하자는 운동이었다. 그 중에 특화된 운동으로 "컨닝 추방 운동"이 있다. 수산대 SFC는 대학 문화를 돌아보는 대토론회를 주관했는데 여기에는 시민 단체, 교수, 총학생회, 동연, 종교분과 등이 참석할 정도로 대규모 행사였다. "우리 대학 지금 어디로 가고 있나"라는 주제로 진행된 이 토론회에서는 결의문이 채택되

---

5 "제7회 대학 SFC 대표자 모임에 즈음하여", 『핸드북』, 149–150쪽.

기도 하였다.[6] 시대를 이끌어 갈 미래의 지도자로서 정직과 정의의 상징이어야 할 대학가에 세속화된 경쟁의 논리에서 벗어나지 못한 채 부정한 편법의 상징인 컨닝이 만연하는 데 대한 추방 운동을 지속적으로 펼쳐 나갔다. 컨닝은 개인의 지적 도덕적 발달을 저해하고 대학 공동체 간 불신으로 공동체 의식을 파괴하고, 나아가 대학뿐만 아니라 전체 사회의 도덕성을 무너뜨리는 기초 요인이 된다고 본 것이다. 1990년 이후 서울 지역, 대구 지역, 부산 지역, 경남 지역, 전라 지역 거의 모든 지역에서 이 운동이 펼쳐졌다.[7]

그 중에서 서울대 SFC는 대자보 및 전단을 이용하여 '컨닝 안 하기 운동'을 홍보했는데, 시험 기간 중 서명 운동에 1200명이 동참하였다. 이러한 운동은 더 나아가 대학 문화를 변혁해 나가려는 의지로 발전하였다. 서울대 SFC는 더 광범위한 생활 운동으로 확대시킬 수 있는 방안을 모색하였다.[8] 경원대는 이 운동을 동아리 연합회, 총학생회 차원으로 확대하려고 하였다.[9]

컨닝 추방 운동은 전국적으로 실시한 운동이었으며, 한 해에 그치는 운동이 아니라 지속적인 운동으로 정착하였다. 이 운동 외에도 농촌 봉사 활동(농활), 1991~96년 대선, 총선, 지방 자치 선거에서의 공명 선거 캠페인 운동, 1996~97년 바른 성 문화 지키기 운동[10], 북한 통일 기초 놓기 운동, 그리고 개체 학원에서의 이단 퇴치 및 비진리, 반지성 문화

---

6 이대윤, "부산 수산대 운동 보고", 『교회건설』, 9호 (1992.9.2), 122–130쪽.
7 경남대는 "컨닝 = 부정 부패 A학점 = 대학 양심 F학점", 전남대는 "친구의 장학금을 도적질하지 맙시다"는 제목의 대자보 운동을 전개하였다. 『교회건설』, 창간호 (1990), 49–51쪽
8 서울대 SFC, "컨닝 안 하기 운동 보고", 『교회건설』, 9호 (1992.9.2), 116쪽.
9 이준희, "컨닝 추방 운동 보고서", 『교회건설』, 7호 (1992.1), 42쪽.
10 서울대 및 서울 지역의 '반동성애 활동'이 주목된다. 『교회건설』, 13호 (1996.6.6), 86–89쪽 참조.

| 1974년 4월 4~6일 제1회 전국 SFC 대학생 대회

반대 운동이 있었다.[11]

SFC 동문 운동과 세상의 빛과 소금

SFC 동문 운동은 세 가지 측면에서 큰 의의가 있다. 첫째는, 동문들 중에서 학생신앙운동의 선배들이 간사 및 지도 위원으로 섬기면서 지도자 그룹을 계속 형성한다는 것이다. 둘째는, 교회로 흩어져서 개교회를 섬기며 개혁주의 교회를 세우고, 또한 연합 운동을 통하여 공교회, 하나된 교회 운동을 감당한다는 것이다. 셋째는, 사회로 흩어져서 기독교 지성 운동의 토대를 놓는다는 것이다. 특히 세 번째의 동문 운동은 한

11 김동춘, "한국 기독 학생 운동사", (고려신학대학원 석사학위 논문, 1993), 48쪽.

국 교회사에 새로운 줄기를 형성할 정도로 귀중한 운동이었다.

1979년 1월 2일 서울 반도유스호스텔에서 창립 총회를 가졌던 SFC 동문 전국 대회는 이후 이만열(1,2대)– 손봉호 – 홍치모 등 한국 교회에 큰 발자취를 남기신 분들이 회장으로 수고하였다. 이런 동문회뿐만 아니라 SFC의 많은 동문들이 각 영역에서 주도적인 역할을 감당하였는데, 기독교 윤리 실천 운동(기윤실)과 경제 정의 실천 연합(경실련)에서의 손봉호, 이만열 교수, 민족 교육 운동의 연변 과기대 김진경 총장, 기독 실업인회 김창성 사무총장, 기독교 학문 연구회 손봉호, 강영안, 백종국, 기독교 대학 설립 동역회의 양승훈, 바른 교사 운동 정병오, 공정 연대 및 남북 나눔 운동 및 통일 교육원, 성서 한국, 통일 선교 대회 등 많은 영역에서 활동하였다.

SFC의 특징 및 제자도

SFC의 특징

학생신앙운동의 역사를 정리해 볼 때 몇 가지 특징을 말할 수 있다.

첫째, SFC 운동은 교회사 속에 있었으면서 교회를 새롭게 하기 위해 일으켰던 다른 운동과 같이, 기도회로부터 시작된 운동이다. 이것은 SFC운동이 이 땅의 교회와 조국을 새롭게 하시기 위해 하나님께서 세우신 운동임을 말하는 것이기도 하다. 동시에 하나님의 능력을 의지하는 기도 운동임을 말해 주는 것이다.

둘째, SFC 운동은 조국의 역사 가운데서 출발하며 세워진 운동이다. SFC 운동은 조국의 형편과 조국 교회의 형편을 품고 전개해가야 하는 운동이며, 역사 의식으로 시대의 고비마다 조국과 교회를 가슴에 품고 엎드리며 이 땅을 그리스도의 이름 앞에 굴복시키기 위하여 운동을 감당해 갔다.

셋째, 교회를 중심으로 시작하여 학원까지 가는 운동이다. 즉, 로컬 처치에서 시작되어 파라처치 운동으로 간 것이다. SFC 운동원은 수양회를 통해 도전받은 학생들이 학원으로 들어가 복음을 전하며 기독 학생회를 조직해 내었다. 교회 중고등부와 대학부로서 자기 교회가 있는 지역의 중고등학교와 대학교에 대한 영적 책임을 자각하면서 학원 복음화를 위해 헌신한 것이다. SFC는 하나님께서 이 땅에 역사하시는 하나님의 가장 결정적인 도구가 교회임을 믿으며 그 지역 교회를 섬기며 도우는 교회 중심 운동이라는 정체성을 날마다 확인한다. SFC는 결코 교회를 대행할 수 없고, 교회 같아지려고 하지 않는다. SFC 수고의 모든 열매는 지역 교회로 돌려져야 하며 지역 교회로부터 영양분을 제공받아 캠퍼스 운동을 한다는 방향성을 가지고 있다.

넷째, 학생 지도력을 개발해 온 운동이다. 이 말은 모든 운동의 주체를 학생들을 세운다는 뜻이 있다. 각 지구와 지방, 학원, 전국에서 학생 리더십을 꾸준히 세우고 지속시켜 나가고 있다. 학생 리더십이 수련회와 대회를 주도적으로 치르는 유일한 기독 학생 운동 조직이 바로 SFC이다. 나약해져 가는 이 세대의 학생들과는 달리 하나님을 의지하면서 담대하게 여러 가지 책임을 감당해가는 연습을 하게 하는 것이다.

다섯째, SFC는 강령 공동체, 신앙 고백 공동체다. 다른 학생 선교 단체가 복음주의를 표방하는데, SFC는 독특하게 개혁주의를 표방한다. 개혁주의 운동은 하나님의 말씀을 온전히 믿지 않는 자유주의 신학의 흐름에 대항하여 하나님의 말씀이 인간의 절대 표준인 것을 고백하면서 이 땅의 모든 것이 하나님의 주권 아래 있음을 선포하고 우리의 모든 생이 하나님의 주권을 선포하는 삶으로 살아 드리기를 결심하며 그렇게 사는 운동이다.

여섯째, SFC 운동은 세계복음화를 위한 운동이다. 어쩌면 이 땅의 기독 학생 운동 중에 가장 먼저 세계 복음화를 말한 운동이다. 1953년에 채택된 강령에서 "우리의 사명은 다음과 같다. 개혁주의 신앙의 세계 교회 건설과 세계의 복음화"를 표방한다.

SFC의 제자도

SFC 간사들의 사역 선언문을 보면, "우리는 온 세상의 젊은이와 청소년들을 복음으로 변화시켜 삶의 모든 영역을 주도할 성경적 지도자를 배출한다."라고 사역의 목표를 설명한다. SFC는 이를 위해 7과정의 제자 훈련 단계를 가지고 있다.

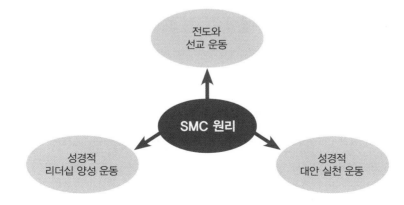

단계	과정 내용	과정
3단계	개혁신앙인 생의 목표를 향해	7과정
3단계	은사 계발, 활용 일꾼으로 부르심	6과정
	청지기직(Stewardship) ⇔ 공동체에서의 섬김 양육 훈련(재생산) ⇔ 조장 알돌	5과정
2단계	전도 훈련/전도 실습 ⇔ 전도 성경 공부 삶을 통한 말씀 순종 ⇔ 세계를 품은 그리스도인	4과정
	성품 개발 훈련 ⇔ 그리스도인의 윤리 실천 생활 개혁 훈련 ⇔ 그리스도인의 공동체 세우기	3과정
1단계	경건의 시간 ⇔ 나눔 훈련 ⇔ 공동체 훈련과 공동 생활 체험 공예배 참석 ⇔ 예배의 기쁨과 능력 체험 ⇔ 경배와 찬양 사역	2과정
	구원의 확신 ⇔ 구원 간증, 회개 생활 ⇔ 죄와 상처의 치유(영적 치유) 개인 기도 ⇔ 중보 기도, 기도 일지 ⇔ 기도 모임(아침, 선교, 중보)	1과정

하나님 · 이웃 · 세상과의 관계가 동시에 회복되며 새로이 정립되어 간다.

작은 모임은 소그룹 운동 3가지 원칙으로 진행하고 있다. "전도와 선교 운동", "성경적 리더십(개혁신앙인) 양성 운동", "성경적 대안 실천 운동"이 그것이다.

전도와 선교 운동

전도와 선교 운동은 기본적으로 복음을 통한 재생산 운동을 의미한다. 그리스도인 공동체는 근본적으로 끊임없이 영적 출산을 할 수 있는 공동체이며 부활의 생명력이 새로운 생명의 잉태로 나타나는 역동적인 공동체이다. 따라서 우리는 어디에서 무엇을 하든지 예수 그리스도 안에서 새로운 생명을 잉태하는 재생산의 사명을 지향한다. 복음 전도를 통해 한 영혼이 예수 그리스도를 영접하게 하고, 거룩한 교회의 구성원이 되게 하며, 열방을 향한 선교의 사명을 감당하는 자로 세워 간다.

소그룹 운동은 관계를 통한 복음의 전파와 변증이 활발하게 진행되는 운동이다. 우정 관계를 통해, 복음의 직접적인 선포를 통해, 소그룹의 다양한 전도와 선교 활동들을 통해 복음을 전달하는데 최선을 다하는 핵심적인 전략이다.

성경적 리더십(개혁신앙인) 양성 운동

성경적 리더십 양성 운동은 복음 전도와 성경적 대안 실천 운동을 분명한 비전과 사명 의식을 갖고 구체적으로 전개할 리더들을 배출해 내는 운동이다. 우리 운동은 복음 전도를 통한 재생산과 성경적인 대안 실천 운동을 통한 변혁적 삶을 위해 준비된 사람들을 길러낼 뿐만 아니라, 실제적으로 그런 열매들을 확인하는 운동이다. 성경적 리더십은 철저하게 성경적 가치에 헌신된 사람, 하나님 나라 운동가이다. 따라서 성경적 가치에 헌신된 그리스도의 제자들을 배출해 내고 그런 사람들로 세워가기 위한 운동은 SFC 운동에서 빠질 수 없는 중요한 운동의 원리이며 방향이다.

소그룹 운동은 철저하게 사람을 세워 가는 운동이다. 성경적 리더십 양성 운동은 사람과 사람의 만남이 있는 소그룹 공동체를 통해 이루어져야 한다. 그리고 이 소그룹 공동체의 연합을 통해 리더를 세우고 하나님의 훈련된 제자를 세우는 데 서로 협력하는 것이다.

> "SFC 리더십이란, 성경적 가치에 대한 철저한 헌신을 바탕으로 자신에게 주어진 삶의 현장에서 하나님 나라의 실현을 이루고자 하는 비전의 성취를 위해 공동체를 조직하고 동원하는 총체적인 영향력이자 활동이다"

성경적 대안 실천 운동

성경적 대안 실천 운동은 영역 주권 운동의 일환으로, 이 세상을 창조하신 하나님께서 여전히 이 세상을 다스리고 계심을 믿으면서, '하나님을 대적하여 높아진 것'들은 무너뜨리는 운동이다. 이 운동은 섬김과 사랑의 봉사를 통한 성육신적 삶을 통해 성경적 가치와 대안을 제시하는 운동인 것이다. 성경적 대안 실천 운동은 가정, 교회, 사회, 국가, 민족, 세계 등 우리의 삶의 조건을 구성하고 있는 삶의 구조들을 변혁하는 운동이다.

1990년대에 전개되어 온 운동은 위에 소개하였다. 2000년대 이후 SFC는 다양하게 성경적 대안 실천 운동을 해 왔는데, 먼저 통일 운동이다. 통일을 위한 기도 운동으로부터 시작해 연구 모임, 통일 선교 모임, 통일 비전 트립 등을 전개해 오고 있다. '영적 각성을 통한 민족 사랑 운동', '북한 선교 기초 세우기 운동', '민족 나눔 운동' 등은 통일 운동 맥락에서 전개해 왔던 운동이다. 또한 대사회 운동으로 '마약 추방 운동', '낙태 반대 운동', '공명 선거 운동', '바른 지도자 세우기 운동' 등도 전개하였다.

건강한 교회 운동으로는 '다움 운동', '말씀과 기도 운동', '전도 운동', '이단 추방 운동', '교회 사랑 운동' '한기총 해체 운동' 등을 벌였다.

SFC가 세우고자 하는 다음 세대의 모습

21세기는 세속화와 다원주의가 더욱 기승을 부릴 것이다. 전통적인 모든 것이 해체되어 간다. 기존의 세계관이 무너지고 개인주의가 판을 칠 것이다. 이런 시대에 SFC는 어떤 사람으로 준비되며 어떤 꿈을 키

| 2018년 문경, SFC 간사 수련회

워가야 할까? SFC는 다음 세대를 시대를 거스르는 거룩한 하나님의 백성, 개혁신앙인으로 세워 갈 것이다. 그들이 살아갈 삶의 영역에서 성경적인 리더십을 행사할 수 있는 지도자로 세워 갈 것이다.

말씀에 순종하는 운동원

자기를 사랑하고 돈을 사랑하고 쾌락을 사랑하는 세속주의가 온 세상을 뒤덮게 될 때에 SFC는 복음이 소망이라는 사실과 영원한 생명에 관한 관심을 이끌어 내어야 한다. 거룩한 하나님의 백성으로 자라가기 위해 하나님의 말씀을 깊이 공부하면서 그 말씀이 가르치는 대로 순종하는 연습과 훈련을 계속해 가야 할 것이다. 성경 공부와 성경적 세계관을 공부하여 우리가 살아가야 하는 삶의 전 영역에서 하나님의 주권을 선포하기 위한 사상적 기초를 쌓아 가야 할 것이다. 세상의 반성경적인 흐름을 파악하고 함께 대처해갈 수 있는 이론과 실천적 방안을 갖추어 가야 한다. 하나님은 하나님의 말씀에 순종하는 종들로 역사를 이끌어 가셨다. 그러기 위해서는 하나님의 말씀만이 소망이며 대안이라는 확고한 믿음을 갖는 종이 필요하다.

그리스도를 통한 구원의 길을 선포하는 증인들

세월이 가면 갈수록 다원주의의 영향으로 복음의 유일성에 대한 훼손이 강해질 것이다. SFC는 예수 그리스도를 통한 구원의 길이 유일한 구원의 길임을 분명히 선포하는 사람이 되어야 한다. 그것이 독선적이며 옹졸하다는 비판과 비난이 있더라도 하나님의 말씀을 믿고 캠퍼스에서 계속적인 부지런한 전도를 통해 예수 그리스도를 통한 구원을 외쳐야 한다. 그 변하지 않는 복음을 변하는 세상에 전하기 위해 여러 가지 도구들을 사용하여 상황화에 적합한 복음 전도 운동을 해야 한다.

영역 운동을 통한 전 생애, 모든 영역에서의 하나님의 주권을 선포하는 성도

모든 것을 해체하는 분위기는 여러 것에서 나타나고 있다. 우리나라도 이혼율, 낙태율, 자살율의 급증이 그것을 반영한다. 가정이 해체되고 있다. 이런 가운데 성경적 세계관인 개혁주의를 더욱 배우고 어떤 분야에서 조국과 교회를 섬길 것인지 꿈을 가져야 한다. SFC는 또한 그런 정신이 평생을 지속되게 하기 위하여 자신이 몸담은 분야의 동문들을 한데 묶어 그 분야에 대한 계속적인 말씀의 원리를 공부하고 나누게 함으로, 학생 때뿐만 아니라 전 생애를 하나님의 말씀이 가르치는 원리 가운데서 살도록 이끌어야 한다. 이 땅에 하나님의 주권이 이루어지도록 섬기는 도구로 사용되는 것이다.

교회를 통해 주의 뜻을 이루어가는 신실한 성도

SFC는 말씀으로 무장된 성도로 교회를 더욱 힘 있게 섬기며 분야 분야에서 강하게 도와야 한다. 그래서 하나님의 교회를 통해 주의 뜻을 이루어가도록 해야 한다.

세계 복음화를 위해 헌신하는 운동원

세계 복음화를 위한 선교 헌신자들을 발굴해 내는 비전 트립은 계속적으로 진행될 것이며, 북한을 위한 통일 비전 트립도 전개될 것이다. 하나님께서 SFC에게 맡긴 역사적 과업을 이루기 위해 기도하며 준비하는 세계를 품는 그리스도인이 되어야 한다.

비전 성취를 위한 사역을 바라며

선교 한국 1996대회 총무로서 주관 단체인 SFC를 지켜본 한철호는 SFC에 대하여 이렇게 평가하였다.

"SFC는 개혁주의 학생신앙운동이라는 분명한 신학적 입장을 가지고 있었다. 둘째로는 신앙은 보수적이면서 행동은 개혁적인 것을 발견했다. 셋째로는 가장 토착적이며 삶에 근거를 둔 운동이라는 것이다. 그래서 내가 만난 SFC 사람들의 입에서는 항상 민족과 조국에 대한 애정과 그리고 한국 교회와 민족 복음화의 비전이 이야기 되고 있었다. SFC가 문화 변혁과 윤리 실천 등 삶의 실천적인 문제를 강조하는 것은 이런 배경 때문이라고 생각된다. 넷째로 발견한 것은 SFC가 진정으로 학생들의 자발적인 리더십을 강조하는 운동이라는 것이었다. 다섯째, 현재 한국 교회 복음주의권 지도자들 중에 SFC 출신들이 많다는 것이다. 이것은 SFC의 큰 열매이다. SFC는 그동안 한국 교회와 사회를 향해 중요한 역할을 했다고 본다. 여섯째, 내가 경험한 SFC는 사람을 아끼는 모임이었다.... 지난 50년 동안 SFC가 민족과 국가를 세우는 모임이었다면 이제 앞으로 50년은 이 열매가 다시 씨앗이 되어 세계를 복음화하고 하나님 나라를 만들어 가는 역사가 있기를 소망한다."[12]

"이제 앞으로 50년"이라고 했는데 벌써 20여년이 지났다. 어떻게 더 전진하였는가? 더 성취하였는가? 열심히 달려왔던 사람이지만 부끄러움을 금할 수가 없다. 앞으로의 미래가 더욱 불안한 것도 사실이다. 하지만 SFC의 역사와 정체성은 여전히 한국 교회와 한국 사회, 통일 한국 시대에도 필요하며 그 맡겨진 사명을 잘 감당해 갈 것이라 믿어 의심치 않는다.

SFC는 조국과 세계의 개혁주의 교회 건설과 복음화를 위해 헌신할 성경적 지도자를 배출해 내는데 그 정체성이 있다. 이는 이 땅의 대학생들과 청소년들을 복음 전도의 사명을 가진 자로서 모든 캠퍼스와 세계에 나아가게 함은 물론, 균형 잡힌 영성과 성경적 세계관으로 훈련시켜 그들이 처한 모든 영역에서 리더십을 발휘하고 그리스도의 주권을

---

12 한철호, "내가 만난 SFC", 『월간 고신』, 1997. 6월호.

드러내어 세상을 의롭게 이끌어 가도록 세워 가야 한다. 하지만, SFC는 미지의 세계를 향해 나가는 것처럼 새로운 각도와 관점에서 비전 성취를 위한 노력을 전개해 가야 한다. 신사 참배로 인한 조국 교회의 범죄를 통회하며 전개했던 '교회 갱신 운동'에 동참하면서 시작된 운동으로서, 변화하는 시대의 흐름 앞에서 하나님께서 시대 시대마다 학생신앙운동에게 맡기신 사명을 감당하며 교회와 시대를 섬기는 운동으로 전개하되 더 강력하게 전개해 가야 한다.

　　하나님은 이 세상에 복음을 들고 갈 헌신된 제자들을 찾으시고 계신다. 동시에 그 어떤 자리와 위치에서든 복음의 영향력을 나타내며 하나님 나라운동을 실천해 갈 운동가를 찾으신다. SFC 운동원들이 또한 그 운동을 통하여 배출된 이들이 하나님께서 찾으시는 운동가들로 쓰임받고, 온 영역에서 하나님의 주권을 높이는 운동가로 자리 잡길 소망한다.

김동춘

- 서울제일교회 담임 목사
- 경북대학교 국문학과
- 경북대학교 인문대학원(북한학)
- 경북대 정치학 박사 수료
- 고려신학대학원 졸업
- 연변대학교 역사학 박사(Ph.D.)
- 미국 ITS신학교 목회학 박사(D.Min.)
- (전) SFC 전국 대표 간사
- 북경 우리교회 담임
- 『북간도 기독교 운동사』

성서 한국 세계 선교를 꿈꾸는 UBF

김재홍

UBF의 태동

대학생 성경 읽기 선교회(University Bible Fellowship)는 1961년 9월 1일 광주시 대인동 176-1번지에서 설립되었다. 이사무엘 선교사(당시 이창우 강도사)와 미국 남장로교 선교사로 한국에 와 있던 Sarah Barry(한국명, 배사라) 선교사에 의해 전남대와 조선대를 중심으로 UBF 학생 복음 운동이 시작되었다. 4·19와 5·16이후에 한국 사회는 극심한 혼란에 빠졌고 대학생들은 방황했다. 두 사람은 대학생들에 대한 상한 목자의 심정을 가지고 성경을 가르치기 시작했다. UBF는 처음부터 대중 전도보다는 철저한 성경 공부에 기초한 소수의 제자 양성에 주력했다. UBF 첫 학생 리더인 전창선은 전남대 의대생이었는데 열심히 동기생들을 성경 공부에 초청했다. 의대 전체 80명 정원 중에서 60명이나 UBF에 와서 성경 공부를 접한 적이 있을 정도였다. 조선대는 법대 김관옥을 시작으로 많은 학생들이 성경 공부에 나왔다.

UBF 명칭과 소회의 유래

1962년 3월 말 3일 동안 약 40여 명의 학생들이 모여 대학생 리더 수양회를 가졌다. 이때 대학생들을 이끌 핵심 리더 6명을 뽑아 '소회(小會, Counsellor meeting)'를 조직했다. 그들은, 진리는 군중 속에 있는 것이 아니라 소수에 있다는 취지하에 '소기도회(Small Prayer Meeting)'를 만들었다. 소기도회의 소 위원이 되려면 학점이 최소한 평균 B 학점 이상으로 공부를 잘해야 했다. 또 예수님을 그리스도로 영접하고, 자발적으로 헌금을 드리는 선교 사업에도 가입해야 했다. 하나님의 말씀을 사랑하고 분명한 기독교 인생관을 확립한 자여야만 했다. 부끄러울 것이 없는 일꾼이 되기 위해 주님의 십자군으로서의 훈련을 받고 헌신하는 자세가 있어야 했다. 소회의 가결 방법은 만장일치제로 했다. 이는 UBF가 사랑의 질서 속에서 움직여지기 원했기 때문이다. 처음 6명에서 시작된 소회가 1965년에는 46명으로 늘어났다. 졸업한 핵심 리더 16명도 계속해서 UBF 학생 복음 운동을 적극적으로 지원했다. 1962년 11월 중순 소회 핵심 리더들은 단체 명칭을 '성경 연구회'로 결정했다. 영어로는 University Bible Fellowship로 결정하여 UBF 명칭이 탄생하게 된 것이다. 소회 위원들은 디모데후서 2장 15절 말씀에 기초해서 예수님의 십자가의 길을 따를 것과 진리의 말씀을 옳게 분별하자는 결의를 다졌다. 또한 마태복음 28장 19절을 근거로, UBF가 단지 왔다가 가는 모임이 아니라, 성경 공부에 관심 있는 학생들을 불러서 예수님의 제자를 훈련하는 모임이 되도록 방향을 잡았다. 모임의 정체성을 성경 공부와 기도, 복음 전도와 제자 양성에 둔 것이다.

활발한 캠퍼스 성경 공부 운동

전남대와 조선대에서 16개의 그룹 성경 공부 모임이 결성되었다. 이사무엘 선교사와 배사라 선교사는 성경 공부와 개인 상담을 통해서 견고한 리더들을 세우는 데 주력하였다. 여름 방학 때는 19명의 소회 회원들을 위한 성경 학교를 10일간 열었다. 그들은 하루에 두 시간씩 구약의 본문을 공부하고 나머지 시간에는 스스로 성경을 연구했다. 기도는 모임 성장의 중요한 비결이었다. 모든 UBF 모임은 기도로 시작했고 기도로 끝났다. 어떤 때는 기도가 너무 길어져서 수업에 늦을 때도 있었다. 모임은 합심 기도로 이루어졌다. 모두가 기도 제목을 나누고 한 사람씩 돌아가며 기도했다.

1963년 여름, UBF는 광주, 전주, 대전, 제주도와 서울(재경 광주 유학생)에서 온 170명의 학생들을 모아서 여름 수양회를 가졌다. 1964년에 UBF가 강조한 것은 진정한 복음 신앙, 즉 예수 그리스도의 죽으심과 부활을 영접하고 예수 그리스도를 인격적으로 알아 가는 것이었다. 보다 체계적인 성경 공부를 위해서 귀납법적 성경 공부 문제지가 만들어졌다. 학생들의 캠퍼스 전도와 성경 공부 모임은 점점 성장해서 모임에 참여하는 학생들이 600명에 육박했다.

1965년 3월, 봄 학기 신입생들이 몰려오는 학생들을 돕기 위해서 월, 수, 금, 토요일 오후 5~6시에 학생 리더들이 말씀을 인도하는 기도회가 있었다. 화요일, 목요일에는 리더 기초 성경 공부반을 운영했다. 주중에는 성경 공부 전후로 영어 공부를 했다. A반은 4~5시, B반은 6~7시에 성경 공부와 영어 공부를 했다. 3월 한 달에 참석한 새로운 학생들이 100여 명이나 되었다. 이때 UBF는 1대1 성경 공부의 중요성을 강조했다.

1965년 6월 19일 광주시 양림동 호남신학대학에서 있었던 주말 수양회에는 광주에서 76명, 전주 4명, 대구 4명, 총 84명이 참석했다. 1학년들은 35명이 참석했는데, "UBF를 통하여 자기 인생에 어떤 변화를 가져 왔는가?", 또 "어떠한 소명을 받았는가?" 하는 제목으로 좌담회를 가졌다. 2학년 신입 소 위원들은 "앞으로 어떻게 한 마음 한 뜻으로 헌신적인 일을 할 것인가?"에 관하여 진지하게 토론하였다. 핵심 리더들은 UBF의 전국적인 운동의 전망과 각자의 새로운 각오를 위해 좌담회를 갖고 기도했다.

1965년 8월 2일부터 10일간 하기 성경학교를 가졌다. 낮에는 배사라 선교사의 구약 인물사를 공부했고, 밤에는 이사무엘 선교사의 신약 인물사 공부가 있었다. 이어서 전남대학교 농대에서 "1965년 UBF 하기 성경 학교"를 가졌다. 이때 150명이 참석했는데, 강사로는 홍관순 목사, 배사라 선교사, 호남 신학교 총장 김형모 박사였다. 오후에는 반

별로 둘러앉아 돌아가면서 성경을 읽는 성경 읽기 수양회를 가졌다.

이사무엘 선교사는 1965년 1월 4∼13일까지 10일 동안 집중적으로 마태복음 5, 6장 산상 수훈 말씀으로 지도자론을 강의하였다. 그의 감동 있고 도전적인 메시지는 UBF 역사의 원동력이 되었다. 해가 더해 갈수록 그의 깊이 있는 성경 강의는 젊은이들의 심금을 울리는 메시지가 되었다. 그 메시지에는 하나님의 마음이 담겨 있었고, 절망 가운데 있던 젊은 학생들에게 확신과 비전을 심어 주었다. 때로는 힘과 용기를 주는 격려의 메시지요, 때로는 이기심과 안일을 책망하는 강력한 회개의 메시지였다. 이로서 젊은이들의 마음을 울렁이게 하였고 좁은 한반도를 넘어 세계를 품도록 하는 계기가 되었다.

국내 지부 개척

UBF는 사도행전 1장 8절 "오직 성령이 너희에게 임하시면 너희가 권능을 받고 예루살렘과 온 유대와 사마리아와 땅 끝까지 이르러 내 증인이 되리라"는 말씀에 기초해서 한국 전 대학과 동남아, 나아가 전 세계에 복음을 증거하기를 원했다.

제주 개척

1964년에 전남대학교를 막 졸업한 김한옥 자매를 제주도 선교사로 파송했다. 그동안 동남아를 위해서 기도했는데 그 기도의 첫 결실이었다. 이는 역사적이며 획기적인 사건으로 광주 지역 목사님들과 외국 선교사들을 초청해서 성대하게 파송 예배를 드리고 꽃다발을 증정했다. 선교사를 파송하면서 배를 태워 보낼 수 없다고 하여 비행기를 태워 보냈다. 학생들이 기도하고 오병이어의 진심을 드렸을 때 하나님은 선교사를 지원할 만큼 충분한 물질을 주셨다.

전주 개척

1963년 9월에는 이사무엘 선교사가 전북대학교 캠퍼스에서 1주일간 성경 학교를 열었다. 1964년 1월에 배사라 선교사는 전주에 작은 셋방을 얻고 중부교회에서 주중에 학생들과 성경 공부를 했다. 그녀는 전북대학교 게시판에 영어 성경 공부 광고를 냈다. 겨울 방학 기간이었지만 약 20명의 학생들이 왔다. 그녀는 월요일부터 토요일까지 날마다 하루 네 시간씩 영어 성경 공부와 영어 회화를 가르쳤다. 학생들은 거의 미국 선교사를 만나 본 적이 없었으므로 간절히 오고자 했다. 겨울 방학이 끝날 무렵 배사라 선교사는 종강 파티를 위해 그들을 자신의 방으로 초청했다. 그녀의 방은 바닥에 연탄을 때는 작은 온돌방이었다. 학생들은 그녀의 헌신적인 삶에 감동을 받았다. 이로서 전주 UBF가 개척된 것이다.

대전, 대구, 부산 개척

전주에서의 사역이 안정되자, 이제는 대전 개척을 위해 집중적으로 기도했다. 1965년 여름에 대전 남장로교회 선교사들이 배사라 선교사에게 대전에 와서 멜리센트 허니컷이 시작한 역사를 도와 달라는 요청을 하였다. 허니컷은 대전 대학에서 강의하면서 학생 복음 사역을 하고 있었다. 그런데 그녀가 미국으로 돌아가게 되어 대전에서 자라고 있던 학생들을 배사라 선교사가 와서 도와주기를 원한 것이다. 배사라 선교사는 좁은 여관방에 머물면서 대전 UBF 개척 역사를 시작했다. 1964년 성탄절에 드린 헌금을 기초로 1965년부터 대구 UBF를, 그리고 다음에는 부산 UBF를 개척하게 된다.

서울 개척

서울 UBF 개척은 재경 광주 유학생들로부터 시작되었다. 그들은 방학 때마다 광주에 내려와 성경 공부를 하였다. 이사무엘 선교사는 학기 중에 이들을 돕기 위해 1965년 한해 동안 매월 한번씩 서울을 방문하였다. 그러다가 1966년 봄 학기부터 배사라 선교사가 서울로 옮기게 된다. 당시 전남대 의대 4년생이던 전창선 형제가 바쁜 가운데서도 여름방학 때 서울에 올라가서 개척 역사를 도왔고, 김선지, 최정한 등 자매 리더들이 서울에 가서 헌신적으로 개척 역사를 섬겼다. 1966년에는 이사무엘 선교사가 서울로 이사하게 되면서 서울 UBF역사는 더욱더 활발하게 이루어졌다. 처음 개척 역사를 시작한 곳은 종로구 효제동 25번지 노랑색 2층 셋집이었다.

배사라 선교사는 매일 아침 8~9시에 영어 성경을 가르치기 시작하였다. 그리고 영어 성경 공부 안내물을 캠퍼스와 지나가는 학생들에게 나누어 줌으로 전도 역사가 시작되었다. 배사라 선교사가 미국 사람이면서도 유창하게 한국말을 하는 것을 보고 학생들이 감동을 받고 몰려왔다. 당시 배사라 선교사의 헌신적인 삶은 교만한 서울대생들에게 큰 감동을 주었다. 서울 UBF 건물은 말구유와 같았다. 그러나 그 모임은 무엇인가 말씀을 사모하는 열정과 생동감으로 충만했다. 그 이유는 이사무엘 선교사의 힘있는 메시지 선포가 있었기 때문이다. 또 한 사람 한 사람을 귀히 여기고 아끼는 순수함이 학생들을 모이게 했다. 또한 캠퍼스 선교와 세계 선교에 대한 비젼이 학생들의 마음에 큰 울림이 되었다. 서울 UBF를 개척하기 전까지 UBF 역사는 다분히 민족적인 색채가 강했다. 그것은 초기 광주에서의 기도 제목이 '조국과 동남아를 위하여'라는 데서 잘 나타난다. 그러나 계속해서 깊이 있는 성경 공부를 하다 보니 주님께서 땅끝까지 이르러 복음을 전파하기 원하시는 것을 깨닫고 전 세계 대학생들에게 복음을 전하고자 하는 범세계적인 마인드로 넓어지게 되었다.

세계 선교

UBF가 시작된 1961년의 한국은 무척 가난했다. 하지만 UBF 조상들은 처음부터 세계 선교를 꿈꾸고 기도했다. 하나님은 신기한 방법으로 세계 선교 역사를 이끌어 가셨다. 의료, 교육, 기술, 학문 등 다양한 분야에 걸쳐 직장을 통하여 평신도 선교사들이 파송된 것이다. 이들은 어학과 재정적인 문제 등 모든 것이 열악했지만, 믿음을 가지고 나아가서 현지인들을 대상으로 선교를 시작했다.

| 전국 학생 수양회 (숭실대학교,1971년)

서독 개척

1969년 7월 17일, 서독에 간호사로 취업하여 가게 된 서인경, 설동란, 이화자 자매들이 선교 훈련을 받고 파송되었다. 그들은 서독에 가서 매일 밤 근무가 끝난 후 8시 30분에 모여 성경을 읽고 서로 은혜 받은 바를 나누었다. 이 모임에 다른 간호사들이 몰려들었다. 이것이 서독 개척의 모태가 되었다. 이들은 서독 대학에 들어가서 서독 대학생들에게 복음을 전하기 시작하였고 이때 은혜 받은 서독 대학생들이 모임에 참석하기 시작하였다. 1974년에는 스위스 세계 대회, 1975년에는 프랑크푸르트 수양회가 있었는데 이때 큰 성령의 역사가 있었다. 1974년 스위스 수양회에는 169명이 참석하였고, 1975년 프랑크푸르트 수양회는 총 220명이 참석하였다. 프랑크푸르트 수양회에 참석한 한국인은 180명, 서독 대학생 40명이었다. 가난한 나라 한국에서 온 간호사 선교사들이 똑똑하고 교만한 서독 대학생들을 성경 공부에 초청해서 함께 수양회를 갖게 된 것은 실로 놀라운 일이었다. 서독에서 시작된 선교 역사는 다른 유럽 국가로 옮겨 붙어서 여러 나라를 개척하게 되었다.

미국 개척

미국 UBF 개척은 1970년 11월부터 시작되었다. 당시 국립 의료원에 다니던 간호사들이 뉴욕 선교사로 파송되는 것이 계기가 되었다. 서독에서 선교 역사의 큰 은혜를 체험한 UBF 멤버들은 미국에서도 하나님께서 큰 승리를 주실 것을 믿고 줄기차게 기도하였다. 1971년에 이사무엘 선교사는 기도 제목을 제시했다. 앞으로 10년 후에 미국 나이아가라에서 200명이 모여 수양회를 갖자는 기도 제목이었다. 이것은 인간적으로 도저히 불가능한 것이었다. 하지만 하나님은 그 기도를 받으시고 1981년에 220명이 나이아가라에서 모여 수양회를 하게 하셨다. 한국 선교사들 뿐만 아니라 미국 대학생들도 참석하였다. 이를 계기로 뉴욕과 시카고 중심에서 미국 전 지역에 선교사를 파송하기 시작했다. 미국 선교는 1977년 이사무엘 선교사가 미국으로 파송되면서 더 활발하게 이루어졌다. 그는 온 마음을 다하여 영어 메시지를 전했고 그것은 미국 대학생들에게도 큰 은혜를 끼쳤고 학생들이 모여들기 시작했다. 지금은 미국 32개주에 UBF 지부가 있다.

중남미 개척

1975년 9월에 안성덕 외교관이 과테말라에 선교사로 파송됨으로써 중남미 개척 역사가 시작되었다. 그 후에 그가 멕시코 외교관으로 옮기면서 개척 역사가 더 활발하게 이루어졌다. 지금은 중남미 25개국에

UBF 선교사들이 나가 있다. 또 중남미 현지인들이 책임자가 되어 각 나라와 도시들을 개척하고 있다.

러시아 개척

1988년 러시아에 문호가 개방될 즈음에 러시아에 유학 간 한국 학생 선교사들을 통해서 러시아의 선교 역사가 시작되었다. 오랫동안 공산주의 치하에서 유물론 사상에 젖어 있던 러시아의 학생들이 말씀을 접하면서 복음을 영접했고 제자들이 세워지게 되었다. 지금은 러시아와 중앙 아시아 각 나라에 UBF 선교사들이 나가 있다.

하나님은 1980년대에 활발한 캠퍼스 복음 역사의 열기를 사용하셔서 아시아, 아프리카, 오세아니아, 중동 지역에도 선교사를 파송하게 하셨다. 이로서 지금은 100여 개국에 1800여 명의 선교사들이 파송되어 활동 중에 있다. 국내 UBF도 성장을 거듭하여 약 80개 지부에 3800여 명의 회원들이 활동 중이다.

UBF 사역의 특징

일대일 성경 공부

UBF는 한 사람의 소중함을 인식하고 처음부터 한 사람을 그리스도의 제자로 세우고자 일대일로 성경을 가르치는 것에 주력했다. 이를 위해서 일대일 성경 공부 교재가 만들어졌고 각 사람을 섬세하게 일대일로 도와 왔다. 이는 많은 시간을 요구하는 것이지만 한 사람을 잘 도울 때에 그 사람이 또 다른 사람을 도울 수 있다는 장점이 있다. 오늘날과 같이 개성이 강하고 개인적인 문제들을 많은 시대에는 획일적인 대중집회보다 한 사람 한 사람 돕는 것이 중요하다. 또한 일대일 성경 공부는 성경 공부를 받는 학생들 뿐 아니라 성경 공부를 해 주는 리더들의 영적 성장에도 큰 도움이 된다. 일대일로 각 사람을 도우면서 기도하게 되고, 말씀을 더 깊이 연구하게 된다. 이 과정에서 한 영혼에 대한 목자의 심정과 인내, 사랑, 헌신 등 예수님의 성품을 배우게 된다.

소감 쓰기

소감은 성경을 공부한 내용에 기초해서 자신의 삶을 적용하여 스스로 느낀 점을 적어 보는 것이다. 즉 소감은 하나님이 주신 말씀에 대한 나의 반응이요 신앙 고백이라고 할 수 있다. 소감 쓰기를 통해서 말씀에 기초한 신앙을 견고히 놓을 수 있다. 소감은 말씀 앞에 자신을 비추어 보며 예수님의 제자로 자라게 한다. 또 소감을 써서 나누면서 신앙적인 교제를 나눌 수 있어서 복음적인 신앙 공동체를 형성하게 된다. 소감은 신앙 간증으로서 불신자들에게 가장 효과적인 전도 수단이 된다. 초보자들은 선배들의 소감을 듣고 은혜를 받아 영적인 세계에 관심을 갖게 된다. 진솔한 소감들은 자신도 용기를 내어 내면의 상처와 아픔들을 오픈하는 계기가 되었다. 소감 쓰기는 UBF 고유의 신앙 유산이 되어 왔고 지금도 계속되고 있다.

일용할 양식

UBF에서는 1968년부터 매일 성경 말씀을 묵상할 수 있는 자료책자를 집필하여 보급해 왔다. 4년에 한 번씩 성경 전권을 커버하도록 QT 집『일용할 양식』을 발간하고 있다. 바쁜 일상 속에서 매일 일용할 양식을 묵상함으로서 말씀의 힘을 덧입고 자립 신앙을 갖도록 도와 왔다. 『일용할 양식』은 혼자 말씀을 묵상하는 것이다. 개인적으로『일용할 양식』책자를 따라 성경을 공부하고, 그때 그때 말씀에 기초해서 자신을 돌아보도록 한다. 이것은 매일 매일 치열하게 벌어지는 영적 전쟁에서 좋은 지침서가 된다. 아무리 복음을 영접하고 거듭나도 한꺼번에 가치관이 달라지지는 않는다. 그러나『일용할 양식』을 꾸준히 쓰고 자기 성찰을 할 때 점점 성경적인 가치관이 형성된다. 성경을 사랑하게 되고 말씀 묵상의 기쁨을 맛보게 된다. 성경을 보는 눈이 열려서 성경 다독과 성경 필사, 성경 암송으로 연결된다. 또 여기서 쌓은 실력이 기초가 되어 성경만 가지고도 어디서든지 다른 사람에게 성경을 가르칠 수 있는 수준에까지 이르게 된다.『일용할 양식』책자가 지금은 각 선교지에서 현지 언어로 번역되었다. 또 현지인들이 집필진으로 발탁되면서 각 나라에 맞는『일용할 양식』책자가 발행되고 있어서 보다 효과적인 영적 생활의 지침서가 되고 있다. 10여 년 전부터는『청소년들을 위한 일용할 양식』책자가 발간되었다. 이로서 입시에 대한 스트레스와 사춘기의 고민 가운데 있는 틴 에이저들에게 큰 도움을 주고 있다. 또 일용할 양식 책자에는 신앙 시와 수필, 감동적인 간증들이 곁들여져서 그 내용이 갈수록 풍성해지고 있다.

성경 학교와 수양회

UBF는 수시로 성경 학교를 열어서 창세기, 요한복음, 로마서 등의 성경을 강해하였고, 불신자들을 전도해서 초청했다. 방학 때마다 수양회를 개최해 왔는데 이는 학생들이 복음을 깊이 영접할 수 있는 좋은 계기가 되었다. 지금은 바이블 카페, 북 토크 등 다양한 방법으로 모임을 만들어 학생들을 초청하고 그들이 복음을 접할 수 있는 계기를 제공하고 있다. 성경 학교와 수양회를 준비하는 과정에서 학생들은 리더쉽과 섬기는 자세를 배운다. 또 이런 행사들을 통해 불신자들이 복음을 영접하고 변화되는 극적인 모습들을 많이 보게 된다. 이러한 과정은 변하는 시대에도 복음의 능력은 여전히 살아 있음을 실감나게 한다. 우리의 믿음이 이론으로 끝나지 않고 살아 있는 생생한 증거가 되어 주는 것이다.

제자 양성

UBF리더들은 후배 학생들을 각 사람에게 맞게 도와서 그 사람이 예수님의 신실한 제자로 성장하도록 한다. 소그룹 모임을 통해 이들이 믿음이 성장하도록 기회를 제공한다. 이것이 기초가 되어 졸업 후에도 개인 신앙이 견고하게 세워지고 직장 생활하면서도 주변 사람들에게 체계적으로 복음을 전할 수 있게 도와준다. 해외에 선교사로 나가서도 자립적으로 성경을 가르치며, 또 다른 제자를 키울 수 있는 기초를 닦아준다. 예수님도 모든 민족에게 가서 제자를 삼으라고 하셨다(마 28:19). UBF는 단순한 전도에서 끝나지 않고 제자 양성에 힘씀으로써 복음 신앙이 분명한 제자가 또 다른 제자를 낳고 키우는 영적 재생산의 역사를 이루어 왔다. 이들이 가는 곳마다 복음을 통한 회심과 변화, 영적 지도자들을 키우는 역사가 일어나고 있다.

구제 사업

UBF는 초창기부터 예수님의 가르침을 따라 가난한 사람들을 돕는 구제 사업에 힘써 왔다. 음식을 만들어서 거지들을 초청하여 함께 음식을 나누기도 하였다. 국내 구제 사업 뿐 아니라 국제적으로 어려움에 처한 자들을 돕는 구제에도 힘써 왔다. 성탄절에는 결핵 요양원, 고아원등을 방문해서 헌금을 하였다. 이로서 그리스도의 사랑을 실천하고 어려운 자들을 돌아보기에 힘썼다. 방글라데시, 에티오피아, 멕시코, 소말리아, 인도네시아, 북한 등을 위해 꾸준히 헌금하였다. 지금은 아프리카 우간다에 베데스다 선교 병원을 설립하여 의료 지원과 문화 사역을 하고 있다.

UBF의 교회사적 의의와 앞으로의 과제

하나님은 1961년 가난한 한국에서 UBF운동이 시작되게 하셨다. 그 후로 60여 년이 지난 지금 국내에 80개 지부에서 3800여 명의 회원들이 활동 중이다. 또 전 세계 100여 개국에 1800여 명의 선교사들이 활발하게 선교 활동을 하고 있다. 많은 선교 단체들이 외국에서 시작되어 한국에 이식되어 왔지만, UBF는 한국에서 생겨난 자생적 선교 단체이다. 60년이 지나는 동안 하나님은 국내 대학들과 전 세계 대학들을 복

| 2016년 세계 선교 보고 대회 (장충체육관)

음화 하는데 UBF를 귀하게 쓰셨다. 지금은 2세대, 3세대들이 대학생 리더들이 캠퍼스 선교를 섬기고 있다. 각 선교지에서는 현지에서 태어난 선교사 자녀들이 언어와 문화 등에서 전혀 이질감이 없이 현지인들에게 복음을 전하며 제자 양성에 힘쓰고 있다. 국내에서도 UBF 출신들이 사회 각 분야에 진출하여 좋은 영향력을 끼치고 있다. 또 각 지역 교회에서 헌신적으로 봉사함으로 좋은 영향력을 끼치고 있다.

  UBF는 자비량 선교의 가능성을 보여 주었다. 목회자를 통한 해외 선교는 한계가 있다. 회교권 국가나 아프리카 등의 후진국에서는 목회자 출신의 선교사의 입국이 어렵다. 언어를 익히는 데도 한계가 있다. 그러나 의사나 간호사, 전문직 회사원, 기술자 등은 어느 나라나 나아가서 선교할 수 있다. UBF의 자비량 선교사는 전문직을 가진 사람이나 유학생들로서 공산권 국가나 회교 국가에도 입국이 가능하다. 또 자신이 스스로 생활비를 마련하기 때문에 적은 물질적 지원으로도 많은 선교사들을 파송 할 수 있다. 이러한 UBF의 자비량 선교 역사는 해외 선교 역사에 좋은 롤 모델이 되고 있다.

그러나 앞으로 UBF사역이 더 활발하게 발전하기 위해서는 급변하는 대학의 현실을 파악하고 신세대들에 맞는 복음 전파 자료들을 만들어 공급하는 것이 급선무이다. 선배들이 가졌던 주님께 대한 헌신과 열정, 한 영혼 사랑의 정신을 잘 계승해야 한다. 또 효과적인 선교를 위해 한국과 전 세계 UBF 각 지부간에 긴밀한 네트워킹(networking)이 이루어져야 한다. 뿐만 아니라 UBF의 울타리를 뛰어 넘어서 한국 교회와 각 선교 단체들과 폭넓은 교류를 통해 우주적인 하나님 나라 확장에 힘써야 할 것이다. 현재 KIMNET(세계 선교동력네트웍)을 통해서 이 일을 많이 추진하고 있다. 또 기존 세대와 올라오는 젊은 세대들이 핵심 가치를 공유하면서도 서로를 깊이 인정하고 협력해야만 한다. 이로서 다가오는 통일 한국과 글로벌 시대에 걸 맞는 조직을 준비하는 것이 앞으로의 과제일 것이다.

4차 산업 혁명 시대에는 누구든 오고 싶어하는 플랫폼을 만들어 선교하는 플랫폼 선교가 대세일 것이다. 요즘 대학생들은 교회나 모임을 인터넷으로 검색하고 그 모임을 평가한다. 또 자신에게 도움과 이익이 되는지를 검토한다. 때문에 다양한 필요를 요구하는 학생들이 올 수 있는 폭넓는 모임을 만드는 것이 중요하다. 대학생 시절에 UBF에서 훈련받은 평신도들은 지금 사회의 다양한 분야에서 전문성을 가지고 활동하고 있다. 이제는 대학생들만의 테두리를 넘어서 다양한 연령과 계층의 사람들도 효과적으로 도울 수 있는 방안들을 마련해야만 할 것이다. UBF는 60년의 역사를 가지고 있다. 그동안 축적된 성경 공부, 캠퍼스 복음화, 세계 선교 등의 영적 노하우와 전문성을 효과적으로 활용하면 시너지 효과를 발휘할 것이다. UBF 리더들은 급변하는 상황 속에서 시대를 옳게 분별하고 세상에 빛과 소금이 되기 위해 부단한 노력을 기울여야만 한다. 과거의 영광에만 취해있을 것이 아니라, 오늘날 주님이 원하시는 바를 찾고 이를 감당하기 위해 힘을 써야만 할 것이다. 이를 위해서는 UBF 내부적으로도 보다 성숙하고 투명한 공동체로 성장해야만 한다. 또 겸허하고 열린 마음으로 다른 모임들의 장점을 잘 배워서 희망찬 미래를 만들어 가야 할 것이다.

김재홍

- 고려대학교 영문과 졸업 (B.A)
- 웨스트민스터신학대학원대학교 졸업(M.Div)
- 광신대학교대학원 졸업(조직신학, Th.M 및, Ph.D)
- 『칼빈의 성경 해석과 설교』

캠퍼스의 작은 무리들, JDM

윤태호

JDM 시작되다

예수님의 위대한 탄생이 베들레헴의 초라한 마구간의 구유에서 이루어졌듯이, 세계를 복음화하고 만인을 제자로 삼는 위대한 이상을 가진 복음 운동 역시 강원도의 아름답지만 작은 도시 춘천의 갓 결혼한 젊은 부부의 남루한 신혼 방에서 시작되었다. 이 첫 모임이야말로 젊은이들의 말씀 순종과 기도 열망과 찬양 소리가 순수의 땅에서 개척의 나라로 나가는 시작이었고, 무지의 세계에서 미지의 세계로 나가는 모험의 순간이었다.

생활과 신앙의 괴리감, 생존의 욕구, 주님에 대한 열망, 새로운 신앙

| KDTI 29기 개강 예식 (앞줄 중앙:JDM 창립자 윤태호 목사)

공동체의 기대. 지방 소도시의 전통적인 교회가 가지고 있는 암울함과
답답함이 주님에 대한 강한 욕망을 가지게 했다. 당시의 심정을 두 단
어로 표현하면 '갈망'과 '열망'이다.

　주님을 인격적으로 더 깊이 알아 가고 싶고, 주님의 은혜에 대한 갈
망이 있고, 주님을 위해 살고 싶다는 막연한 소망과 함께 주님께 쓰임
받고 싶다는 열망이 있었다. 이것이 JDM이 태동하게 된 가장 강한 이
유 중 하나이다. 주님의 음성과 인도를 듣고 작은 무리의 태동을 가슴
에 잉태했던 윤태호, 윤실권 부부와 여러 지체가 1977년 12월 6일 첫
모임을 신혼 방 작은 곳에서 가졌다. 그들은 거창한 꿈이나 비전을 외
치는 그룹이 아니라 단지 주님을 따르는 경건한 추종자가 되고자 했던
지역 교회를 섬기는 청년들이었다. 이들은 주님에 대한 순수한 감정과
모임에 대한 기대감으로 시작했다. 그리고 이 모임이 이어져 오늘도 세

계 각처에서 젊은이들에 의한 작은 모임은 시작되고 있으며, 이 새로운 모임은 주님 오시는 그날까지 계속될 것이다.

JDM의 명칭과 의미

예수제자운동(JDM)은 예수를 믿고 따르고, 예수를 닮고 배우자는 운동이다. 이것은 예수 제자가 되자는 운동이며, 예수 제자를 세워 파송하자는 운동이며, 예수 제자들이 하나님 나라를 세우자는 운동이다. 또한 예수 제자들이 세상 속에서 빛과 소금의 삶을 구현하는 변혁적 제자운동이며, 세상을 복음으로 새롭게 하고 예수가 이끄는 하나님의 통치 영역으로 만드는 운동이다.

예수제자운동이라는 명칭의 특징이 있는데, 그것은 자원하면서 자발적이며, 역동적이며, 비전 성취적이고, 목적 지향적이며, 재생산적인 활동성을 나타내는 명칭이다. 예수제자운동을 회(會)나 단(團)이라 하지 않고 운동(movement)이라는 용어를 채택한 것도 그것이 가지고 있는 운동 에너지의 활력과 더불어 타의가 아닌 자발적인 헌신과 역량 있는 운동성을 강조하기 위한 것이다. 예수제자운동은 하나님 나라와 예수 그리스도를 위해서 스스로 헌신하며 충성하는 운동이고 제자 사역을 위하여 평생을 바치는 운동이다.

캠퍼스 사역의 이해

　예수제자운동은 캠퍼스 운동이다. 과거를 돌이켜 보면 1885년을 전후해서 미국과 영국과 캐나다 선교사들이 복음이 낯선 조선 땅에 들어왔을 때 그들은 이십 대였다. 그들의 나라에서 대학생 시절에 해외 선교에 헌신했고, 그 기도하던 땅에 이십 대의 청년으로서 왔다. 이처럼 우리 JDM이 추구하고 목적하는 선교는 이십 대들이 일으키는 캠퍼스 선교이다.

　캠퍼스 선교는 젊은이들을 주님의 제자로 만들기 위한 선교이다. 그리고, 젊은이들이 세계 비전을 품고 세상을 향한 제자도의 실현과 자신의 조국을 향한 영향력 있는 삶을 실현하도록 하는 선교 운동이다. 청년 선교사가 하는 선교의 프로그램이나 방식을 말하는 것이 아니다. 젊은이의 이상과 열정과 투지와 확신을 가진 선교사가 오로지 캠퍼스를 통해서 미래를 바라보고 미래 세계의 주역이 될 젊은이들에게 사역의 전부를 거는 것이다.

　캠퍼스가 살아야 그 민족이 살고, 캠퍼스에 예수 백성이 있어야 그 나라에 그리스도의 계절을 맛보게 할 수 있으며, 캠퍼스에 예수님이 주인 되는 역사가 있어야 하나님 나라가 실현될 수 있다. 열정에 찬 젊은이들이 주님을 찬양하고 헌신하며 새로운 땅과 도시와 이국의 캠퍼스로 떠나는 장면을 상상해 보라. 흥분되지 않는가! 지금도 역사는 계속되고 있다.

　30개국 캠퍼스에서 복음을 전하고, 소그룹을 통해 제자 양육을 하

| 소그룹 모임

며, 채플에 주님을 사랑하고 그분의 제자도를 배우는 젊은이들이 아프리카에서 남미까지 가득할 것이다.

우리는 캠퍼스 선교를 통해서 젊은이들을 제자로 세우고, 캠퍼스와 캠퍼스의 제자 재생산 사역을 하며, 도시와 도시를 개척하고, 다른 나라에 재파송하는 선교의 분깃점을 만들 것이다. 다시 우리의 비전을 명시한다. 우리는 젊은이들을 위한 캠퍼스 선교의 핵심들이다. 캠퍼스 선교. 그것이 우리 사역의 미래이고, 세상의 미래이며, 주님의 초대장이다. 미래를 준비하지 않는 교회는 미래에 존재할 수 없다. 현존하는 교회들에 젊은이들이 없다면 서구 교회의 전철을 밟을 수밖에 없다.

캠퍼스 학생들을 위한 프로그램

캠퍼스 사역의 중요 활동들

1984년 강원대학교에 JDM을 정식 동아리로 등록하며 대학생 사역을 전문적으로 시작하게 되었다. 대학 사역의 중추적인 사역은 소그룹 운동과 제자 훈련이다. JDM은 소그룹으로 시작되었고, 도시와 캠퍼스를 개척하는 일도 소그룹을 통해서 시작되었다. 소그룹으로 제자를 훈련하고 양육하며 소그룹을 통한 재생산 사역을 가장 중요한 사역의 가치로 여긴다.

그래서 모든 프로그램이나 활동은 소그룹 사역과 밀접하게 관련되어 있으며 대표를 위시한 모든 사역자와 리더들은 반드시 소그룹을 개척하고 인도하고 운영하고 재창조하는 일을 우선 순위에 두고 있다. 그렇지만 소그룹 사역만 있는 것은 아니다. 소그룹 사역 외에도 여러 활동들로 캠퍼스 사역을 하고 있다.

캠퍼스 개척 사역 지원

매년 3월이면 약 60만 명의 새내기들이 캠퍼스에 입학한다. 복음을 전하고 모임을 홍보해야 하는 중요한 시기이다. 이때 매년 홍보 포스터 및 홍보 영상을 제작하여 16개 지구의 사역을 지원하고 있다.

또한, 코로나19의 여파가 장기화됨에 따라 비대면으로 사용할 수 있는 홍보 도구들도 지원한다. 대학별 홈페이지와 SNS에서 사용할 수 있는 온라인 설문지, 카드 뉴스 형식의 온라인 팸플릿, 관계 전도를 위한 새알(새내기를 알려줘) 링크 등을 제작 중이다.

캠퍼스 33 중보 기도 운동

캠퍼스 33 중보 기도 운동은 3월 첫 주에 집중해서 하는 캠퍼스를 위한 기도 운동이다. 3월 첫 주는 약 56만 명의 새내기가 본격적인 캠퍼스 생활을 시작하는 때이다. 그들은 새로운 문화, 대인 관계, 학문 등을 접하게 된다. 먼저 새내기들이 복음을 듣고 거듭남으로 그리스도인으로 변화된 삶, 가치 있는 대학 생활을 보낼 수 있도록 기도한다.

캠퍼스는 학생들이 열린 마음으로 진리를 찾고 헌신할 수 있는 곳이 되어야 한다. 역사와 교회사 속에서 개혁, 부흥, 영적 대각성, 선교 운동 또한 캠퍼스에서 시작되었다. 캠퍼스의 타락은 곧 사회의 타락으로 이어진다. 따라서 캠퍼스가 올바른 믿음과 가치관을 세우는 미래 한국의 요람이 되도록 기도한다.

대학 여름 집회

1학기 사역을 마무리하고 매년 6월 말에 진행하는 대학 여름 집회는 모임의 비전을 되새기고 모임이 나아가야 할 방향을 제시하는 중요한 집회다. 또한, 지체들을 예수 제자로 양육하며 캠퍼스와 복음을 위한 일꾼으로 훈련시키는 자리가 된다. 소그룹을 통한 제자 양육, 모임의 학사, 이사, 간사들을 통한 양질의 선택식 강의, 찬양과 성경 본문 중심의 메시지, 그리고 기도가 뜨겁게 살아 있는 저녁 주제 강의는 대학 여름 집회만의 특별함이다.

캠퍼스 워커 지원

캠퍼스 워커는 휴학을 통해 일 년의 시간을 모임과 캠퍼스에 헌신하는 대학 지체들을 말한다. 워커는 공동체에서 인정받은 자로서 지체들의 선배요, 간사들의 동역자요, 주님의 일꾼으로 일 년간 모임과 캠퍼스를 섬기게 된다. 매년 1월 전국 워커 수련회와 11월 워커 리트릿을 진행하며, 대학 집회와 감사 축전 그리고 온라인 사역 등 전국 규모의 사역에 참여하며 사역하게 된다.

TTS (디모데 훈련 학교)

1997년 2월 22일에 개교한 디모데 훈련 학교(Timothy Training School, 이하 TTS라 한다)는 '만인을 그리스도의 제자로 삼자'는 모임의 비전을 성취하기 위한 JDM의 독특한 제자 훈련 학교이다. 이 훈련은 리더로 섬기고자 하는 지체들을 선발하여 일정한 과정을 이수하도록 한다. TTS의 목표는 책임 있는 제자(Responsible Disciple)를 양육하여 한국 교회와 JDM을 섬기며, 재생산하는 제자(Reproducible Disciple)를 훈련하여 대학 복음화와 세계 복음화에 기여하는 것을 목표로 한다.

예살터 (예수 백성 살림터: 학생 공동체)

전 세계의 JDM 사역자와 학생 리더들은 생활 공동체를 만들어 그곳에서 예수님이 제자들과 함께하시고 제자 훈련을 하셨던 과정을 대학 생활 중에 경험하게 한다.

이런 생활 공동체는 한솥밥을 먹고 몸을 부대껴 가며 가족 됨을 누리는 곳이기도 하고, 자신의 연약함을 마주하고 다듬어져 가는 곳이기도 하다. 또한, 생활 공동체 안에서 거룩한 비전을 공유하고 예수님을 닮아 가는 곳이다. 그리고 무엇보다 인생의 비전을 찾고, 후배들은 세상 속의 그리스도인의 삶을 보고 배우며, 선배들은 후배들을 믿음으로 돌보고 이끌어 가는 곳이다.

사경회

1907년 평양 장대현교회에서 시작되었던 한국의 최초 부흥 운동인 사경회를 캠퍼스 사역에 접목하여 한국 16개 지구와 해외에서 매년 일주일씩 말씀 사경회를 진행한다. 사경회란, 성경을 체계적이며 집중적으로 공부하는 집회를 가리키는 말이다. 사경회 기간에는 성경 공부, 기도, 전도를 통해 학생들과 학사들에게는 영적인 재충전의 기회를, 새내기들에게는 주님을 만나는 기회를 제공해 준다. 모임에서는 이 사경회를 통해서 매년 말씀으로 도전하고, 주님을 향한 헌신자를 세워 간다.

단기 선교사

캠퍼스에 헌신한 지체들이 해외 선교를 위해서 1년간 휴학을 하고 선교 현장에서 개척자와 양육자의 삶을 사는 이들을 '단기 선교사'라고 한다. JDM 해외 사역 중 가장 역할이 컸던 그룹이며, 같은 세대에게 접촉할 수 있는 대학생들이어서 전도와 소그룹에 엄청난 성과를 만들어 냈다. 매년 학생들이 단기 선교사로 나가기 위해서 IMTI(국제 선교 훈련원)에서 훈련을 받고 있으며 지금도 선교를 향한 열정이 가득한 학생들이 줄을 잇고 있다.

캠퍼스를 부흥시킨 인물들

JDM에는 캠퍼스 사역을 이끄는 수많은 지도자들이 있다. 그들은 알려지지 않았으며, 무명이었고, 자신이 드러나기를 기뻐하지 않는 하나님의 사람들이었다. 젊은 시절 주님의 부름을 받고 젊은 영혼들을 위하여 자신의 평생을 바친 사람들이 JDM 간사들이다. 그들 모두는 자랑스러운 부름과 명예로운 사역지를 가지고 있으며, 변함없이 십자가의 삶을 짊어지고 복음과 함께 고난받는 삶을 따르는 젊은이들의 종이다. 200여 명의 사역자들이 다 자랑스럽지만, 아래 두 인물은 JDM 정신을 잘 드러내는 사역자이기에 짧게 소개한다.

캠퍼스 간사, 세계 선교의 길목을 열다, 윤종대 선교사

강원대 졸업반 복학생이었던 윤종대 선교사는 1988년에 홀로 춘천교육대를 들어가서 눈물과 수고를 통해 춘천교대에 믿음의 씨앗을 뿌렸다. 그 결과, 수많은 예비 교사가 주님을 만났고 주님과 평생을 함께하는 통로를 만들었다. 대학 재학생이 캠퍼스를 개척한 최초의 시도이며 영적인 계보를 만들어 내는 역사적인 사건이었다. 다음 해에 주님의 부르심을 따라 간사로 지원해서, 춘천 지구의 대표로서 JDM이 캠퍼스 사역의 첫걸음마를 걷던 시절부터 그는 제자 사역자이고 운동가이며 훈련가였다.

그랬던 그가 최고참 간사에서 간사 출신의 최초의 선교사로 우즈벡을 자원해서 선교의 여정을 시작했다. 추방의 위협을 느끼던 2006년까지 중앙 아시아 대학생 사역의 신기원을 이루었다. 디모데 훈련과 간사 훈련을 통해 수많은 캠퍼스 간사들의 헌신이 줄을 이었고, 다른 국가에 개척까지 하는 열성적인 제자들을 만들어 냈다. 윤종대 선교사는 거기서 멈추지 않고 첫 번째 안식년에는 의도적으로 인천에 거주지를 정하고 인천 지구를 개척했다. 단순히 소그룹 하나를 열고서 개척했다고 말하는 것이 아니라 인하대, 인하공전, 인천대, 가천길대를 개척했다.

2006년 우즈벡 사역을 철수했지만, 다음 해에 필리핀 클락을 개척했다. 개척 이후 필리핀 사역 12년 만에 모임 선교사 4가정과 현지 전임 간사 7명, 협동 간사 2명과 함께 캠퍼스 사역을 동역하고 있고, 지역 교회를 개척하는 것도 멈추지 않고 계속해서 현재는 하양소망교회, JCF-예수공동체교회, 산아우구스틴 MH, 티나제로교회를 개척해서 선교사들과 함께 목양 일념의 필리핀 목회도 감당하고 있다.

캠퍼스 간사, 도시를 휩쓸다, 서관옥·방미정 선교사 부부

아내는 대학을 졸업하자마자 간사가 되었고, 남편은 철밥통 직장을 버리고 젊은이들 사역에 인생을 바쳤다. 둘은 서울 한양대에서 그리고 신촌에서 사역을 시작했다. 이 부부는 늘 개척을 했다. 박재훈, 최민철 선교사가 제자이고, 그 이후로 그들이 양육한 사역자는 대학 노트 한 장에도 다 담지 못할 정도이다.

이후, 충청도의 거점인 대전을 개척하라는 모임의 소명을 따라 대전으로 사역지를 옮겨 그곳에서 젊은이들을 만나 전도와 양육을 하고 그들을 훈련해 그들이 헌신케 하는 일을 했다. 침신대를 거점으로 충남대와 수많은 대학을 개척했고, 지역을 넘어 공주교대와 청주와 천안까지 간사들을 보내어 후배들을 위한 사역의 터를 확장하고 휘장을 넓혔다(사 54:2). 그리고 충청권 젊은이들의 훈련 중심지로 4층 건물의 비전 센터를 세우고 그들은 인도로 떠났다. 어린 주일 학교 아이들부터 청년들을 전도하고 공동체를 만들어 열심히 훈련시켜 충성스러운 제자를 세웠다. 그중 인도 현지 간사인 파이콤바 간사를 캠퍼스 사역자로 파송했다.

서관옥·박미정 부부 선교사는 인도 정부에 의해 추방을 당했지만 굴복하거나 좌절하지 않고 스리랑카로 떠났다. 인도와 한 시간 거리에 진지를 구축하고 제자들을 불러내어 다시 훈련했다. 초신자를 제자로, 지도자로 세우는 작업을 계속하고 있다가 건강 문제 때문에 한국에 돌아왔다. 돌아와서도 멈추지 않고, 국제 유학생팀 사역을 통해 국내 캠퍼스에서 해외 유학생들을 만나 그들을 다시 재파송하는 사역을 하고 있다.

JDM 기관 설명

캠퍼스 사역이 전장에서 승리하기 위해서는 다양한 자원 및 전략 그리고 조직과 교육 기관이 필요하다. 다음은 대학 사역과 캠퍼스 간사들을 지원하기 위한 JDM의 기관 소개이다.

한국 제자 훈련원 (KDTI)

JDM의 캠퍼스 사역을 십여 년 넘게 해 오면서 지도자와 전문 사역자 양성의 필요를 절실하게 느껴 한국 제자 훈련원(Korea Disciple Training Institute, KDTI)을 1991년 2월 23일 개원했다. 한국 제자 훈련원(KDTI)은 "제자가 되자, 목자가 되자, 개척자가 되자"라는 교훈을 가지고 21세기 세계 선교를 이끌어갈 지도자를 양육하고 훈련한다.

한국 제자 훈련원(KDTI)는 모든 그리스도인으로 하여금 그리스도의 제자의 삶을 살아가도록 격려한다. 이들이 시대를 이끌며 앞서가는 지도자요, 목자로서의 생애를 준비하도록 훈련하며 세계 복음화를 위한 개척자, 혹은 평신도 선교사, 그리고 캠퍼스와 직장의 전도자로서 살아가도록 훈련하는 곳이다. 현재 500여 명의 졸업생을 세상과 사역지로 보내어, 지금도 선교지와 지역 교회 그리고 캠퍼스를 섬기고 있다.

국제 선교 훈련원 (IMTI)

국제 선교 훈련원(International Missionary Training Institute, IMTI)는 "만인 제자화, 세계 복음화"를 표어로 1998년부터 시작된 모임의 선교 훈련 기관이다. 하나님께서 자신에게 주신 비전과 달란트를 최대한 활용해서 장·단기 선교사로 파송받고자 하는 사람들을 위한 훈련을 한다. 영성과 지성을 겸비한 선교사, 실력과 인성을 갖춘 선교사, 세계화 속에서 영향력 있는 선교사를 세우는 것이 목적이다.

지난 시간 동안 IMTI는 장·단기 선교사를 훈련하여 파송함으로써 JDM 해외 사역의 중심에 있었다. 2000년 3월 6일 제1기 선교 학교를 개강하고 2002년 2월 4일 제1기 선교사 훈련을 개설하여 현재까지 전임 선교사와 단기 선교사, 그리고 선교에 관심 있는 평신도를 훈련하고 파송하고 있다.

목자와 제자사

한국의 각 도시에서 직장 생활을 하게 되는 학사들과 군 지체들을 훈련하고 제자도와 공동체 정신을 전하기 위해서 정규 발간물의 필요를 느껴, 1993년 12월 21일 목자와 제자사 출판사 설립했다. 목자와 제자사는 문서 사역을 통해 예수 그리스도의 좋은 소식을 전파하여 이 땅에 제자 운동을 일으키고, 땅끝까지 이르러 선교하는 일을 담당하며 복음 전파와 세계 선교에 기여하는 JDM의 출판부이다. 이곳에서 큐티 교재인 『골방 말씀』을 격월로 발간하고, 각종 성경 공부 교재와 제자 훈련용 교재, 그리고 단행본을 발행한다.

위그린 크리스천 아카데미

위그린 크리스천 아카데미(Wigrin Christian Academy)는 JDM의 학교 사역으로 기독교 세계관을 바탕으로 교육을 하는 아카데미이다. 현 교육을 지배하는 상대론, 진화론, 인본주의적 사상이 아닌 말씀과 진리의 절대성에 근거한 청교도 교육 정신을 추구한다. 위그린(Wigrin)의 뜻은 지혜(wisdom), 성장(growth), 그리고 온전함(integrity)의 합성어이다. 2012년 9월 10일 개교하여 JDM의 선교사 자녀와 목회자 자녀, 이사 가정의 자녀들을 위탁하여 교육하는 것을 원칙으로 한다.

한국복음주의신학교(KES)

간사들의 평생 교육 과정으로 신학교를 설립하기로 하고, 웨스트민스터대학원대학교, 국제신학대학원대학교, 그리고 호주의 퍼스 바이블대학(Perth Bible College)과 협약을 맺어 목회학 석사 과정을 운영하기로

| 간사회 (2019년 후반기 사역임직예식)

하여 학교를 한국복음주의신학교(Korea Evangelical Seminary, KES)라 명명하였다.

자유주의 신학과 세속적인 목회로 위기에 봉착해 있는 한국 교회와 기독교 가운데 개혁주의 신앙을 보수하고 세계 복음화를 위한 선교적 사명을 다하기 위하여 세워졌다. 선교 단체를 배경으로 출발한 신학교로는 최초의 신학교이다.

국제 유학생 사역팀

시대가 급변하여 많은 국제 유학생들이 한국 대학교로 들어오기 시작하면서 선교의 패러다임이 변하고 있다. 이제는 해외에 나가지 않아도 국내로 들어오는 국제 유학생들을 통해 그들을 제자로 삼아 다시 현지 국가로 파송하는 것이 가능해졌다.

이런 시대의 흐름에 따라, JDM도 '국제 유학생 사역'이라는 국제 유학생 사역팀을 서관옥 선교사와 방미정 선교사를 필두로 3명의 간사(조경신 간사, 조유진 간사, 장한솔 간사)와 함께 설립했다.

JDM 국제 유학생 사역은 "모든 곳에서 모든 곳으로"라는 목표로 국내 거주 해외 유학생을 대상으로 사역한다. JDM 해외 선교사가 현지에서 양육하여 파송한 지체와 국내에서 함께 사역하기도 하고, 국제 유학생을 전도, 양육, 훈련, 파송하여 현지 국가의 영적 지도자로 세우기도 한다. 또한, JDM 국제 본부와 연계하여 해외 간사(ISTS)를 지원하기도 하고, 해외 현지 지체들의 국내 선교 훈련을 지원하기도 한다.

그뿐만 아니라, 국제 채플(International Chapel)을 통하여 언어별로 각각의 예배를 조직하고 이끌기도 하며, 각각의 캠퍼스와 도시에서 전도, 양육, 소그룹, 예배, 전체 모임 등을 통해 사람을 훈련하는 역할을 감당하고 있다.

지구 개척 역사

강원권

1997년 12월 6일, 윤태호 형제의 신혼 방에서 시작되어 청년 모임, 고등학생 모임, 엄마 모임 등이 이어져 만들어졌다. 지방에서 젊은이들이 사모함을 가지고 참여하여 지방 개척의 필요를 느껴 홍천과 청평에서 소그룹을 시작했다. 이를 필두로 1985년 최원국 간사가 신학생의 신분으로 원주 지구를 개척하였고, 1987년에는 노명숙 선생이 소그룹을 하던 중 본부에서 손영란 간사를 대표 간사로 세우면서 강릉 사역이 시작되었다. 이후에 강은숙, 호승철 대표 간사는 영국과 중국의 선교사로 파송되었고, 송철용 목사는 지역 교회 목사로 현재는 박성훈 간사가 부임하여 20년 만에 부흥을 일으켰다.

수도권

1979년 5월 31일에 윤태호 형제가 신학교에 진학하여 신학생 중심으로 한 소그룹과 서울 지역에 있는 춘천 출신 구성원들로 시작된 직장 소그룹이 개척의 터전이 되었다. 이후에 헌신된 사역자들의 불타는 열정을 통하여 20여 개 대학을 개척하였고, 현재는 이귀준 목사가 대표로 사역하고 있다. 서울 지구의 박춘숙, 박남신, 박재훈, 최민철 간사는 해외 선교사로 파송되었다.

서울 지구는 모임 최초의 순교자인 최원국 간사의 피가 흐르는 공동체이다. 모임을 바보처럼 사랑했고, 33살에 젊은 사역자가 겨울 집회를 준비하다 주님의 부름을 받아 아름다운 생애를 마감하며 후배들에게 캠퍼스 사역을 통해서 죽을 수 있다는 유언을 남겼다.

1998년 9월 21일에는 이영미 간사가 수원 지구를 개척했다. 그 후로 김진숙 간사, 호승철 간사, 송철용 간사, 이기호 간사가 사역을 했고 현재는 박예희 간사가 대표로 사역하고 있다.

인천 지구는 윤종대 선교사가 1999년 안식년으로 한국에 들어왔을 때 개척하였다. 후임으로 수원 지구에서 온 이영미 간사는 케냐 선교사로, 서건욱 간사는 필리핀 선교사로 파송되었고, 현재는 김철민 목사가 대표로 사역 중이다.

충청권

1986년 3월 대전 지구는 김영순 선교사(미국)가 침례신학대 재학 시절 개척한 소그룹으로 역사가 시작되었다. 그리고 뒤를 이어 서관옥, 방미정 선교사(인도)의 순종으로 대전이 개척되었다. 이 둘은 탁월한 안목과 진취적 성향을 가지고 있다. 둘의 수고를 기록하자면 끝도 없겠지만, 그중 하나를 꼽자면 센터 건축이다. 이 센터로 지체들이 공동체 생활과 간사들의 생활, TTS 모임, 각종 집회를 비롯해 전국에서 모여 하는 회의 등이 가능해졌다.

청주 사역은 서울의 연경운 간사가 개척을 시작하여 신동주 간사와 염현동 간사가 뒤이어 대표 간사로 사역했다. 하지만, 임은숙, 김인호 간사 등 보이지 않는 헌신의 사람들이 세운 터전이다.

또, 1995년 당시 아기 엄마였던 방미정 간사는 대전에서 공주를 오가며 공주교대를 개척했다. 개척자의 정신과 강한 야성은 당시 공주교대의 힘이었다. 잘 다니지도 않는 버스를 타고 대전까지 오가며 훈련받았던 그들의 기도와 열심 속에서 공주교대에 JDM이 동아리로 등록되었다. 그리고 이후에 많은 지체가 사역자로 헌신하여 사역에 모범을 보이는 지구로 성장했다.

천안 지구는 2001년 심정욱 간사가 개척했으나, 2015년 임진혁 간사가 새롭게 다시 재창립하여 사역하고 있다.

영남권

춘천 YWCA 간사로 있던 김영숙 자매가 캠퍼스 사역에 헌신해서 1991년 9월 7일에 마산과 진해를 개척하고, 영남권 사역에 선봉에 섰다. 그리고 공군 장교 아내로 대구에 부임한 강영란 간사는 1995년 10월 3일 대구 캠퍼스를 개척하여 제자들을 양육하기 시작했다. 또한, 부산 시청 공무원이었던 이정주 자매가 캠퍼스 사역에 헌신하여 1993년 2월 27일 부산 지구를 개척했다. 울산 지구는 2015년 문타현 간사가 초대 대표로, 그리고 현재는 노서현 간사가 섬기고 있다.

호남권

총신신대원 학생이던 손귀연 간사가 1998년 11월 16일 광주 개척을 필두로 하여, 후임 대표 간사인 윤환식 간사와 노항구 간사는 호주와 인도네시아 선교사로 파송되어 캠퍼스 개척을 이끌고 있다. 광주 지구 간사였던 김일지 간사가 2013년 2월 15일 전주 지구를 개척해서 후임으로 문요한 간사, 그리고 현재는 안지호 간사가 대표로 사역하고 있다.

해외 개척

통계에 따르면, 한국 선교사의 16%만이 캠퍼스에서 일하고 있다. JDM의 선교 전략은 캠퍼스 개척, 팀 사역, 공동체 사역, 도시 개척으로 설명이 되며, 한국 캠퍼스 간사로 5년 이상 일하면 해외 개척을 당연한

| 2018년 17회 유럽 겨울 수련회(GNG)

의무로 받아들인다. 해외 개척 사역에 가족과 함께 국내를 떠나게 된다. 해외 사역은 한국 JDM 사역과 동일하게 하고 있다. 현재 해외 30개국에서 사역하고 있으며, 현지 해외 간사는 40여 명이 일하는 중이다.

미래를 향한 제언들

선교 단체의 자성적 비판

제자 훈련을 성경 공부로 한정해 지성적인 곳에 집중한 탓에 현실 세계에서 제자의 삶을 전인격적으로 적용하지 못한 아쉬움이 있었다. 그뿐만 아니라, 하나님 나라를 폐쇄적인 자기 집단에 적용함으로 그리스도의 몸 된 교회와 연합과 타 단체와의 교제와 하나 됨을 경험하지 못함으로 성경적 삶을 바르게 접목하지 못하고 있다. 제자 훈련 과정에서도 예수님보다 리더에게 집중하고, 성경보다 자기 단체의 교재에 의존하고, 성령님보다 커리큘럼에 비중을 두고 복음주의를 지향함으로 성경이 요구하는 신학적 입장에 혼란을 주고 있기도 하다.

그리고, 21세기를 살아가는 그리스도인으로서 사회, 문화, 경제 특히 한국적 상황에서의 정치, 그리고 남북 관계, 빈부 문제, 진영 논리에서 바른 성경적 가치관을 제시하지 못하고 있다. 또한, 근본주의적 사고에 갇히는 결정과 실패 경험도 가지고 있다.

무섭게 변하고 있는 캠퍼스 상황에서 선교 단체들이 복음적 영성과 선교적 야성을 점차 잃어 가고, 대안적인 문화 활동과 사회 운동에 좌표를 정하고 나감으로써 캠퍼스 복음 운동을 약화하는 움직임에 대하여 아쉬움을 가지게 된다.

제자도에 대한 바른 훈련

제자도가 현실에서 절대적인 필요가 있는가? 세상에는 해답이 없다. 가정 붕괴, 마약 중독, 낙태, 폭력 범죄, 노숙과 자살이 반복되고 있다. 인간의 절망감과 상실감 속에서 삶의 의미를 잃어버리고 사는 것이다. 오직 하나님의 방법만이 이들을 구출할 수 있다. 이것이 제자도이며, 제자 훈련이다. 제자도는 하나님의 뜻을 발견케 하고 그리스도인의 삶의 목적을 보여 주며, 그리스도인들 개개인을 향한 보편적 요구와 개인적 요구의 차이점도 선명하게 보여준다. 또한, 그리스도인의 사고 방식(세계관, 인생관, 가치관)과 생활 방식(Life Style)을 바르게 세워 주며 주님

| MISSION 17

이 우리에게 요구하신 것이 무엇인지를 깨닫게 한다. 그러면서 주님을 따르는 제자로서의 삶의 의식과 방향 그리고 목적을 제시하며, 하나님의 나라 건설을 위한 일꾼을 양성해 주님의 나라를 왕성케 하는 역사를 일으키게 한다.

JDM이 추구하고 지금도 헌신하고 있는 것은 제자 사역이며 이 사역의 기본적인 목적은 두 가지이다. 첫째는 그리스도인의 성숙한 삶의 실천과 제자 훈련을 통해서 그리스도인의 삶을 몸에 익히게 하는 것이고, 둘째는 세계를 복음화하며 만인을 그리스도의 제자로 삼는 일이다. '로버트 콜먼'은 자신의 저서에서 "주님의 방법은 사람이었다"고 말하면서 제자 훈련의 중요성을 강조하고 있다.

제자 사역은 하나의 방법론이 아니라, 하나님의 방법이다.

캠퍼스 운동은 세상에서 열매를 맺어야 한다

제자도는 성공하는 법을 가르치는 것이 아니라 주님의 복음 때문에 고난받는 법을 전수하는 것이다. 제자도는 고난을 수반하고, 박해로 이끌며, 용기를 시험하고, 변함없는 미움과 인내를 요구하며, 심지어 죽음으로 이끌기도 한다. 제자도는 예수님을 주님으로 고백하기를 요구한다. 제자도는 교회를 위한 것이 아니다. 오히려 교회가 제자도를 위해 존재한다. 제자도는 교회 활동가를 키우는 것이 아니라 주님의 제자들을 양성해서 세상으로 내보내는 것이다. 제자도는 세상을 위한 것이다. 하나님이 세상을 심히 사랑하셨고, 세상을 향해 큰 희망을 품고 계시며, 세상으로 큰 일을 이루실 것이다. 거기가 제자도가 속한 곳이다.

공중 권세가 지배하고 있는 세상 속에서 예수의 사람들이 살아가는 방식과 세상을 변혁하고, 세상 속에서 빛과 소금 됨을 드러내는 역할을 가지도록 하는 것이 캠퍼스에서 할 역할이다. 4년 동안의 제자 훈련이 40년의 세상에서 승리를 만들어 가도록 이끌어 가는 것이다.

캠퍼스 운동은 사역자의 역량과 관련되어 있다

설상가상으로 2020년 1월 20일 첫 확진자가 발생한 코로나19 사태로 지역 교회는 물론 선교 단체는 한 치 앞을 내다보기 어려운 전대미문의 상황을 맞이했다. 위기의 상황은 교회와 단체가 본질로 돌아갈 기회임이 분명하다. 이는 우리가 어떻게 대응하는가에 전적으로 달려 있다. 만일 우리가 코로나 이후의 대처에서 본질에 충성하는 신앙 공동체로 회복될 수 없다면, 우리는 하나님께서 주신 절호의 기회를 낭비한 불의한 종이 되고 말 것이다. 지금까지 우리가 코로나19 사태를 뒷수습만

해 왔다면, 이제는 선제적으로 교회와 세상에 대안을 제시하고 섬기는 모습으로 나아가야 한다.

2020년 한국 JDM 사역의 3대 키워드는 '공동체', '캠퍼스', '지속 가능성'이다. 2020년 3월 11일 세계보건기구(WHO)가 코로나19에 대해 사상 세 번째 팬데믹을 선언하면서 세상이 완전히 바뀌었지만, 이 키워드는 여전히 중요하다. 비대면 세상이 되면서 사람들은 오히려 만남을 갈망하게 되었고, 따라서 행함과 진실함이 있는 사랑의 공동체를 형성하는 것은 그 어느 때보다 시급한 과제가 되었다(요일 3:17-18; 행 2:44-45).

비대면 세상이 되면서 적지 않은 기독교 전임 사역자들이 정신적 공황에 빠졌지만, 디지털 원주민인 청년 학생들은 오히려 이 상황을 즐기고 있다. 중요한 것은 이 기회의 시간에 우리가 최고의 복음과 양질의 콘텐츠를 제공할 수 있느냐 하는 것이다. 위드 코로나 시대의 대안은 유튜버가 되는 것이 아니라 지속 가능한 성장 동력을 만드는 데 있다. 성경에 충실하고 지체들의 필요에 민감한 청년 사역자가 그 어느 때보다 필요한 이유다.

팬데믹 상황을 능가한 온라인 사역

코로나19로 인해 비대면 사역의 중요성이 커지고 있다. 이에 대학 선교부는 기존의 페이스북 페이지(JDM 대학 여름 집회)뿐 아니라 대학 선교부 홈페이지와 유튜브 채널(제뎀tv), 인스타 채널(jdmcampus)을 새롭게 개설하고 운영 중에 있다. 다양한 접촉점을 확보하여 홍보하고 시대의 필요에 적절한 컨텐츠로 홍보, 교육, 훈련하는 것이 중요한 목표이자 방향성이다.

...

JDM은 지난 43년 동안 개척과 도전이라는 명제를 마음에 품고 사역해 왔다. 지난 2000여 년 역사 속에서 한 번도 그리스도인들과 복음이 환영받은 적은 없다. 배척과 경멸이 우리에게 주는 초대장이었다. 팬데믹을 겪고 있는 고통스러운 순간에 우리는 좌절하거나 굴복하지 않는다. 여전히 세상은 예수 그리스도가 절대적으로 필요하고, 복음만이 젊은이에게 희망을 던질 수 있다.

우리는 팬데믹 상황 속에서 비싼 대가를 치루면서 경험을 얻고 있다. 문제는 새로운 경험이 우리가 치룬 희생을 상쇄할 만한 기회를 주고 있냐는 것이다. 기독교는 복음으로 다시 정립해야 할 것 같은 시기를 맞이하고 있다. 지금이야말로 말씀과 기도, 격려와 돌봄, 모델이 되는 삶으로 훈련해야 한다. 젊은이들이 교회를 떠나는 이유는 놀랍게도 '말씀을 가르치지 않아서'라는 보고가 나왔다. 성경적인 설교, 강해 설교가 아닌 잡다한 논쟁의 설교를 듣기 싫다는 것이다. 성경을 가르치지 않기 때문에 교회의 필요성을 느끼지 못한다는 것이다. 우리는 제자 훈련을 시켜야 한다.

우리는 다시 도전하고, 개척하는 선교 지향적인 삶을 추구하도록 캠퍼스 운동을 새롭게 바라봐야 한다. 1914년에만도 미국과 캐나다의 약 700개의 대학에 40,000명의 학생들이 선교 학교에서 훈련을 받았다. WEC/캠브리지의 7인 가운데 한 분이었던 찰스 스터드(Charles Thomas Studd, 1862~1931)가 세운 단체에서 약 70명의 선교사를 카메룬에 보냈다. 그러나 그들 중 68명이 그곳에서 죽었다. 그들이 자신들의 사역지에서 생존한 기간은 고작 1년 6개월에 불과했다. 그래서 그들은 선교지로 가기 전에 자신의 관을 준비해 간다고 한다. 캠퍼스 선교도 죽을 각오를 하고 덤벼들어야 이겨 낼 수 있고, 미친 듯이 일해야 젊은이들을 주의 제자로 얻을 수 있다.

현재 한국에 있는 대학교는 344개이다. 대학생이 3백만 명이 된다. 국민 16명 중 한 명이 대학생이다. 그 중 예수님을 믿는 학생이 겨우 10% 남짓한 약 34만 명이다. 매년 대학에 들어오는 새내기들은 약 60만 명이다. 비극적인 것은 이들을 돌볼 목회자가 1500명밖에 되지 않는다는 것이다.

실제로 국가와 교회의 미래는 젊은이들에게 있다. 그리고 그들이 머무는 곳이 캠퍼스이다. 우리의 아들과 딸들이 거쳐 가는 곳이 대학이며, 미래를 담보하며 학문을 준비하는 곳이 대학이다. 그들은 대학 생활을 통해서 예수님의 제자로 훈련되고, 세상을 하나님의 나라로 세우고자 하는 열정과 믿음을 소유하게 된다. 바울은 너무 작은 것을 꿈꾸는 실수를 하나님 앞에서 저지르지 않았다. 그는 그가 알고 있던 세계만큼의 큰 비전을 가지고 있었다. 그의 땅끝은 스페인이었고 그것이 그의 최후의 목적지였다. 그는 부흥을 이루고 있는 어느 한 지역에 머물러 있기를 원하지 않았다.

결국, 단 한 명의 젊은이가 있을 때까지 제자 사역과 말씀 사역을 중단하지 않는 것이 중요하다. 우리의 설교를 듣는 단 한 명의 젊은이를 위해서 우리는 피를 토하겠다. 우리의 강의를 듣는 단 한 명의 젊은이를 위해서 우리는 열정을 포기하지 않겠다. 우리는 우리의 길을 따르는 단 한 명의 젊은이를 위해 제자 훈련의 지휘봉을 결코 놓치 않겠다. 우리의 사역과 인생의 최대 가치는 단 한 명의 젊은이이다.

"우리가 관심을 가져야 하는 것은 단체의 미래가 아니라 온 인류의 미래여야 한다!", '윌버트 노턴'의 말이다.

윤
태
호

- 칼빈신학교
- 총신대학교 신학대학원
- 웨스터민스터신학대학원대학교
- 한국 제자 훈련원(K.D.T.I) 원장
- 예수제자운동(J.D.M) 대표

Part 3
한국 교회 대학부를 위한 제언

청년 사역
되돌아보기

1970년대 후반, 특히 1980년대부터가 우리나라에서의 청년 사역이 의미 있게 전개된 시기라고 할 수 있다. 물론 그 이전에도 한국 교회 안에서 청년들이 열심히 활동하였지만,[1] 그때에는 대개 교회 공동체 안에서 일반적인 예배와 훈련 과정 가운데 청년들이 자연스럽게 성장한 경우들이 많았다. 그런데 1970년대 후반부터는 그야말로 청년들에게 좀 더 집중하는 교육이 시도되었고, 그것이 의미 있게 열매를 낸 기간이었다고 할 수 있다. 이 책의 다른 기고자들과 함께, 지난 40년 동안의 청년 사역을 돌아보면서 그 의미를 논하고, 그 결과를 살핀 후, 아쉬운 점

---

[1] 정암 박윤선 목사께서 평양 숭실전문학교에 재학한 1927년부터 1931년까지 조기 부대라는 별칭을 지닌 새벽 기도 운동과 종교 부장으로 방학 때 전도 운동을 한 것, 1931년부터 평양신학교 다닐 때 친구들과 「겨자씨」 발행, 숭실중학교 사감 역할, 가현교회 시무 등 자신의 표현대로 "가장 열렬한 열심"을 드러낸 때가 청년 때이고[이에 대해서는 이승구, "정암 박윤선 박사의 생애와 신학", 『한국 교회를 빛낸 칼뱅주의자들』 (서울: 킹덤북스, 2019), 613–615쪽을 보라], 10대에 예수를 믿게 된 김치선이 산길 10여 리를 걸어 내호교회 새벽 기도 참석하며 신앙생활한 것, 16세에 함흥으로 가 영재영(Luther L. Young) 선교사의 양아들이 되어 영생중학교를 다니면서 학생 대표로 3·1 운동에 관여한 것, 출옥 후 영생중학교를 졸업하고(1922) 연희전문학교 영문과를 다니며(1922~26) 평양신학교를 갈 때(28세)까지 열심히 하는 청년이던 것(『한국 교회를 빛낸 칼뱅주의자들』, 109–114쪽.) 등이 그 대표적인 예이다.

을 논함으로써 앞으로의 청년 사역이 어떻게 나타나야 하는지를 생각해 보기로 하자. 이 논의에 참여하는 필자들 대부분은 (1) 한 동안 그 교육의 대상이었고, (2) 활동의 주역이었다. 그리고 시간이 흐르면서 (3) 청년들과 교회를 교육하는 주역이 되기도 하였으므로, 필자들이 3중의 역할을 한 일이라 매우 흥미롭게 다양한 논의가 가능하다고 여겨진다.

지난 40년간의 청년 사역의 큰 특징들

지난 40년간 청년 사역을 다양한 면에서 돌아 볼 수 있을 것이다. 나는 다음 몇 가지를 지난 40년간의 청년 사역의 특징으로 언급해 보고자 한다.

청년들을 특별히 교육하고 훈련하는 일이 있던 시기

그 이전에도 교회에서 청년들이 교육받고 헌신해서 한국 교회의 토대를 이루었지만, 그때는 그저 교회 공동체의 모임 속에서 교육이 이루어지고, 따라서 그야말로 교회가 같이 살면서 교육이 이루어졌다. 그에 비해 1970년대 후반부터는 청년부 또는 대학부가 특별하게 훈련을 받는 일이 증가했다고 할 수 있다. 그 이전에는 교회의 정규 예배와 사경회를 통해서 공부하고 청년부로서는 여러 활동을 하면서 주일 학교와 찬양대 봉사를 했던 소위 '일하면서 배우는' 시대였다면, 1970년대 후반부터는 청년부와 대학부 자체에서도 열심히 공부하며 배우는 일이 시작된 시기라고 할 수 있다. 그런 사람들이 40년이 지난 2020년대에 60~70대가 되어 오늘의 한국 교회 안에서 여러 역할을 하고 있다.

이것은 각 교회에서 대학교와 청년부를 지도하는 교역자들을 배치하는 것과 더불어 이루어졌다. 그 이전에는 청년부와 대학교를 담당하는 교역자들이 다른 일도 해야 해서 한 교역자가 청년 사역에만 집중하는 것은 매우 어려웠다. (물론 그 이후에도 규모가 작은 교회들에서는 사정이 마찬가지였다). 그러나 1970년대 후반, 특히 1980년대에는 대학부나 청년부만을 담당하는 교역자들이 생기기 시작했다. 이는 이 베이비-부머 시대의 청년들이 대학부와 청년부에 속할 때이니, 그에 해당하는 인원이 늘어나 그들을 교육해야 할 필요가 있어서 이루어진 일이기도 했다. 더불어 각 교회에 전담 교역자가 있어야 그 부서의 교육과 관리가 전략적으로 잘 이루어진다는 생각을 드러낸 것이기도 했다. 특히 80년대 교회들이 양적 성장에 신경을 쓰는 분위기 가운데서, 그렇게 해야 대학·청년부가 많아져서 교회의 양적 성장에 도움이 된다는 생각이 작용하기도 했다고 여겨진다. (이는 마치 이 시기에 유년부와 초등부가 점차 분리되어 교육되고, 중등부와 고등부가 나뉘어져서 교육되던 것과도 맥을 같이 한다.) 또한 이것은 각 교회들에서 그렇게 여러 교역자들이 섬길 수 있을 만한 경제적 여력이 생겼다는 표현이기도 하다. (물론 그 당시에 이 교역자들이 받은 사례를 생각하면 이것을 과연 이렇게 표현할 수 있느냐는 문제가 있을 수도 있다). 그 이전에는 한 교회에 담임 목사 외에 그저 한 명이나 최대한 두 명의 부교역자가 있을 수 있을 뿐, 그 이상의 부교역자가 있을 여력이 없었다. 그러나 이때부터는 각 교회에 많은 교역자가 섬기는 일이 시작되었다.

당시 성도교회 대학부를 지도하셨던 옥한흠 전도사(후에 강도사, 목사,

후에 사랑의 교회를 개척하시고 목회하시다 소천)와 조금 후에 성도교회 대학교를 지도하셨던 박영선 전도사(후에 남서울교회 부목사를 거쳐 남포교회 담임 목사), 내수동교회 대학부를 지도하던 송인규 전도사(IVF 총무 간사였기에 일반적으로 송인규 총무로 불리던, 후에 합동신학대학원대학교 조직신학 교수), 충현교회 대학교를 지도하던 윤형철 목사(후에 연희교회를 담임하다 소천), 평안교회 대학부를 지도했던 김성수 전도사(후에 합동신학대학원대학교 구약학 교수), 그 이후 할렐루야교회 대학부를 지도하던 오성종 목사(당시 ACTS에서 Th. M. 하고 후에 독일 튜빙엔대학교에 유학하신 칼뱅신학교 신약학 은퇴 교수), 이태훈 전도사(후에 국제신학대학원대학교 구약학 교수) 등을 위시해서 많은 교계 지도자들이 70년대 후반과 80년대 초에 대학부를 전담하여 지도하는 일이 많이 있었다.

물론 더 많은 작은 교회들에서 부교역자로서 여러 일을 하며 청년대학부를 지도하는 많은 전도사, 강도사, 목사들이 있었다. 예를 들어, 후에 성도교회 담임한 장정일 목사는 일반적인 부교역자의 역할을 하면서 평안교회와 원남교회에서 대학부를 지도했던 것과 같은 예가 더 흔한 일이었다. 그리고 각 교회에서는 이 대학 · 청년부에 해당하는 이들이 대개 이전 청년들이 열심히 했던 성가대 봉사와 주일 학교 봉사를 지속해 가면서, 동시에 대학 청년부의 여러 가지 일을 하는 것에 대해서도 여러 논의들이 있었다. 이는 그 이전 시기에는(또 규모가 작은 교회에서는 이 때에도) 전혀 있을 수 없는 논의가 시작된 것이다. 즉, 대학부 기간 동안에는 대학 청년부에 속하여 훈련을 잘 받고 그 후에 다른 부서에서 봉사하는 것이 좋지 않겠느냐의 논의들이 활발히 있던 시기였다.

따라서 이 시기에 대학 청년부 모임이 활성화되었고, 후에는 대학 청년부 예배가 독자적으로 만들어지기도 한 시기였다고 할 수 있다. 교회 형편에 따라 점차 토요일에 모이던 대학 청년부 모임이 주일로 옮겨지는 일도 이 시기에 있었다.

파라 처치(para church) 그룹들과의 관계

이 기간 동안 교회와 다양한 선교 단체들과의 여러 관계가 시작되었다고 할 수 있다. 교회와 함께하면서 교회를 돕는 여러 단체들을 일반적으로 "파라 처치 그룹들"(para church groups)이라고 하는데(예를 들어서, CCC, IVF, YMCA, Navigators 등), 우리나라에서 이런 그룹들은 일반적으로 '선교 단체'라고 지칭된다. 그들 중 일부는 후에 교회와 밀접한 관계성을 가졌고, 때로는 갈등 관계를 드러내기도 했다. 긍정적으로 표현하자면 교회와 선교 단체들이 상호 좋은 영향력을 주고받았다고 할 수 있다. 교회 공동체에서 자라난 청년들이 대학교에 가서 다양한 선교 단체에 속하여 훈련받고, 또 그 방식대로 전도와 양육을 하고, 그런 영향력을 교회에서 잘 활용함으로써, 선교 단체에서 전도받은 분들이 결국 교회에 속하여 신앙생활을 하게 되는 일들이 일어난 것이다. 이것이 교회와 선교 단체들의 관계를 가장 긍정적으로 또는 '이상적'으로 표현하는 지점이다. 대개 IVF와 고신 교회에서 탄생하였고 고신 교회와 밀접한 관계성 속에서 성장한 SFC 등이 이런 모습을 잘 드러내었다. 학교에서 열심히 CCC 활동을 하고, 교회에서 열심히 하시던 분들이 후에 신학을 하고 목사가 된 예는 그야 말로 무수히 많다. 고려대학교 CCC에서 열심히 하고 후에 총신신대원에서 신학을 하여 목사가 된 이철 목사(후에 남서울 교회 담임 목사, 에스라 성경 대학원 대학교 총장)가 대표적인 예이나 이런 분들은 우리나라에 너무 많다. 또한 CCC의 전도 훈련인 사영리를 가지고 전도하는 훈련을 온 나라의 교회들이 한 것도 교회와 선교 단체의 좋은 관계를 형성하는 일에 큰 역할을 한 것이라고 할 수 있다. 당시 CCC 총무 간사였던 홍정길 총무 간사(후에 남서울교회와 남서울은혜교회 원로 목사)가 여러 교회들에서 전도 훈련을 하는 프로그램을 하느라 애쓰던 일이 눈에 선하다.

물론 중간에 갈등도 있었다. IVF가 주일 오후 3시에 전체 모임을 하고, 또 CCC가 이전 정동 채플에서, 후에는 부암동 회관에서 주일에 모여 예배를 드렸는데, 그곳 예배에 참여하는 문제 때문에 교회에서 여러 활동을 많이 해야 하는 청년들이 주일 상당 시간을 선교 단체 모임에 다녀오는 바람에 각 교회의 여러 활동에는 시간상 열심히 못하게 됨으로써 여러 문제가 나타나기도 했다. 이것은 참으로 모든 면에서 열심을 내던 이 시기의 특별한 현상이라고도 할 수 있다.

그런데 가장 복잡한 문제는 우리나라에서 신앙 훈련을 철저하고 힘들게 시키는 네비게이토와 교회의 관계, 그리고 UBF와 교회의 관계였다고 할 수 있다. 그곳에서 신앙생활을 시작한 사람들 중 이제는 상당히 많은 이들이 신학 교육을 받고 목사가 되어 여러 교회 공동체를 섬기고 있으므로, 지금 그 문제는 상당히 해소되었다. 하지만, 70년대 말에서 20세기 말까지는 대개 참으로 그리스도를 잘 믿고 이 단체들에서 열심히 훈련받는 형제자매들은 교회에는 속하지 않고 이 모임에만 속하여 있는 경우가 많았다. 따라서 갈등이 있을 수밖에 없었다.

최선의 길은 결국 이 단체들이 교회로 전환하는 것이었다. 그래서 초기에는 신학 훈련을 받지 못하도록 하던 이 선교 단체의 지도부가 자체적으로도 신학 훈련도 하고,[2] 또 그 단체의 간사들이 암묵리에 또는 공식적으로 신학교에 입학하여 공식적으로 신학 교육을 받고 노회에 속하여 목사가 된 많은 간사들을 보유하게 되었다. 이런 상황에서 최선의 길은 이런 단체들의 각 지부를 교회로 전환하여 캠퍼스 사역도 열심히 하면서 동시에 교회로도 제대로 된 역할을 하게 하는 것이다. 이것은 이 단체에서 훈련받은 많은 학사들이 간사나 선교사만 하는 것이 아닌 온 세상의 여러 활동을 하면서 있게 된 상황과 그들의 자녀들을 교육하는 등의 여러 문제를 해결하는 중요한 방안이기도 했다. 이런 일을 가장 열심히 한 단체는 UBF로부터 개혁하고자 하는 의도를 가지고 나온 CMI(국제대학선교협의회)였다. 그것이 선교 단체들이 가장 바람직한 방향으로 나아가는 길이기도 했다. 그런 결단을 하고 자신들의 전통을 허물면서도 성경적 방향을 나아가고자 하신 귀한 분들의 수고를 높이 사지 않을 수 없다. 물론 이런 전환은 쉬운 일은 아니다. 교회로 모이다 보면 캠퍼스 사역을 하는 일이 어렵고, 캠퍼스 사역을 강조하면 교회답게 나아가는 일이 더딘 면도 있다. 그러나 어떻게 해서든지 두 가지 사역을 다 살리는 것이 결국은 나아가야 할 방향이었다.

성경 공부와 제자 훈련의 체계화

대학 청년부 사역이 전문화된 결과로 교회에서의 성경 공부와 제자 훈련이 좀 더 체계화되었다고 할 수 있다. 물론 접근 방법은 다양했다.

---

2 UBF 간사들의 신학 훈련을 돕던 신복윤 목사님의 여러 노력, 여러 신학 교수님들을 초청하여 신학 공부를 하는 UBF의 지속적 노력을 잘 생각해야 한다. 그런 점에서 이렇게 그 시기로부터 역사적 거리를 가지고 뒤돌아보면서 논의를 하는 일의 유익을 말하지 않을 수 없다. 항상 이렇게 후대의 역사라는 유리한 고지에서 우리 자신들을 모두 비판적으로 바라보는 일이 필요하다고 여겨진다.

가장 대표적인 예가 네이게이토선교회에서 사용하던 가장 기본적인 성경 공부 교재나[3] CCC의 기초 교제인 10단계 성경 공부 교재를 교회의 기본 교재로 사용하는 교회들이 있게 된 것이다. 이는 가장 기본적인 성경적 가르침을 체계적으로 전개해 갈 수 있도록, 자신의 구원을 확인하고 그 토대 위에서 헌신된 그리스도인으로 살 수 있도록 하는 일의 토대를 마련하였다. 따라서 이 시기는 체계적인 제자 훈련에 대한 관심이 증폭된 시기라고 할 수 있다.[4]

그러나 이렇게 해도 그 다음 단계 공부에 대한 갈증이 있었고, 그 다음 단계의 교육 프로그램에 대한 많은 논의들이 있었다. 그중 하나의 방법은 성경 각 권을 더 깊이 있게 공부해 가는 일이었다. 그래서 수련회 기간에 성경을 한 권씩 공부하는 일이 있었다. 그리고 그 후에도 계속해서 성경을 그룹별로 공부하는 일을 잘 돕는 일이 큰 과제로 등장했고, 미국에서 어빙 젠센(Irving L. Jensen, 1920~1996)이 귀납식 성경 공부를 하는 교재로 제시한 것들을[5] 번역해서 사용하는 교회들도 있었다.

또, 좀 더 전통적인 장로교회들 중에 규모가 큰 교회들은 신학교 교수들을 초청해서 교회 대학부 수준에 맞게 신학 강의를 하는 일도 있었다. 충현교회 대학부가 그 일의 대표적인 예라고 할 수 있다.

또 어떤 교회는 특별한 부서 모임을 하지 않고, 교회의 정규 예배에

---

3 『그리스도인의 생활 연구』는 SCL 교재이다(Studies in Christian Living). 이 가장 기본적인 교재가 토대를 놓았고, 후배들을 훈련하는 중에 여러 번 반복되면서 강한 틀을 제공했다. 그러나 후에 폭 넓은 성경 공부를 통해서 확대되고 보충되고, 수정되어야 한다.

4 이때 그 토대로 강조된 책들이 다음 같은 책들이었다. Gary W. Kuhne, *The Dynamics of Personal Follow-Up* (Grand Rapids: Zondervan, 1976); idem, *The Dynamics of Discipleship Training: Being and Producing Spiritual Leaders* (Grand Rapids: Zondervan, 1977); 그리고 애즈버리, 트리니티, 고든-콘웰에서 가르쳤던 Robert E. Coleman이 쓴 *The Master Plan of Evangelism*, 2nd edition (Grand Rapids: Revell Publishing, 1993).

5 다음을 보라: https://www.thriftbooks.com/a/irving-l-jensen/206216/

서 성경에 대한 수준 높고 진지한 가르침이 베풀어져 청년들과 여러 계층의 성도들이 다 같이 좀 더 바른 말씀을 정리하여 간 교회들도 있었다.[6]

이런 다양한 예들은 제자 훈련의 여러 방식들을 보여 준다. 어떤 이들이 오해하듯이 제자 훈련은 하나의 방식이 있는 것이 아니다. 매우 다양한 방도가 있을 수 있다. 지난 40년 동안의 다양한 방식의 제자 훈련의 결과로 오늘 한국 교회라는 현실이 이루어졌다.

QT에 대한 관심과 실천

그 이전 세대가 대개는 개인적으로 성경을 읽고, 새벽 기도회에 참여하고, 산 기도와 철야 기도회 등을 통해 말씀과 접하면서 하나님의 은혜를 받은 세대라면, 1970년대 후반부터 대학 청년부에 속해 훈련받은 분들은 이 모든 것과 함께 QT에 대한 관심을 가지고 이를 실천한 분들이라고 할 수 있다. 다시 말해, 매일 개별적으로 성경의 한 부분을 읽고 이를 깊이 생각하고 묵상한 후 자신의 삶에 적용하려고 하는 훈련을 한 세대라는 것이다. 물론 QT를 하면서 성경을 얼마나 제대로 해석하는가 하는 문제, 또한 지속적으로 QT를 하는가의 문제는 또 다시 논의해야 할 심각한 문제이다. 그러나 송인규 교수같이 지속해서 QT를 매일 실천한 이들이 있어서 이런 노력의 의미를 잘 드러내어 준다.

---

6 아마도 성약교회의 김홍전 목사님과 강변교회의 최낙재 목사님의 목회 사역이 이런 결과를 낸 사역이라고 할 수 있겠다. 이 당시, 또는 그 이전에 강설했던 두 어르신의 강설들이 지금은 〈도서 출판 성약〉을 통해 책자로 많이 나와 있다. 처음부터 강설을 녹음해 보관한 두 교회의 탁견에 감사하며, 각 강설을 일일이 풀어서 책으로 만드는 일을 감당하신 성약교회와 강변교회의 여러 성도들 그리고 후에는 도서 출판 성약의 직원들이 마땅히 치하받아야 할 것이다.

선교에 대한 관심의 고조

한국 교회의 선교에 대한 관심이 점점 고조된 것과 함께, 특별히 대학 청년부에서 선교에 대한 관심이 증가하였다. 세계 곳곳에로 파송받아 활동하는 한국인 선교사들이 나타나기 시작한 1970년대 말부터 점점 선교사들과 선교 지망생들이 많아지면서, 각 교회 수련회에서 선교에 대한 강의들이 지속해서 있게 되었다.[7] 각 선교 단체의 선교 동원 모임과 기도 모임과 소식지 발송을 위한 자원봉사에 많은 젊은이들이 같이 했고,[8] 급기야 여러 선교 단체들이 힘을 합하여 선교에 대한 모임을 가졌다. 그러면서 선교지 상황을 소개하고 정보를 나누고 선교 지망생들을 찾고 훈련하는 기관들과 연결시키는 '선교 한국'이 1988년 시작되어[9] 오랫동안 의미 있는 사역을 했다. 지금도 계속 모이기는 하지만 점차 모이는 숫자가 줄고 있는 문제와[10] 그것이 과연 어떤 식으로 되어야 하는지를 다시 돌아보고 있는 때가 되었다.

기독교 세계관과 기독교 문화관에 대한 관심의 고조

성경을 체계적으로 공부하다 보니 아주 자연스럽게 기독교적 관점

---

7 개인적으로 1978년과 1979년 원남교회 대학부 동계 수련회에서 GBT에서 훈련 받는 선교사님을 통해서 언어 훈련의 기초 과정이 대학부 수련회에서도 강의되었던 것을 기억한다.

8 1982~85년 사이 선교회 사무실에서 소식지 발송을 위한 자원봉사와 많은 기도회들이 있었던 것을 언급해 볼 수 있다.

9 선교 한국에 대한 기본적 소개와 그 시작에 관해 선교 한국 홈페이지의 다음 표현을 보라: "선교 한국 대회는 1988년부터 시작된 청년 대학생 선교 동원 대회입니다. 1888년 미국에서 일어난 SVM(Student Volunteer Movement)의 100주년인 1988년, 한국 청년 대학생들의 선교 동원을 꿈꾸던 JOY 선교회의 헌신으로 시작되었으며, 교파와 단체를 뛰어넘는 연합 운동으로 발전하였습니다. 대회는 2년마다 8월 초에 진행되며 전국에 있는 기독 청년 대학생을 대상으로 합니다. 약 3000~4000여 명의 청년들이 함께 모여 일주일간 진행됩니다."(http://missionkorea.org/?page_id=7)

10 그러나 가장 최근에 있었던 2018년 대회에도 2,636명이 참가하여 991명이 선교사로 헌신했다고 하니 가장 효과적인 선교 동원의 매개체라고 하지 않을 수 없다.

에서 온 세계를 바라보는 일에 관심을 가지게 되었다. 이런 기독교 세계관을 강조했던 아브라함 카이퍼(Abraham Kuyper, 1837~1920)의 『칼뱅주의 강연』이 1971년에 번역되어,[11] 1970년대부터 당시 화란에서 유학한 사람들에 의해 기독교 세계관에 대한 강조가 있게 되었다. 이런 일을 하신 대표적인 분은 역시 화란에서 철학으로 박사 학위하시고 귀국하셔서 기독교 세계관과 기독교 철학을 강조하신 손봉호 박사님이셨다. 손 박사님께서 잘 소개하신 카이퍼의 사상과 카이퍼적인 기독교 세계관과 도여베르트 등의 제시한 기독교 철학에 대한 관심이 총신대학교 대학부와 고신대학교, 또한 SFC를 통하여 확산되기 시작하여, 가장 쉽게는 프란시스 쉐퍼에 대한 관심이 나타났고, 더 나아가 기독교 철학에 대한 관심을 가지고 그 방향으로 나아가 철학을 전공한 강영안 교수, 신국원 교수, 아예 도예베르트를 박사 학위 논문 주제로 쓴 최용준 박사와 같은 열매가 맺히기도 하였다.[12]

1970년대 말에 손 박사님 등이 강조하신 기독교 세계관의 대한 관심은 기독교 세계관으로 구체적으로 제시해 보고자 했던 휘튼 대학교 철학 교수였던 아더 홈즈(Arthur F. Holmes, 1924~2011)의 기독교 세계관,[13] 문화 영역 전반에서의 그리스도인의 모습을 살피는 관점에서 그리스도

---

11 Abraham Kuyper, *Lectures on Calvinism* (Grand Rapids: Eerdmans, 1931). 당시는 『칼뱅주의』, 박영남 옮김 (서울: 세종문화사, 1971)라는 번역본이 있었다. 지금은 김기찬 목사의 더 좋은 번역으로 『칼뱅주의 강연』 (고양: 크리스챤 다이제스트사, 1996)이 나와 있다.

12 Cf. 최용준, *Dialogue and Anthithesis: A Philosophical Study of the Significance of Herman Dooyeweerd's Transcendental Critique* (Amsterdam: Bijten & Schipperheijn, 2000). 최용준 박사가 구체적으로 소개하는 카이퍼(Abraham Kuyper, 1837~1920), 도예베르트(Herman Dooyeweerd, 1894~1977), 디르크 볼렌호븐(Dirk Hendrik. Th. Vollenoven, 1892~1978), 그리고 헨드릭 반 리센(Hendrik van Roessen, 1911~2000)에 대한 논의로 최용준, 『유럽 기독지성 운동과 한국디아스포라』 (서울: 예영 커뮤니케이션, 2014), 11-133쪽. "제1부 네덜란드의 개혁신학이 기독교 철학"을 보라.

13 Arthur F. Holmes, *Contours of a World View* (Grand Rapids: Eerdmans, 1983). 『기독교 세계관』, 이승구 옮김 (서울: 엠마오, 1984). / 개정판 (서울: 솔로몬, 2017).

와 문화의 관계를, 다양한 관점에서 거리를 두고 접근하던 니이버와는 달리 훨씬 보수주의적 입장에서 접근하여 제시한(휘튼 대학교에서 신학을 가르친) 로버트 웨버(Robert Eugene Webber, 1933~2007)의 접근을 기독교 문화관으로 제시하는 일도 있었다.[14] 비슷한 시기에 문화에 대해 개혁주의적 입장에서 포괄적 논의를 했던 학자 프란시스 나이젤 리(F. N. Lee, 1934~2011)는 영국에서 태어나 남아공과 미국과 호주에서 살면서 박학다식의 다양한 학위 논문을 많이 썼는데, 그의『문화의 성장 과정』을[15] 의미 있게 읽은 번역자는 리 박사의『인간의 기원과 사명』을[16]『성경에서 본 인간』이라는 제목으로 번역하여[17] 역시 기독교 문화관의 토대를 제시하는 작업도 했다. 또한 그는 기독교 교육을 이런 관점에서 다룬 개혁파 기독교 교육의 교과서 같은 책이라고 할 수 있는 노르만 하퍼의 주저를『제자 훈련으로 본 기독교 교육』으로 번역하도록 제시하기도 했다.[18]

이런 다양한 책들을 읽으면서 이 땅에 진정한 기독교 세계관이 있도록 노력했던 분들이 1990년대에 학위를 마치고 다시 한국 땅에 와서 기독교 대학 설립 동역회와 기독교 학문 연구회를 만들어서 진정한 기독교 세계관적인 활동을 지난 30여 년 해 오고 있다고 할 수 있다.

14 Robert Webber, *The Secular Saint* (Gran Rapids; Zondervan, 1979).『기독교 문화관』, 이승구 옮김 (서울: 엠마오, 1984).

15 F. N. Lee,『문화의 성장과정』, 최광석 옮김 (서울: 한국개혁주의신행협회, 1980).

16 Francis Nigel Lee, *The Origin and Destiny of Man* (Memphis, TN: Christian Studies Center, 1974)

17 F. N. Lee,『성경에서 본 인간』, 이승구 옮김 (서울: 엠마오, 1983).

18 Norman E. Harper, *Making Disciples: The Challenge of Christian Education at the End of the Twentieth Century* (Memphis, Tennessee: Christian Studies Center, 1981).『제자 훈련을 통한 현대 기독교 교육』, 이승구 옮김 (서울: 엠마오, 1983).

지난 40년간의 청년 사역의 결과

40여 년 청년 사역의 결과, 지금은 대부분 이 청년 사역의 대상이 되었던 분들이 한국 기독교계의 여러 방면에서 매우 중요한 역할을 하고 있다. 그 결과로 오늘날 한국 교회의 다음 같은 모습들이 나타나고 있다고 여겨진다.

성경 공부하는 그룹들의 등장

여러 교회 공동체 안에 성경 공부를 하는 그룹들이 있게 된 것은 지난 4년 동안의 청년 사역의 열매라고 할 수 있다. 물론 지속적으로 하지 못해 왔기에 지금까지 여러 문제가 있다. 그래도 여러 교회 안에서 공예배 이후에 여러 그룹 성경 공부 모임이 있어서 같이 교제하며, 성경을 배워 나가고 인격적으로 부딪히면서 성숙해 갈 수 있는 기회가 주어졌다.

특정한 제자 훈련 방식을 추구하는 교회들의 등장

그중에 어떤 특정한 방식으로 제자 훈련을 하는 교회들이 있게 된 것도 감사한 일이다. 특히 이런 교회들이 기본적인 공부 뒤에 지속적으로 성경을 공부해 갈 수 있는 여러 교재들을 개발해서 제시한 것은 매우 의미 있는 일이라고 여겨진다. 그 대표적인 예로 이전에 사랑의 교회에서 기초적 제자 훈련 이후에 성경을 각 권별로 공부할 수 있도록 책을 내었던 것을 들 수 있다.[19] 이를 돕기 위해 여러 기관에서 성경 각 권에 대한 공부 교재들을 개발해 내기도 하였다.[20] 좀 더 구체적으로 성경을 공부할 수 있는 교재들이 잘 개발되고 한국 교회 전체가 공유할 수 있을 때, 그것은 우리 교회 전체의 수준을 높이고 성장하게 하는 일에 도움을 줄 수 있을 것이다.

선교 사역의 헌신

청년들이 선교 사역에 헌신하고 그들을 위해 기도하고 돕는 교회들이 있어서 지금 한국은 미국 다음으로 많은 선교사들을 온 세상에 파송한 나라가 되었다. 이것은 많은 선교 동원가들과 선교학자들의 노력과 헌신한 선교사들의 노력의 결과로 된 것이지만, 그 대부분을 보면 지난 40년간 청년 사역의 열매이기도 하다. 그 동안 우리는 그야말로 무모하게 선교사들을 파송해 왔다.

이제 그들 중의 일부가 은퇴하여 귀국하는 상황에서 우리는 우리가 얼마나 무모하게 일을 시작했는지를 절감하고 있다. 그 당시 다른 영역에서 사역하는 이들도 마찬가지겠지만, 은퇴비를 적립하여 마련하지

---

19 『사랑의교회 다락방 성경 공부교재』(서울: 국제제자 훈련원): 창세기(52과), 출애굽기(29과), 시편 I(21과), 마가복음 1(28과), 마가복음 2(27과), 사도행전 1(29과), 로마서 1·2·3(52과), 에베소서(29과), 야고보서(15과).

20 그 대표적인 예로 다음을 보라: 『예수마을 성경 공부 시리즈』(서울: 디모데): 야고보서(7과), 에베소서(7과), 갈라디아서(7과), 요한일서(7과), 신명기(13과), 모세오경(31과), 사도행전(31과), 요한복음, 누가복음, 고린도전서.

『말씀과 삶 성경 공부 시리즈』(서울: IVP): 창세기 1·2·3(26과), 요나·요엘·아모스(13과), 출애굽기 1·2(24과), 다니엘(12과), 마태복음 1·2(24과), 마가복음 1·2(22과), 누가복음 1·2(26과), 요한복음 1·2(26과), 사도행전 1·2(24과), 고린도전서(13과), 고린도후서(12과), 갈라디아서(12과), 에베소서(13과), 빌립보서(9과), 골로새서·빌레몬서(10과), 데살로니가전후서(13과), 디모데전후서·디도서(13과), 히브리서(12과), 야고보서(12과), 베드로전후서·유다서(12과), 요한서신(13과), 요한계시록(12과).

『이태웅 시리즈』(서울: 죠이): 로마서 1·2(17과), 에베소서(13과), 골로새서 (12과), 디모데후서 (5과), 야고보서 (9과), 요한일서 (11과), 요한계시록 (11과).

않고 파송했던 것이다. 이것은 당장 그들의 사역비와 활동비도 변변치 않은 상황에서 어쩔 수 없이 이루어진 일이었다. 여기에 헌신이 있었고, 그런 무모함에도 함께하신 주의 은혜가 있었다. 그러나 이제는 그 열매를 거두면서 우리가 선교 사역을 보다 장기적으로 계획하여 찾아보내고, 지원해야 한다.

다양한 기독교 기관들의 성장과 활동

동시에 지난 40년간은 다양한 기독교 기관들이 이 땅에서 활동한 기간이라고 할 수 있다. 특히 청년 때에 여러 경로를 통해서 다양한 활동을 하던 이들이 여러 기관을 조직화해서 섬기고 있다. 가장 성공적이었던 기관은 총신대학교 학부의 동아리에서 시작해서 한국 기독교 교육의 한 부분을 잘 감당하고 있는 '파이디온선교회'라고 할 수 있다. 그때 학생이었던 이들이 기독교 교육에 대한 관심을 더 넓혀서 기독교 교육으로 박사 학위를 한 이들도 있고, 그들이 여러 활동가들과 함께 헌신하여 다양하게 활동하고, 좋은 교재를 개발하여 한동안 한국 기독교 교육의 한 부분을 감당하였을 뿐만 아니라, 각 교단 교육부의 활동을 능가할만한 대단한 일을 하여 지금은 초교파적인 기독교 교육 단체로 자리잡았다고 할 수 있다. 이전에 임승원 목사가 거의 개인적으로 하던 기독교 교육 연구소와 비교하면 역시 여러 분들이 함께하는 사역이 얼마나 효과적인 일을 할 수 있는지를 잘 드러낸다.

70년대 말과 80년대 초에 기독교 세계관에 관심을 가졌던 대학원생들이 학위를 마치고 귀국하여 기독교 학문 연구회와 기독교 대학 동역회를 하면서 신앙과 학문이 잘 연결되는 학문 연구를 하며, 그런 대학을 세워 보려고 노력한 것도 의미 있다. 또한 매년 두 번씩 하는 기독교 학문 학회, 그리고 이런 관심을 가지고 내고 있는 학술지『신앙과 학문』, 소식지『세계관』등의 발간도 의미 있다고 여겨지고, 이런 것도 청년 사역의 열매라고 할 만한 것이다.

바른 교회를 추구하는 운동의 성장

다양한 훈련을 받은 분들이 다양한 교회 안에서 활동하면서 그 이전과 같은 목회자가 되는 일에 있어서 비슷한 일의 반복도 있었다. 하지만, 이전 시대의 귀한 목회자들과 바른 사상가들과 깊이 대화하면서 21세기 한국 땅에서는 정말 하나님께서 원하시는 교회가 어떤 것인지를 추구하는 사람들도 곳곳에 있게 되었고, 그런 분들을 돕는 단체들도 나타나고 있다.[21] 아마 거의 모든 목회자들은 이런 마음으로 각 교회 공동체에서 활동하고 있다고 여겨진다.

지난 40년간의 청년 사역의 아쉬운 점
: 다음 40년을 위하여

그런데 오늘날의 한국 교회를 40년 전의 한국 교회와 비교하면 과연 어떤가? 이 질문을 통해서 지난 40년 사역을 반성하려고 해야 한다. 어

---

21 이때 나는 〈한국성경신학회〉, 〈한국 개혁주의연구소〉 같은 학회와 연구 기관을 염두에 두면서 이 말을 하는 것이다.

떤 면에서 우리는 (코로나19라는 이 특수한 문제를 제외하고는) 40년 전보다 더 좋은 환경과 여건 속에 있다. 그런데 40년 전에는 어려운 여건 가운데서도 같이 기도하면서 노력해 가는 모습이 있었는데, 지금은 그리하지 않거나 적어도 덜 그리하는 심각한 문제 속에 있다고 할 수 있다. 40년 전에는 열심과 눈물과 헌신이 있었다면, 지금은 그런 눈물, 헌신, 노력이 덜 한 것 같다고 다들 지적한다. 그러나 이렇게 우리의 문제를 볼 수 있다는 것은 우리가 개혁할 수 있다는 증거이기도 하다. 하나님 앞에서 우리의 문제를 더 정확히 보고 앞으로의 40년을 생각하면서, 과연 우리가 무엇이 문제이며 무엇을 고쳐야 하는지에 대해 생각해 보기로 하자.

지금 우리의 가장 큰 문제
: 이런 청년 사역의 좋은 점을 지속적으로 행하지 않는 문제

가장 큰 문제는 위에서 우리가 살핀 좋은 점들을 지속적으로 유지하지 않는다는 점이다. 예를 들어, 대학 청년부에서 훈련한 QT를 지속적으로 40년간 하는 일이 있는지, 선교에 대한 관심을 지속적으로 발전시켜 참으로 선교를 위한 기도를 지속하고 있는지, 기독교 문화관과 기독교 세계관에 충실한 생각을 하고 특히 그런 실천을 하고 있는지를 오늘의 그리스도인 각자와 각 기관, 그리고 각 교회가 심각하게 물어야 한다. 비기독교적인 세계관에서 기인한 것들을 다 극복하라고 40년 동안 말해 왔음에도 불구하고, 아직도 우리 안에 있는 기복 신앙적 요소들이 다 극복되지 않은 것과 교회 안의 위계질서적 이해가 계속해 있는 것은 우리 교회가 기독교적이기보다는 유교적 질서에 사로잡혀 있음을 보여 준다. 그리고 교단마다 금권 선거 이야기가 사라지지 않는 것은 우리가 모든 면에서 참으로 철저하지 않다는 것을 보여 주는 것이 아닌가? 그러므로 일차적으로는 앞에서 좋은 점으로 언급했던 모든 점들을 우리가 지속적으로 하다 보면 그 모든 일을 더 구체적으로 깊이 있게 할 수 있게 되고, 한국 교회가 진정한 실천의 힘을 가지게 될 것이라고 여겨진다.

가장 심각한 문제
: 우리의 사역을 비판적으로 보지 못하는 문제

우리의 큰 문제가 잘하는 것을 지속적으로 하지 않는 것이었다면, 가장 심각한 문제는 우리가 잘하려고 하는 것에 대해서도 하나님의 관점에서 비판적으로 보아야 하는데, 대개는 그런 일을 잘하지 못하고 있다는 데 있다. 어떤 한 가지만 잘해도 우리는 우리가 잘했다고 생각하면서 하나님께서 그것을 인정해 주시고, 특히 다른 사람들이 그것을 인정해 주기를 바란다. 이것이 심각한 문제이다. 이런 모습이 지속되는 한 우리는 항상 문제를 만들게 될 것이다. 앞에서 언급한 것은 우리가 무엇인가를 지속적으로 하지 않아 '잘못함으로 말미암아 드러내는 문제'라면, 이번은 무엇인가를 잘하는 사람들이 드러내는 문제이다. 우리를 비판적으로 보는 일을 지속할 때 지금 우리가 안타깝게 경험하고 있는 기독교 학문 연구회와 기독교 학술 동역회의 여러 문제들이 극복될 수 있을 것이다.

그 문제 중의 하나로 70년대 후반과 80년대에 청년으로 훈련받은 이들이 60~70대가 되었고, 이와 같이 좋은 성경 공부와 제자 훈련을 한 사람들이 과연 주일 저녁 예배와 수요 기도회에도 같이 참여하는지가 심각하게 문제 되고 있는 근자의 모습을 생각해 보아야 한다. 물론 여기에는 여러 요인들이 작용한다. 다들 예배당 근처에 살지 않는 문제, 바쁜 현대인의 삶의 문제 등 여러 요인들이 작용해서 라고 판단하기 이전에, 신앙이 좋다고 하는 사람들은 주일 저녁 예배, 수요 기도회, 금요 기도회, 새벽 기도회 등에 한 번도 빠짐없이 참석하여 교회 공동체를 이루어 가던 그런 모습이 사라지고 있는 것에 혹시 우리가 열심을 덜 내어 그런 것은 아닌지도 생각해야 한다. 물론 교회 공동체의 여러 모임에 참여 하는 것으로 신앙을 다 표할 수 있는 것은 아니다. 그러나 공동체 모임에 대한 참여는 우리의 신앙을 표현하는 최소한이라던 옛 어른들의 말을 중요시하면서, 적어도 교회의 공예배에는 모든 성도들이 빠지지 않고 같이 교회 공동체를 이루어 가기 위해 노력해야 할 것이다. 청년들에 대한 집중적 교육이 있지 않고 그저 일반적으로 교회 집회에 참여 하던 때보다 더 나은 모습이 있어야 하지 않는가? 그렇지 않다면 그동안 있어 온 우리들의 훈련과 교육이 무엇인가 심각한 문제가 있음을 드러내는 것이 될 것이다.

근본적 문제
: 성령님께 온전히 의존하여 성경의 방향으로 나아가지 않는 사람의 문제

더 근원적 문제는 우리가 모든 것을 성령님을 의존하여, 성경의 방향대로 나아가지 않는 문제이다. 이는 모든 그리스도인들이 참 그리스도인답지 못할 때 드러내는 문제를 근본적으로 진술한 것이다. 이를 극복해야만 우리는 진정 그리스도인답게 행할 수 있다. 청년 사역의 문제도 마찬가지이다. 우리가 지속적으로 성령님께 의존해서, 성경의 방향

대로 나아갈 때만 우리는 앞으로 40년 동안의 청년 사역도 제대로 할수 있다. 그러나 만일 그리하지 않는다면 주께서 지난 40년 동안 우리에게 주신 모든 은혜와 기회를 낭비해 버리는 것이 되고 만다.

이
승
구

- 총신대학교 기독교 교육과(B.A.)
- 서울대학교 대학원 (M. Ed.)
- 합동신학대학원대학교 (M. Div.)
- 영국 University of St. Andrews 신학부, M. Phil., Ph.D.
- 합동신학대학원대학교 조직신학 교수
- 한국 복음주의 신학회 회장
- 바이어하우스학회 이사 및 실행 총무
- 한국 개혁신학회 회장 역임
- 한국 복음주의 조직신학회 회장 역임
- 한국 성경신학회 회장 역임

청년 사역을 위한 교회 교육

안명준

코로나19로 전 세계가 고통 속에서 신음하고 있다. 코로나19는 보이지 않는 죽음의 사자처럼 소리 없이 다가와 사람들을 분리하고 삶의 존재를 이별하게 한다. 사람들은 코로나19를 하나님보다 더 무서워하며 떨고 있다. 현재 한국 교회도 코로나19의 공격으로 외적 형태가 점점 약화되고 있으며 내적 본질도 흐려지고 있다. 고난의 시기에 한국 교회와 성도들은 기독교의 본질적 원리에 성실해야 한다. 청년 사역을 위한 한국 교회의 교육을 몇 가지로 제안해 본다.

위기 속에 있는 한국 교회

한국 교회는 팬데믹 이전인 1980년부터 여러 신학적 문제점을 보이면서 위기 가운데 있었다. 한국 교회의 심각한 문제점은 첫째로 극단적인 이원론이다. 이원론의 구조는 신앙과 행위, 교회와 사회, 그리고 하나님의 나라와 현실의 세상 등으로 구분된다. 두 관계를 무관하게 보는 것이다. 방선기 박사는 이원론적 사고를 말하면서 '주의 일'과 '세상 일'[1]에 있어 구분하는 태도를 예로 든다. 한국 교회는 신앙, 교회, 하나님의 나라를 강조하며 중요시하지만, 행위, 사회, 현실에는 약한 모습을 보이며 심지어 무시하며 살아간다. 이런 이원론은 하나님의 나라에 대한 올바른 이해로써 극복되어야 한다. 또한 하나님의 주권적 통치를 '현재' 우리가 받음으로써 극복될 수 있다.

둘째로 비성경적—외형주의적 교회의 모습이다. 오늘날 영적 순수성을 상실한 한국 교회는 중세 시대 로마 가톨릭교회의 모습과 비슷하다.[2] 보이는 외관과 성도들의 숫자적 모임은 진정한 교회의 모습이 아니다. 거룩성과 통일성을 영적이며 유기적으로 보여주는 교회가 되어야 한다.

셋째로 그리스도인들의 연약한 삶의 모습이다. 한국 교회가 세상 사람들의 걱정거리가 되었으며 여러 문제에서 비판을 받고 있다. 성숙하고 성화되어 가는 그리스도인들의 모습을 보인다면 참된 그리스도인으로 인정받을 수 있을 것이다. 거룩하고 살아 있는 제사로 살아가는 변화된 그리스도인이 되도록 성령님의 인도하심을 매 순간 받아야 한다.

넷째, 물질주의에 함몰된 교회의 세속화이다. 세상의 가치는 돈이 최고다. 돈이면 뭐든 다 할 수 있다고 믿는다. 물질 만능주의 사상이 거

---

1 방선기, "이원론에 대해서", 「기독신문」, 2010.05.28. http://www.kidok.com/news/articleView.html?idxno=64997.
2 안명준, "한국 교회의 신학적 문제점", 「한국 교회의 문제점과 극복 방안」, 안명준 외 (서울: 이컴비즈넷, 2006), 15–34쪽.

룩한 공동체인 교회와 교회의 연합 기관들에도 강한 힘을 발휘하고 있다. 자크 엘륄(Jacque Ellul, 1912~1994)은 『하나님이냐 돈이냐』에서 예수님의 뒤를 따라서, 거저 주시는 하나님의 은혜를 의지하며, 거저 주시는 자의 삶을 실천하라고 말한다.

한국 교회의 문제점을 근본적으로 극복하기 위해서는, 먼저 그리스도인들이 하나님의 말씀에 충실하여 정체성을 회복하고 자신을 부정하며 이웃을 사랑하는 일에 진실된 모습을 보여야 할 것이다. 말씀에 대한 올바른 이해를 통하여 삶을 성경적으로 살아가야 한다. 칼뱅은 역병이라는 고통 속에서 또한 개인의 고난과 아픔 속에서도 낙심하지 않고 하나님의 말씀으로 교회를 세우고 사회를 개혁하며 학교와 구제 사업 그리고 이웃 사랑의 의무를 감당하며 살았다.[3] 우리는 칼뱅의 모습에서 한국 교회를 회복하고 성도의 삶을 새롭게 하는 일에 중요한 교훈들을 얻을 수 있다.

청년 사역을 위하여 교회가 무엇을 교육할 것인가?

교회는 주님의 말씀을 교육하는 학교이다. 칼뱅은, 하나님은 우리를 일순간에 완전한 사람으로 만들 수 있지만, 우리를 교회의 교육을 통하여(under the education of the church) 장성한 사람이 되기를 원하신다고 했

---

[3] 안명준, "칼뱅과 흑사병", 『전염병과 마주한 기독교』, 안명준 외 (군포: 다함, 2020), 150–164쪽.

다.[4] 그리고 스나이더(Howard Snyder, 1940~)는 훈련이 안 된 교회는 궁극적으로 천국의 공동체가 되지 못하고 단지 세속 종교의 요새가 될 것이라고 했다.[5] 교회는 하나님의 백성들이 모여 하나님을 예배하고 삼위 하나님에 대하여 배우는 곳이다. 교회는 그리스도에게 속한 기관이다. 바로 그가 교회를 세우신 주인이기 때문이다. 바로 주님의 몸 된 교회에서 우리가 무엇을 교육할 것인지에 대한 일반적인 몇 가지를 제시해 본다.

교회는 먼저 그리스도가 누구인가를 가르쳐야 한다. 예수 그리스도의 인격과 사역을 성경을 통해 바르게 가르쳐야 한다. 하나님이시면서 인간이신 그리스도는 우리의 구원자이시다. 우리를 위해 십자가에 돌아가신 하나님의 아들이시다. 그의 피로 우리를 구속하시고 우리를 세상에서 불러 교회로 인도하셨다. 따라서 교회의 주인은 주님이시다. 교회는 그가 누구인지를 바로 교육하는 신앙 학교이다. 교회는 하나님의 아들로 고백하는 자들의 모임이며 주님의 몸이다. 예수님도 제자들에게 3년 동안 자신이 누구인지를 교육하셨다. 자기에 관하여 또 하나님 나라에 관하여 가르치시는 교육자셨다. 하나님도 자신이 누구인지 배우기 위해 이스라엘 백성들을 훈련시키셨다.

교회는 청년 세대를 위하여 성경을 바르게 가르쳐야 한다. 하나님의 말씀으로서 성경의 신적 권위를 강조해야 한다. 말씀은 교회의 기초요, 신학의 기초요, 기독교 윤리의 기초이며 크리스천의 삶의 규범이다. 성경은 구원을 위하여 명료하다. 성경은 교회와 성도를 위하여 절대적으로 필요하다. 성경은 그 자체로서 충분하기에 다른 교회의 보조물을 필

---

4 장 칼뱅, 『기독교강요』 Inst. 4.1.5.
5 하워드 스나이더, 『천국의 선언』 (서울: 성광문화사, 1994), 174쪽.

요로 하지 않는다.

종교개혁자들은 바로 이 하나님 말씀의 권위를 가지고 로마 가톨릭 교회를 개혁하였다. 성경은 교회를 검증하는 하나님의 도구이다. 따라서 교회는 하나님의 말씀을 설교하고 가르쳐야 한다. 칼뱅은 목회자들에게 하늘의 교리를 설교하도록 명령되었다고 한다.[6]

특별히 한국 교회는 말씀 해석에 충실해야 한다. 오늘날 이단들이 성경을 배우라고 청년들을 유혹하고 자신들에게 얽매이게 한다. 지금 코로나19를 만나 혼돈 속에 있는 한국 교회는 무엇보다 하나님의 말씀에 대한 존중과 올바른 해석 그리고 성경적 교회가 되어야 한다. 이승구 박사는 성경 말씀에 근거하여 바른 교회의 정립을 위한 세 가지 원리를 제시한다. 첫째로 성경을 정확무오한 하나님의 말씀으로 받아들여야 하며, 둘째로 성경 계시의 역사에 충실하면서 성경을 해석해야 하며, 끝으로 성경에는 바른 교회의 모습과 바른 교회를 구현하는 방식이 이미 기록되었기에 이를 따라야 한다고 주장한다.[7] 이 세 가지에 충실하다면 어려움 가운데 있는 한국 교회와 목회자들의 사역도 새로워질 것이다.

오늘날 말씀에서 이탈한 이단들이 한국 사회와 한국 교회를 어지럽히는데, 그들의 공통점은 무엇보다도 성경을 왜곡하여 자신들의 교리에 맞게 사람들을 유혹하는 것이다. 그들의 구원론이나 종말론은 신비주의와 카리스마주의로 성경을 정당하게 해석하지 못하였다. 그 잘못

---

6 Inst. 4.1.5.
7 이승구, "온라인 목회시 성도 입맛에 맞추는 '구매자 위주'의 목회 우려", 『기독일보』, 2020년 06월 26일 (http://kr.christianitydaily.com/articles/104940/20200626/온라인-목회시-성도-입맛에-맞추는-구매자-위주-의-목회-우려.htm)

된 성경 해석의 결과가 정상적인 삶을 살지 못하게 만들고 심지어 수많은 가정과 삶을 파괴했다.

그러나 성경의 왜곡을 경계한 칼뱅은 말씀의 본질과 원리를 강조했다. 그러나 로마 가톨릭교회의 지도자들은 헛된 교리와 교회의 절대적 권위를 주장하였다. 로마 교회의 종교지도자들은 성도들이 해석학적 무지로 인해 성경을 잘못 해석할 뿐만 아니라, 성경을 웃음거리로 만든다고 생각하며 자국어 성경 번역을 못 하도록 했다. 한국 교회는 칼뱅의 주장처럼 무엇보다 성경을 올바르게 해석하는 일에 최선을 다해야 할 것이다. 이와 같이 말씀에 충실한 교회가 되기 위해서는 또한 성경을 최고의 신학 원리로 보아야 한다. 기독교 역사 속에 유명한 신학자도 많고 학설과 주장도 많았다. 그러나 이 모든 것들은 성경의 규범(*norma normans, regula*)에 따라서 판단을 받아야 한다. 담임 목사가 교회와 신학의 원리가 되어서는 안 된다. 담임 목사의 말과 성경의 말씀이 동등하게 이해될 수 없다. 목회자는 말씀을 말씀으로 올바르게 해석하여 성도들에게 하나님의 말씀을 순수하고 바르게 이해하도록 이끌어야 한다. 성경의 내용을 근거로 '마이크'의 역할을 하는 것이다. 말씀을 자기 마음대로 조작하고 성도들을 진리의 교훈에서 멀어지게 해서는 결코 안 된다. 칼뱅은 교회가 가르치는 것과 명령하는 것이 전부 하나님의 말씀 진리에 근거해야 한다고 말하였다. 성경에 없는 새로운 교리를 만들어서도, 주의 말씀에 계시 되지 않은 것을 하나님의 말씀이라고 주장해서도 안 된다. 칼뱅에게는 성경만이 유일한 원리였으며 삶의 안내자였다.[8]

---

8 안명준, 『칼빈해석학과 신학의 유산』 (서울: CLC, 2009), 114쪽.

청년 세대를 위하여 한국 교회도 이처럼 말씀을 바르게 해석하고 하나님의 말씀을 신학의 원리로 존중해야 할 것이다. 성경은 신학의 원리일 뿐만 아니라 성경 그 자체는 해석자이다. 성경은 성경으로 이해되어야 한다. 하나님의 말씀에 대한 올바른 이해는 매우 중요하다. 잘못된 해석은 이단과 독선 그리고 자유주의 신학으로 빠진다. 성경을 어떻게 해석할 것인가는 쉽지 않다. 건전한 기독교 전문 해석 공동체와 전체 교회의 동의가 따라야 된다. 칼뱅은 해석자를 도구로 우리를 그에게 이끄신다고 말한다.[9] 해석의 과정에서 성령님의 역사란 매우 중요하다. 성령님은 말씀과 함께(*cum verbo*) 역사하신다. 성경을 바르게 해석하기 위해서는 성경이 성령님의 감동으로 기록된 하나님의 말씀이라는 전제가 필요하다.

교회는 청년들을 위하여 역사적인 신앙고백서와 성경적 해석의 강조가 필요하다. 사도신경을 비롯한 하이델베르그 교리문답이나 웨스트민스터 신앙고백서와 같은 역사적 신앙고백서들은 비록 성경의 권위와 같지 않지만 매우 중요하다. 기독교 역사에서 많은 학자들의 귀중한 열매로서 후대에 정통으로 인정된 성경적 진리의 모음은 우리에게 많은 유익을 주며, 이단을 방어하는 도구가 되며, 정통 기독교의 핵심을 해석해 주는 안내서들이다. 교리문답은 종교개혁 당시 가정에서 교육하는 신앙 교과서였다. 좀더 대학 청년 세대들에게 역사적 신앙고백서에 대한 철저한 교육이 필요한 시대이다.

대학 청년들을 위해서 한국 교회는 기독교 문화와 기독교 세계관의

---

9 Inst. 4.1.5.

강조가 필요하다. 기독교 문화와 기독교 세계관에 대한 올바른 인식이 필요하다. 오늘날 인터넷 시대에서 문화와 세계관의 강조는 더욱 시급하다. 문화는 인간이 사용하지만 그 근원은 하나님으로부터 나왔다. 올바른 기독교 세계관을 정립하기 위해서 먼저 세상을 말씀으로 변혁하는 자세가 필요하다. 그리고 환경과 생태계를 보존하는 자세를 가져야 한다. 기독교 세계관에 근거한 교육을 통하여 세상 사람들을 바르게 이끄는 역할을 해야 한다. 칼뱅은 제네바 도시의 문화 형식을 성경적으로 변화시켰다. 스킬더(K. Schilder, 1890~1952)는 그리스도께서 문화의 열쇠가 되어야 한다고 주장했다. 카이퍼(A. Kuyper, 1837~1920)는 하나님의 영역 주권이 교육과 정치와 문화 영역을 포함한 모든 영역에서 실행되어야 한다고 주장했다.

청년 사역자들은 이웃을 내 몸처럼 사랑하기를 실천하는 교육을 강조해야 한다. 참된 믿음은 행위를 동반한다. 행위의 근거는 바로 하나님의 명령인 말씀이다. 하나님을 사랑하는 사람은 동시에 이웃을 사랑하는 사람이다. 스나이더는 "가난한 자에게 우선적 관심을 가져라. 공의를 주장하고 불의의 희생자들 편에 서서 그들의 권리를 유지하라"고 말한다.[10] 교회와 이웃 그리고 세계가 어울려 공존하는 것을 말한다.[11] 이런 공존을 위해서 기독교 세계관에 근거한 교회가 이웃을 인도해야 할 것이다. 리차드 마우(Richard J. Mouw, 1940~)는 오늘날 기독교 문화의 무지를 한탄하면서 사회 변화를 위해 소금과 빛의 역할을 역설하였다. 크리스토퍼 슈뵈벨(Christoph Schwöbe, 1955~2021)은 "교회는 하나님의 말

10 하워드 스나이더, 『천국의 선언』, 안명준 옮김 (서울: 성광문화사, 1994), 170쪽.
11 위의 책, 170쪽.

씀 선포뿐 아니라 사회적 상황에 따라 복음을 해석하고 실천해 사회를 변화시키는 책임까지 감당해야 하고 그것이 바로 교회의 정체성"이라면서, "대사회적 실천 운동에 교회가 적극 나서야 한다"고 역설했다.[12] 스위트 교수(Leonard I. Sweet, 1961~)는 "예수님은 우리에게 더 좋은 것과 더 다른 것을 추구하라고 하셨다"며 "크리스천들은 세상과 대립하지 말고 다름과 탁월함을 추구해야 한다"고 조언했다.[13]

대학 청년들은 자신들이 누구인지 바로 배워야 한다. 오늘날 한국 사회에서 그리스도인이란 어느 교회를 다니는 교인으로서 이해되고 있다. 틀린 말은 아니나 이런 소속에 근거하여 그리스도인을 이해하는 것은 참된 정체성이 아니다. 그리스도인은 지역 교회를 다니면서 목회자를 따르는 자가 아니라 구주이신 그리스도를 날마다 따르는 자이다. 라영환 박사는 초대 교회를 특징 짓는 것은 소속감이 아니라 정체성이었다고 하였다. 초대 교회 성도들에게 있어 예루살렘 교회 소속인지 아니면 안디옥 교회 소속인지가 중요한 것이 아니었다. 그들이 박해의 어려운 시기를 지나면서 믿음을 유지하고 세상을 변화시킬 수 있었던 것은 자신들이 누구이며 무엇을 위해 부름을 받았는가를 분명히 알고 있었기 때문이었다.[14] 네덜란드의 신학자 아브라함 반 드 베크(A. van de Beek, 1946~)는 그리스도인이란, 사명이 먼저가 아니라 오히려 주님께 부르심을 받고 그리스도 안에서 그리스도인이 되는 자로, 그 역시 정체성을

12 전병선, "국제신학포럼", 『국민일보』, 2007년 3월 30일, http://news.kmib.co.kr/article/viewDetail.asp?newsClusterNo=01100201.20070330100001312
13 『경향신문』 생활/문화 | 2007년 5월 17일 (목) 오후 6:18.
14 라영환, "언택트 시대, 새로운 기회", 『뉴스파워』, 2020년 7월 14일. http://www.newspower.co.kr/46689. 참고로 라영환, "교회의 본질과 사명, 코로나가 묻고 교회가 답하다", 『교회통찰: 코로나 뉴노멀 언택트 시대 교회로 살아가기』 (서울: 세움북스, 2020), 109–110쪽.

강조하여 설명한다.[15] 장호광 박사는 참된 정체성을 인식한 그리스인들의 삶의 모습을 칼뱅의 삶을 통해 설명한다. 먼저 바른 믿음이 바른 삶을 살게 하는데, 믿음이란 하나님의 은혜에 관한 확고하며 흔들림 없는 인식(지식)이며, 그리스도와 연합 즉 관계를 맺는 것이다. 칼뱅에게 있어서 그리스도인의 삶은 창조주와 피조물의 관계이다. 결국 칼뱅은, 그리스도인의 삶이란 먼저 하나님의 영광을 위하여 사는 것이며, 그분에게 순종하는 것이고, 삶의 터에서 몸으로 드리는 기도의 삶을 사는 것이며, 자기를 부정하며 십자가를 지는 것이고, 겸손하며 하나님를 경외하고 마지막으로 공동체를 의식하며 사는 것이라고 말한다.[16] 그리스도인의 정체성은 주님을 따르며 그에게 순종하며 하나님의 영광을 위하는 사는 삶이다.

대학 청년들에게 그리스도인이 누구인지 바르게 가르쳐야 한다. 그들이 참된 정체성을 알고 바른 삶을 살아가며 자신들의 이웃을 자기 몸처럼 사랑하도록 훈련시켜야 한다. 칼뱅은 이웃이 누구인지 그들에게 어떤 태도를 보여야 하는지를 설명한다. 칼뱅은 십계명을 해석하면서 사마리아 사람의 비유를 설명한다. 즉, 이웃은 가까운 관계가 있는 사람이 아니라 관계가 '가장 먼 곳의 사람'이며 결국 모든 인류라고 해석한다. 그리고 이웃을 사랑할 때는 실수투성이며 성격적 차이가 있는 '인간을 먼저 보지 말고 하나님을 먼저 보라'고 한다. 우리는 하나님을 사랑하기 때문에 모든 인류인 이웃을 사랑하게 되는 것이다.[17] 칼뱅은 이웃에 대한 참된 태도를 설명하면서 자기를 부정하는 것이 우리로 하여

---

15 안명준, "교회의 정체성과 사명", 『칼빈해석학과 신학의 유산』(서울: CLC, 2009), 220-221쪽.
16 장호광, 『일상속에서 만나는 칼빈신학』(서울: 킹덤북스, 2017), 105-176쪽.
17 Inst. 2.8.55.

금 우리의 이웃들에 대하여 올바른 태도를 제공한다고 말한다. 특별히 인간은 자신의 마음의 왕국에 살면서 잘되고 즐거울 때만 이웃에 대하여 좋은 태도를 보여 주고, 그들과 충돌하거나 고통을 받고 화가 나게 되면 독을 뿜어낸다고 보았다.[18] 우리는 어려울수록 인내하며 힘들고 짜증스러운 일이 발생하여도 자기의 허물을 돌아보아 겸손한 마음을 가지고 이웃에게 관대하고 친절하게 대해야 한다. 칼뱅은 이런 진실하고 겸손한 태도가 없는 것이 우리 마음속에 있는 가장 치명적인 전염병이라고 말하였다. 또한 그것은 싸움을 사랑하는 것, 그리고 자신을 사랑하는 것이 전염병이라고 보았다. 칼뱅은 이런 무서운 전염병을 성경의 가르침으로 뽑아 버리라고 말하였다.[19] 코로나19를 만난 이 시대에서 그리스도인은 이웃에 대한 이타적이며 진실하고 겸손한 자세로 자기 부정을 실현하여 진정한 사랑을 보여 줘야 한다. 사랑과 희생과 섬김을 통해 한국 교회를 세우는 데 모두가 협력하여서 복음의 진리를 바르게 증거하고 세상 가운데 모범을 보여 주어 사회에 선한 능력으로 영향을 주어야 할 것이다.

70년에 한국 교회의 대학 청년부의 폭팔적인 성장이 한국 교회의 성장에 큰 원동력이 되었다. 이 시기에 한국의 대표적인 선교 단체의 활동은 한국 교회에 큰 도움을 주었다. 전도와 성경 공부 그리고 하나님과 깊은 교제를 이끌어 주었다. 그 시대의 대학 청년들이 지금 한국 교회의 장로와 권사로 사회에서 각 분야에서 지도자로 활동하고 있다. 이런 원동력이 복음에 충실한 교회의 본질에서 찾아야 한다. 말씀대로 신앙생활을 했던 그 전통은 매우 고귀한 것이다. 그러나 지금 그 때의 역

---

18 Inst., 3.7.4.
19 Inst., 3.7.4.

사를 회상하는 것으로 끝나서는 안된다. 현재와 미래의 어둠의 구름을 이미 마주하고 있다. 앞날의 세대를 위하여 청년 대학부의 활성화와 한국 교회의 역동적 부흥을 위하여 교회가 말씀에 충실해야 할 것이다.

그런데 오늘날 한국 교회의 현실은 경쟁 관계(교파)에서 적자생존(개교회주의)의 단계인 이제 내 교회 씨앗 뿌리기(복제 교회들)로 변했다. 또한 초대형 교회의 탄생으로 소형 교회의 생존이 절박해졌다. 더군다나 코로나19의 장기화로 모든 교회들이 더욱더 어려워졌다. 이런 모든 어려움을 이겨 내고 적자생존이 아닌 상생의 교회가 되기 위해서는 성경적으로 하나 됨의 교회관을 가르쳐야 한다. 오늘날 세속화되고, 상업화되고, 자본주의 경영 철학에 종속된 교회가 많다. 윤리적으로 사회의 지탄을 받는 교회들도 많다. 이를 극복하기 위해서도 말씀으로 세워져 가는 교회가 되어야 한다. 말씀 교육에 충실한 교회가 바로 종교개혁자들의 정신을 이어 가는 교회이다. 이런 교회가 청년들에게 희망을 주는 교회가 될 것이다.

안명준

- 중앙대학교
- 합동신학대학원대학교 (M.Div.)
- Reformed Theological Seminary (Th.M.)
- Westminster Theological Seminary (Th.M.)
- Universiteit van Pretoria (Ph.D.)
- (현) 평택대학교 피어선신학전문대학원 원장
- 한국 장로교신학회 회장, 칼빈탄생500기념사업회 실행위원장
- (전) 한국 복음주의신학회 회장, 한국 개혁신학회 부회장
- 『칼빈 해석학과 신학의 유산』, 『칼빈의 성경 해석학』
- 『한국 교회를 빛낸 칼빈주의자들』(공저), 『전염병과 마주한 기독교』(공저)